비시 프랑스(Vichy France), 잃어버린 역사는 없다

박지현

이화여자대학교 사학과를 졸업하고, 서강대학교 대학원에서 서양사로 석사학위를, 프랑스 파리 1대학(Univ. Panthéon-Sorbonne)에서 프랑스사로 박사학위를 받았다. 현재 이화여대, 서강대 사학과에 출강하고 있다. 『누구를 위한 협력인가 - 비시 프랑스와 민족 혁명』, 『인물로 보는 유럽통합사』(공저), 『역사속의 소수자』(공저), 『프랑스의 열정 - 공화국과 공화주의』(공저), 『프랑스의 종교와 세속화의 역사』(공저), 「유럽의 나치 청산에 대한 단상」, 「양차 대전의 생명 담론과 프랑스 우생학」, 「2차 대전 시기 유럽사에서 나타난 식민 개념 - 합병, 점령, 식민화 관계를 중심으로」 등의 저서와 논문이 있다.

서강학술총서
058

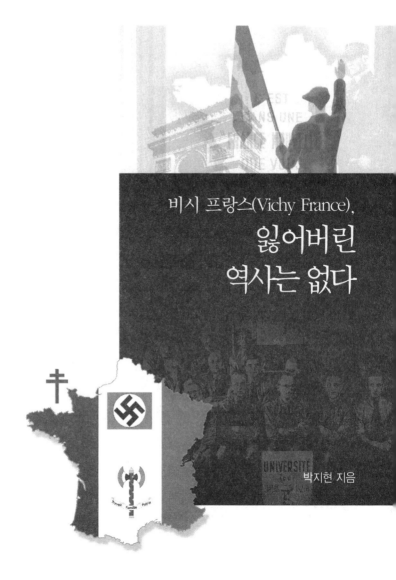

비시 프랑스(Vichy France),

잃어버린 역사는 없다

박지현 지음

서강대학교 출판부

서강학술총서 058

비시 프랑스(Vichy France),
잃어버린 역사는 없다

초판 발행 | 2013년 10월 14일
2쇄 발행 | 2014년 7월 11일
지 은 이 | 박지현
발 행 인 | 유기풍
편 집 인 | 우찬제
발 행 처 | 서강대학교 출판부
등록번호 | 1978년 9월 28일 제313-2002-170호

주 소 | 서울특별시 마포구 백범로 35번지
전 화 | (02) 705-8212
팩 스 | (02) 705-8612

ⓒ 박지현, 2013 Printed in Korea
ISBN 978-89-7273-235-8 94920
ISBN 978-89-7273-139-9(세트)

값 16,000원

* '서강학술총서'는 SK SUPEX 기금의 후원으로 제작됩니다.

비시 프랑스(Vichy France, 또는 비시 정부 Gouvernement de Vichy)는 1940
년에서 1944년까지 나치 독일에 협력했던 프랑스 정부로 앞선 제3공화
국을 이은 합법적인 정부이다. 프랑스는 1940년 독일과 휴전 조약에
서명하면서 점령 지역과 자유 지역으로 크게 나뉘어졌다.[1] 나치 독일
이 점령 지역을, 비시 정부가 자유 지역을 차지했다. 비시 정부는 파리
(Paris)를 떠나 비시(Vichy)를 임시 수도로 정하고 독일 점령 기간 동안
자유 지역의 프랑스를 이끌었다. 몇몇 지성인을 제외하고는 대부분
비시 정부를 지지했다. 샤를 드골(Charles de Gaulle)의 임시 정부가 대중
적 지지를 얻게 된 시점은 나치 독일이 비시 정부의 자유 지역까지
점령하여 인적, 물적 수탈이 본격적으로 이루어진 1942년 11월 11일

---

[1] 엄밀히 말해서 프랑스는 점령 지역(zone d'occupation), 자유 지역(zone libre), 금지 지역(zone
interdite), 제한 지역(zone réservée), 귀속 지역(zone rattachée), 합병 지역(zone annexée)으로
나뉘어진다. 1942년 11월 11일 이후 나치 독일이 자유 지역마저 점령하자 프랑스는 완전한
독일 점령 지역이 되었고, 이탈리아가 프랑스 동남쪽 지역을 점령하면서 이탈리아 점령
지역(zone d'occupation italienne)이 확대되었다.

이후부터이다. 이 시기를 전후로 레지스탕스(Résistance) 운동이 활발해졌고, 드골 임시 정부는 새로운 권력 구도를 형성한다. 연합군이 프랑스 식민지인 북아프리카 지역을 점령할 때, 드골은 임시 정부의 대표로 참여했고, 점령 이후 북아프리카 지역의 새로운 지도자로 부상했다. 이때부터 드골 임시 정부는 프랑스의 공식 정부가 된다. 북아프리카 지역의 프랑스 식민지인이 그를 지지했고, 본토 프랑스의 레지스탕스 진영이 그의 지원과 명령을 받아들였으며, 연합군이 프랑스 공식 정부로서 드골 임시 정부를 인정했다. 그 이후로 비시 정부는 나치 독일의 협력 정부로, 프랑스의 반역 정부로서 단죄되었다. 따라서 2차 세계대전의 프랑스(1940~1944)에는 두 정부, 즉 비시 정부와 드골 임시 정부라는 협력과 저항의 역사가 공존하였던 것이다.

하지만 한국 사회에서는 비시 프랑스를 나치 독일의 괴뢰 정권으로 규정하고 이를 단죄한 역사에 큰 관심을 두었다. 특히 일제시대에 대한 과거 청산 문제 때문에 1940년에서 1944년까지 프랑스의 역사를 드골 임시 정부와 레지스탕스의 역사로 보는 데 치중하였다. 필자가 2004년 비시 정부에 대한 소개서, 『누구를 위한 협력인가 - 비시 프랑스와 민족 혁명』(책세상)을 발표했을 때, 이 책을 일각에서는 나치 독일의 괴뢰 정권에 대한 옹호론으로 오인하기도 하였다. 하지만 만약 필자가 프랑스에서 7년이라는 세월 동안 박사 학위 논문을 준비하며, 비시 정부와 협력자의 역사에 대한 1차 사료를 접하지 않았다면 여전히 한쪽의 역사에만 갇혀 있었을 것이다.

이제 프랑스도 4년간의 역사를 더 이상 드골 임시 정부와 레지스탕스만의 역사로 강조하지 않는다. 프랑스인은 비시 정부를 단죄하였지만, 한때 프랑스 합법 정부로서 그들에게 전반적 영향력을 행사한 당시의 역사를 복원하고 있다. 나치 독일의 자발적 협력 정부일지라도, 프랑스를 개혁하려는 비시 정부의 정책들이 제4·5공화국과 연관성을 갖고 있으며, 그 기원을 제3공화국 정책의 연속선상에서 찾아볼 수 있기 때문이다. 정치적 이데올로기 차원에서 비시 정부는 괴뢰 정권일 수 있겠지만 프랑스의 역사와 문화라는 연속선상에서 빠질 수 없는 중요한 매개적 위치를 차지하고 있다. 프랑스는 '레지스탕스 신화'에서 벗어나 오히려 나치 독일과 프랑스 사이에 실제로 벌어졌던 사건들, 즉 나치 독일이 비시 정부를 포함해서 당시 프랑스 민중 문화, 집단 심성, 개인의 역사에 어떤 영향력을 미쳤는지에 많은 관심을 갖고 있다. 협력과 레지스탕스의 역사를 모두 인정한 후에야 오늘날 프랑스 사회는 나치 독일의 점령 문제에 깊게 파고 들어가기 시작한 것이다.

따라서 이 글은 프랑스의 역사와 문화라는 연속선상에서 비시 정부를 다루는 데 목적이 있으며, 그것은 궁극적으로 과거의 프랑스가 아닌 오늘의 프랑스를 이해하는 데 도움이 되고자 하기 때문이다.

끝으로 이 책이 나오기까지, 서론과 결론에 대한 조언을 아낌없이 주신 차하순 교수님, 연구자의 길을 격려해주시는 김영한 교수님과 백인호 교수님, 그리고 서강대학교 대학원부터 현재까지 학은을 주시는 임상우 교수님께 감사드린다. 또한 이 책의 출간을 위해 도움을 준 서강학술총서 기획위원회와 서강대학교 출판부에게 감사한 마음을 전한다.

2013년 6월
박지현

목차

이 책의 궁극적인 목적은 프랑스 현대사라는 큰 틀에서 비시 정부(gouvernement de Vichy, 1940~1944)의 역사를 바라보는 데 있다. 달리 말하면 비시 정부는 프랑스 현대사에서 빼놓을 수 없는 한 부분이며, 따라서 망각될 수 있는 '잃어버린 역사'가 결코 아니라는 것이다. 비시 정부는 1945년 샤를 드골의 임시 정부에 의해 단죄되었고, 이후 프랑스 현대사에서 단절, 혹은 일탈의 역사로서 다루어져 왔다. 하지만 1970년대부터 비시 정부의 역사는 프랑스 사회의 논쟁거리로 부각되기 시작했다. 주요 쟁점을 두 가지 차원으로 요약하면, 하나는 정치적 정통성이고 다른 하나는 역사적 연속성이다. 이는 마치 동전의 양면과 같은 문제이다.

비시 정부는 제3공화국 정치가들에 의해 세워진 자발적 정권이며 합법적 절차를 거쳐 성립했기 때문에 정치적 정통성에 대해 논란의 여지가 있다. 드골 임시 정부는 프랑스 국내 레지스탕스 진영과 연합군의 지지를 토대로 비로소 본격적인 정치적 영향력을 행사하기 시작하였다. 때문에 그 전까지는 비시 정부가 프랑스 제3공화국을 계승한 정통성을 가졌다는 역사적 해석이 가능하다. 정치적 정통성의 문제는 오늘날 프랑스 제5공화국으로 이어져 유대인 학살에 대한 제5공화국의 책임론으로까지 확대되었다.

1995년 7월 자크 시라크(Jacques Chirac) 대통령은 비시 정부에 의한 유대인 강제 수용과 체포에 대해 공식 사과했다. 이 발표는 비록 비시 정부가 나치 독일의 협력 정부라 해도 프랑스 정부였다는 사실을 인정한 것이다. 이어 2009년 2월 프랑스 최고 행정 법원인 국사원(Conseil d'État)은 프랑스 정부가 2차 세계대전 동안에 유대인을 강제 추방시킨 행위에 대한 법적 책임이 있음을 인정했다. 이로써 오늘날 제5공화국의 프랑스는 비시 정부의 홀로코스트(Holocaust)에 대한 책임을 일정 부분 갖게 된 것이다.

여기서 중요한 사실은 이 정치적 정통성에 대한 논의가 프랑스 현대사에서 비시 정부의 역사를 다루는 계기를 마련했다는 점이다. 드골 임시 정부가 비시 정부를 숙청하면서 이 시기를 프랑스 공화국의 역사에서 단절시켰지만, 그것은 법적인 차원에서 이루어진 조치였다. 숙청의 역사가 비시 정부 시기에 살았던 모든 프랑스인을 단죄할 수는 없었다. 현실에서 그들의 삶은 단절되지 않았기 때문이다. 프랑스 유대인을 강제 추방시켰던 자, 이를 묵인했던 자, 그리고 강제 추방으로부터 살아 돌아온 자들도 프랑스라는 공간 안에서 함께 살아왔다.

삶의 연속성은 비시 정부 아래 살던 프랑스인의 역사를 단절과 일탈의 역사로 단정 지을 수 없는 이유이기도 하다. 비시 정부를 겪으면서 프랑스인은 좋든 싫든 간에 그 기억을 간직했고, 이를 마주하는 과정에서 비시 정부를 자신들의 역사로 받아들였다. 숙청을 통해 비시 정부의 과오가 단죄되었지만, 그것은 당시 프랑스인에게는 잊을 수 없는 시간으로, 현재 프랑스인에게는 잃어버릴 수 없는 역사로 남았다.

따라서 필자는 독자에게 왜 프랑스인이 비시 정부의 역사를 프랑스 현대사의 연속선상에서 바라보는지 그 이유를 설명하고자 한다. 혹자는 이러한 시도가 비시 정부의 과오를 정당화하기 위한 것은 아닌가 하는 의문을 제기할 수 있다. 이 의문은 비시 정부에 대한 고정적 시각과 관련이 있다. 그만큼 한국 사회에서는 비시 정부를 나치 독일의 괴뢰 정권으로, 또한 모범적인 과거 청산의 대상으로 바라보려는 관점에 묶여 있기 때문이다.

현재 프랑스 역사학계에서는 비시 정부의 정책에서부터 스포츠, 음악, 영화, 건축에 이르기까지 여러 주제에 관해 다양한 연구 성과를 봇물처럼 쏟아내고 있다.[2] 여기에는 점령과 협력, 감시와 통제라는 특수한 상황 속에서 이루어진 프랑스인의 삶이 주로 다루어지고 있다. 현대 프랑스인은 비시 정부의 과오를 정당화하거나 은폐하기보다 차라리 지금까지 드러나지 않았던, 또 여전히 드러나지 않은 역사적 사실, 즉 당시 프랑스인의 삶을 찾고자 한다. 이러한 역사적 인식은 1970년대 이래 비시 정부 관련 연구에 고스란히 반영되고 있다.

그렇기 때문에 제3공화국과 제5공화국 사이에 위치한 비시 정부가 프랑스인의 삶에 미친 영향력을 조명한다는 것은 이미 비시 정부에 대한 단죄 차원을 뛰어넘는 일이다. 그것은 20세기 프랑스 사회의 전반적 영역을 객관적으로 검토하겠다는 의지의 표현이라 할 수 있다. 다시

---

2 다음과 같은 저서들을 말한다. Françoise Taliano-Des Garets (dir.), *Villes et culture sous l'Occupation: expériences françaises et perspectives comparées* (Paris: Armand Colin, 2012) ; Jacques Seray, *La Presse et le sport sous l'Occupation* (Toulouse: le Pas d'oiseau, 2011) ; Gérard Régnier, *Jazz et société sous l'Occupation* (Paris: Harmattan, 2009) ; Wolfgang Voigt, *Planifier et construire dans les territoires annexés: architectes allemands en Alsace de 1940 à 1944*, traduit par Marie-José Nohlen (Strasbourg: Publications de la Société savante d'Alsace, 2008) ; Jean-Pierre Bertin-Maghit, *Le Cinéma sous l'Occupation* (Paris: Perrin, 2002) ; Myriam Chimènes (dir.), *La Vie musicale sous Vichy* (Bruxelles: Complexe, 2001) 등이다.

말해 비시 정부의 역사를 프랑스 사회 변화의 흐름 안에서 이해하려는 시도인 것이다.

사실 비시 정부는 민족 혁명(Révolution nationale)이라는 정치 이데올로기를 내세워 프랑스 사회의 변화를 시도한 적이 있었다. 사회 전반을 대상으로 한 그 개혁의 틀은 크게 세 가지 차원에서 살펴볼 수 있다. 먼저 지적 차원의 개혁안으로, 협력 지식인의 네트워크를 새롭게 구축해서 나치 독일과 협력 체제를 지지할 기반을 마련하는 일이다. 다음은 사회·경제적 차원의 개혁안으로, 개인의 권리보다 공동체 권리를 보장해 주는 사회 체제, 그리고 노조보다 조합에 토대를 두는 경제 체제를 구축하는 일이다. 마지막은 교육·문화적 차원으로, 미래의 프랑스를 만드는 주체인 청소년 교육 및 일반 대중을 위한 통합적 사회 문화 정책을 실시하는 일이다.

비록 세 가지 개혁안의 내용이 독일 점령 아래 제대로 적용될 수도, 실효를 낳을 수도 없었지만, 이것은 전쟁 이전과 이후 프랑스 사회의 연속성을 읽을 수 있는 기준점이 될 수 있다. 이 책에서는 앞선 세 가지 범주를 적용하여 비시 정부의 역사가 프랑스 사회에 어떻게 지속적인 영향력을 미쳤는지 구체적으로 살펴보고자 한다.

우선 1장과 2장은 지적 차원에서 협력 지식인의 영향력을 다루겠다. 오늘날 프랑스 지식인 간의 네트워크를 구축하는 장인 『신프랑스 잡지』(Nouvelle Revue Française)가 비시 정부 시기 협력 지식인과 어떤 관련성이 있는지 살펴보고, 그 안에 내재된 협력 지식인의 사상적 토대를 분석하겠다. 이를 통해 제3공화국의 지식인 일부가 협력 지식인으로 변모했고, 그 과정에서 협력 지식인의 계보가 만들어졌다는 사실, 그리고 프랑스의 지적 풍토에 여전히 협력 지식인의 사상이 공존하고 있음을 보여주고자 한다.

3장은 사회 공공 차원에서 비시 정부의 노동 헌장과 사회 보장 제도를 검토할 것이다. 국가 지원 아래 공중의 치료 권리를 확장시킨 공공 병원 정책과 노조의 토대 위에 세워진 조합 이론이 오늘날 프랑스 사회 보장 제도와 어떤 연관성을 가지고 있는지 살펴보겠다. 또한 제3공화국의 정책을 바탕으로 비시 정부가 실시한 가족법, 사회 위생법, 노동법 등과 같은 사회 복지 제도가 오늘날까지 계승되고 있다는 사실도 함께 밝히고자 한다.

4장은 교육적 차원에서 비시 정부의 교육 내용을 검토할 것이다. 비시 정부는 가톨릭 교육을 중시하는 교육 정책을 내세웠지만 공교육의 틀을 유지시켜 종교 교육을 통해 민족 교육을 완성시키고자 했다. 이러한 교육의 특징이 오늘날 제5공화국에게 어떤 영향력을 미쳤는지를 살펴보고자 한다.

끝으로 다시 한 번 강조하지만, 프랑스 현대사의 연속선상에서 비시 정부를 바라보려는 시도는 비시 정부에 대한 이데올로기적 평가와는 별개의 일이다. 설사 불완전했다고 하더라도, 프랑스 사회는 이미 비시 정부의 과오를 단죄했다. 그렇기 때문에 현재 프랑스 사회에서는 비시 정부의 역사를 현대사의 빠트릴 수 없는 한 부분으로 수용하기 위해, 이를 어떤 방법으로 받아들여야 할지 고민하고 있는 중이다. 숙청의 역사를 경험한 프랑스 사회이기에 이러한 역사적 태도가 가능한 일이다. 각 사회마다 역사적 경험에 따라 부끄러운 역사에 대한 인식과 그것을 다루는 방법은 다를 수밖에 없다.

제1장
협력 지식인의 반역 공간

제1장
협력 지식인의 반역 공간

저를 사면시키기 위해 서명해주었던 프랑스 지식인, 문인, 예술인, 음악가, 대학의 관계자에게 감사드립니다...저는 그들의 지지를 받을 자격이 없습니다...그들은 프랑스 문인들 중에서 가장 위대하고 아름다운 아량을 베풀었습니다...(비록) 조국이 겪은 비극적인 상황에서 제 생각이 충격적이었지만, 제가 저지른 모든 오류가 결코 조국을 훼손시키려는 의도에서 비롯된 것이 아니며, 좋든 나쁘든 간에 조국을 끊임없이 사랑했다는 것만큼은 확신합니다.

-『사면 서명에 대한 로베르 브라지약의 감사 인사』(1945)[3] 글 중에서 -

---

3 Robert Brasillach, "Remerciements de Robert Brasillach aux signataires de la pétition pour son recours en grâce," Pascal Louvrier, *Brasillach: l'illusion fasciste* (Paris: Perrin, 1989), pp.253-254.

1. 블랙리스트의 부활?

1945년 2월 6일, 프랑스 문인 한 사람이 처형되었다. 그리고 1945년 3월 15일 또 다른 문인이 자살했다. 이들은 1940년에서 1944년까지 독일 점령 아래 프랑스에서 정치 활동을 했던, 아니 정확히 말해서 나치 독일과 협력했던 '반역 지식인'이다. 그들은 1944년 9월 4일 전국 작가 위원회(Comité National des Écrivains: CNE)에 의해 작성된 '블랙리스트'(list noire)에 올라 있던 인물이다. 저항 지식인을 주축으로 지하 레지스탕스 활동을 벌였던 문예 집단이 이미 그들의 정치사상과 활동을 단죄했다. 두 반역 지식인은 파시스트라는 주홍글씨를 달고 사라진 로베르 브라지약(Robert Brasillach)과 피에르 드리외 라로셸(Pierre Drieu La Rochelle)[4]이었다.

1945년 1월 19일 브라지약이 사형선고를 받자 60여명의 다양한 프랑스 지식인이 그의 사면 운동에 참여했고, 이를 위해 자신들이 서명한 편지를 드골 장군에게 전달했다. 그 안에는 레지스탕스 문인도 있었다. 폴 발레리(Paul Valéry), 프랑수아 모리악(François Mauriac), 조르주 뒤아멜(Georges Duhamel), 장 폴랑(Jean Paulhan) 같은 전국 작가 위원회 회원을 비롯해서, 알베르 카뮈(Albert Camus), 콜레트(Colette), 장 루이 바로(Jean-Louis Barrault), 장 아누이(Jean Anouilh) 등도 극단적인 숙청에 반대하여 브라지약의 사면을 요구했다. 그러나 드골 장군은 이를 거부했으며, 그의 처형 이후에도 '블랙리스트'의 숙청은 1953년까지 계속되었다.[5]

---

4 성(姓)이 드리외 라로셸(Drieu La Rochelle)이고, 이름은 피에르(Pierre)이다. 앞으로 드리외로 축약해서 명기하겠다.

5 Pierre Assouline, *L'Épuration des intellectuels* (Bruxelles: Complexe, 1996).

그러나 오늘날 프랑스인은 두 반역 지식인을 단죄하는 태도에서 벗어나 이들의 저서를 다시 읽기 시작했다. 1968년과 1981년 브라지약의 회상록인 『전쟁 전의 우리』(*Notre avant-guerre*, 1941)[6]가 다시 출간되었다. 드리외의 『질』(*Gille*, 1941)이라는 자전적 소설도 1973년에 재발행되었고, 그가 남긴 일기장과 메모인 『비밀 이야기』(*Récit secret*)[7], 『일기』(*Journal, 1939~1945*)[8], 『기억의 파편들』(*Fragment de mémoires 1940~1941*)[9]이 계속 출간되었다. 특히 『기억의 파편들』은 비시 정부의 전문 연구자인 미국의 역사가 로버트 팩스턴(Robert O. Paxton)이 엮은 책으로 사료적 가치가 크다. 두 반역 지식인의 작품들 모두 1930년대 프랑스 사회의 지적 변화 및 지식인의 사고를 엿볼 수 있는 자료이다. 반역 지식인의 정치적 선택이 이루어지기 전까지, 그들의 삶과 저서는 1930년대 프랑스 사회를 품고 있는 작은 자화상이기 때문이다.

전쟁 직후나 1970년대 초까지만 해도 그들의 저서는 공공연히 출간될 수 없었다. 심지어 프랑스 문학사를 다룬 개설서에서조차 그들의 삶이나 작품은 다루어지지 않았다. 고등학교 교과서에는 레지스탕스 문학에 관한 내용이 여러 장에 걸쳐 소개되고 있는 반면, 협력 문인에 관해서는 거의 찾아볼 수가 없었다.

1980년대에 이르러서 블랙리스트에 속한 문인들의 작품이 활발히 출간되었고, 교과서 전문 출판사들은 20세기 문학사 시리즈에서 「협력

---

6 Robert Brasillach, *Notre avant-guerre* (Paris: Plon, 1941).
7 Pierre Drieu La Rochelle, *Récit secret: suivi de Journal (1944-1945) et d'exorde* (Paris: Gallimard, 1961, 1989).
8 Pierre Drieu La Rochelle, *Journal 1939-1945*, éd. établie, présentée et annotée par Julien Hervier (Paris: Gallimard, 1992).
9 Pierre Drieu La Rochelle, *Fragment de mémoires 1940-1941*, préface par Robert O. Paxton (Paris: Gallimard, 1982).

문학과 레지스탕스 문학』[10]이라는 소제목 아래 협력 문인의 삶과 저서를 소개하기 시작했다. 반역 지식인이라는 오명을 가진 두 파시스트 협력 문인의 저서가 재출간된 배경은 무엇인가? 그 대답의 열쇠는 『프랑스 지식인 사전』(Dictionnaire des Intellectuelles français)[11]에서 찾아볼 수 있다.

이 사전은 1996년 자크 쥘리아르(Jacques Julliard)와 미셸 비녹(Michel Winock), 두 역사가가 책임 편집한 것으로, 양차 대전을 전후하여 현재까지 주요 지식인의 활동을 소개하고 있다. 여기에는 저항과 반역 지식인의 지적 여정이 함께 서술되어 있다. 심지어 레지스탕스 진영의 지식인조차 각자 다른 정치적 성향을 가졌다는 사실까지 상세히 언급되어 있다.

예를 들어 프랑수아 모리악, 장 폴랑, 그리고 루이 아라공(Louis Aragon)의 경우를 살펴볼 수 있다. 세 인물 모두가 프랑스 현대 문학에서 소설, 비평, 시로 큰 흔적을 남긴 문인들이다. 모리악은 아카데미 프랑세즈의 일원이었고, 폴랑은 문예잡지 『신프랑스 잡지』(Nouvelle Revue Française: NRF)의 편집장을 담당했으며, 아라공은 대표적인 초현실주의 시인이었다. 이들은 레지스탕스 문인이라는 공통분모를 가진 저항 문인으로도 유명하다. 그럼에도 불구하고 사전에는 이들의 정치적 성향이 서로 다르다는 점을 기술하고 있다.

---

10 Bernard Lecherbonnier, Dominique Rincé, Pierre Brunel, Christiane Moatti, *Littérature, XXe siècle: textes et documents* (Paris: Nathan, 1989), pp.433-454.

11 Jacques Julliard et Michel Winock (éds.), *Dictionnaire des Intellectuelles français: les personnes, les lieux, les moments* (Paris: Seuil, 1996).

모리악은 폴랑과 아라공과는 달리, 브라지약의 사면 운동에 참여했으며, 레지스탕스 활동 이전에는 비시 정부의 원수를 지낸 필립 페탱(Philippe Pétain)을 지지한 인물이었다. 전쟁 이전에 모리악은 악시옹 프랑세즈(Action Française)의 회원으로서 전통 우파였지만, 1937년 스페인 내전(Guerre d'Espagne)[12] 중에 일어난 게르니카 폭격(Bombardement de Guernica)[13] 소식을 접하고 좌파 성향의 스페인 공화주의자를 지지했다. 1940년 그는 처음엔 페탱을 지지하다가 1942년 이후 레지스탕스 활동에 참여했다.

폴랑은 전쟁 전부터 반파시스트였고 인민전선을 적극적으로 지지하던 좌파 문인이었으며, 뮌헨 협정[14](Accords de Munich, 1938)에 반대했다.

---

12 1936년 스페인령 모로코 주둔군이 반란을 일으키자, 스페인 공화국은 두 체제로 나누어졌다. 공화주의, 공산주의, 무정부주의 등이 함께 연합한 정부군과 파시스트 프랑코가 지휘하는 반란군끼리 싸운 내전이다. 이 전쟁은 주변 국가의 개입으로 국제전 양상을 띠었다. 이미 프랑코(Francisco Franco) 반란군은 이탈리아의 무솔리니(Benito Amilcare Andrea Mussolini)와 독일의 히틀러(Adolf Hitler) 정권으로부터 병력을 지원 받았으며, 독일 공군에 의한 게르니카 폭격 사건이 터지면서 본격적인 국제전으로 치달았다. 그 이후 프랑코 반란군(rébellion franquiste)은 독일과 이탈리아의 지원을 받았고, 정부군은 프랑스, 영국, 그리고 소련의 지원을 직·간접적으로 받았다. 당시 프랑스는 인민전선(Front Populaire)의 승리로 최초의 좌파 정부가 세워진 시기였고, 가장 인접한 주변 국가라서 적극적인 지원이 예상되었다. 그러나 프랑스 인민전선 정부는 이 기대를 깨고 불개입을 선포하여 국·내외에 많은 정치적 논란을 낳았다.
Antony Beevor, *The Spanish Civil War* (London: Orbis, 1982), 김원중 옮김, 『스페인 내전 -20세기 모든 이념들의 격전장』 (교양인, 2009) 참조.
13 1937년 나치 독일은 스페인 북부 바스크 민족이 거주하는 게르니카 도시에 폭격을 하여 공식적으로 천 명이 넘는 인명 피해를 가져왔다. 정규 공군이 비무장의 시민에게 가한 폭격으로 전 유럽이 경악한 사건이다. 스페인 화가 파블로 피카소(Pablo Picasso)가 <게르니카>(Guernica)라는 작품으로 이 사건의 잔인성을 세계에 알린 바 있다.
14 나치 독일이 체코슬로바키아를 침공한 사건 때문에 영국의 네빌 챔벌린(Neville Chamberlain) 외상, 프랑스의 에두아르 달라디에(Édouard Daladier) 외상, 그리고 나치 독일의 히틀러가 이탈리아 무솔리니의 중재로 뮌헨에서 만나 협정한 내용이다. 그 결과, 나치 독일은 체코슬로바키아 점령을 국제적으로 승인받아 군사력의 우위를 점하는 동시에 외교의 승리를 거두었다. 반면 영국과 프랑스는 전쟁의 확대를 막기 위해 자국 중심의

독일 점령 이후 드리외가 『신프랑스 잡지』의 편집장이 되자, 그는 이 잡지를 떠나 『프랑스 문예』(Lettres françaises)를 창간하여, 레지스탕스의 길로 들어섰다. 파리 해방 이후 그는 브라지약의 사면 운동에 참여하지 않았지만 블랙리스트의 처단 문제에서는 부정적인 태도를 취했다. 결국 그는 전국 작가 위원회를 떠나면서 좌파 성향에서 벗어나 드골을 지지하는 우파 성향으로 전환했다.

아라공은 처음부터 끝까지 공산주의 문인으로 활동했다. 그는 1920년 다다이즘의 영향을 받아 앙드레 브르통(André Breton)과 함께 초현실주의에 참여했다. 그는 1925년에 초현실주의를 사회적 혁명과 연결시키고자 노력했고, 공산당원이 되어 소련(Union of Soviet Socialist Republics: URSS)과 정치적 연결 고리를 가졌다. 1939년 독일과 소련이 맺은 독소불가침조약(Molotov-Ribbentrop Pact)[15] 때문에 충격을 받았으나, 그는 1943년부터 레지스탕스 잡지인 『프랑스 문예』에 글을 발표하면서 전국 작가 위원회를 창설하는 데 일익을 담당했다. 모리악과 폴랑의 입장과 달리, 아라공은 블랙리스트의 숙청을 지지하고 이에 참여했으며 그 이후에도 공산주의 노선을 계속 유지했다.

이처럼 레지스탕스 활동이라는 공통분모를 가진 세 문인조차 지적 여정은 다양하다. 레지스탕스 문인의 정치적 입장을 한마디로 단언할 수 없는 이유이다. 저항 문인들 간에도 블랙리스트에 관한 견해, 브라지약에 대한 사면 문제 그리고 전쟁 이후 정치적 성향이 달랐던 것이다.

소극적인 외교 정책을 펼쳤다.
15 1936~1938년 스페인 내전 동안 나치 독일과 소련은 각각 프랑코 진영과 공화국 연합 진영을 지원했기에 서로 정반대 편이었다. 나치 독일은 반공산주의를, 소련은 반파시스트를 주요 정치 슬로건으로 내세웠기에 두 국가의 협정 사실은 두 이데올로기를 따르는 많은 유럽 지식인에게 커다란 충격을 주었다. 프랑스 국내의 공산주의와 파시스트에게도 치명적인 정치 노선의 혼선을 가져왔다.

오히려 모리악의 정치적 성향은 협력 문인인 브라지약과 드리외와 비슷하다고 볼 수 있다. 그들 모두 샤를 모라스(Charles Maurras)를 추종한다는 공통점이 있었다. 브라지약은 모라스의 민족주의를 기반으로 하는 악시옹 프랑세즈[16]와 관련을 맺었고, 1931년 이후부터 잡지『악시옹 프랑세즈』(Action Française)의 문학 지면을 담당했다. 스페인 내전과 독일 여행을 통해 브라지약이 파시즘에 빠지면서 1941년 나치 독일의 파시스트 협력 주간지,『쥐쉬 파르투』(Je Suis Partout)에서 편집장으로 활동했다.

드리외는 브라지약과 마찬가지로 초기엔 모라스의 민족주의에 빠져 있었다가 1928년에 무솔리니의 민족주의를 접한 뒤 파시스트로 변모했다. 그는『파시스트 사회주의』(Socialisme fasciste)[17]라는 책을 통해 전 유럽 국가의 파시스트를 꿈꾸는 유럽주의자가 되었다. 그는 1936년 공산주의에 반대하는 자크 도리오(Jacques Doriot)가 창설한 프랑스인민당(Parti Populaire Français: PPF)의 당원이 되었으나, 1938년 도리오와 결별했다. 드리외는 독일 점령 이전부터 독일 문인이나 정치인 사이의 인적 교류[18]를 가졌던 덕분에, 1940년『신프랑스 잡지』의 재발행을

---

16 악시옹 프랑세즈는 20세기 전반에 걸쳐 프랑스의 극우 정치 문화를 형성하는 데 중요한 영향력을 행사한 민족적, 복고적 성향의 정치 운동을 말한다. 악시옹 프랑세즈의 기원은 앙리 보주아(Henri Vaugeois)와 모리스 퓌조(Maurice Pujo)가 주도하는 반드레퓌스파 청년 집단의 모임에서 시작되었고, 1899년 6월 20일 공식적으로 출범했다. 이때부터 동명의 잡지,『악시옹 프랑세즈』의 발간을 통해 왕정주의를 내세운 악시옹 프랑세즈의 민족주의가 대중적으로 알려지기 시작했다.

17 Pierre Drieu La Rochelle, *Socialisme fasciste* (Paris: Gallimard, 1934).

18 드리외는 특히 1940년에서 1944년까지 파리 주재 독일 대사였던 오토 아베츠(Otto Abetz)와 깊은 관계를 맺었다. 그들은 이미 전쟁 전부터 <프랑스-독일 협회>(Comité France-Allemagne)에서 함께 활동을 했기 때문에 독일 점령 이후, 아베츠가『신프랑스 잡지』의 편집장으로 드리외를 강력히 추천했다. 이 때문에 드리외를 전형적인 친독 협력 문인, 혹은 파시스트 협력 문인으로 평가하는 근거가 되었다.

주도하는 편집장이 된다.

　여기서 주목할 점은 모리악, 브라지야과 드리외가 독일 점령 이전에 모라스주의(maurrassisme)라는 정치적 풍토를 공유했고, 그들 모두 프랑스 대표 문예지인『신프랑스 잡지』의 지면을 통해 문학 비평 활동을 함께 한 동지였다는 사실이다. 세 문인의 삶은 독일 점령 시기에 활동한 저항 지식인과 반역 지식인이라는 틀에서만 이해될 수는 없는 일이다. 그렇기 때문에『프랑스 지식인 사전』이 프랑스 지식인이라는 큰 범주 안에서 레지스탕스와 협력 지식인을 함께 다룬 것은 시의적으로 의미가 있다. 특히 반역자로 배제되었던 협력 지식인을 지식인의 범주 안에 포함시키는 일은 그들의 선택을 뒤늦게 옹호하거나 정당화하기 위해서가 아니라, 그러한 선택을 둘러싼 독일 점령 이전의 지적 여정이 프랑스 역사를 움직여 왔다는 점을 인식했기 때문이다. 이 사전의 발간은 이제 프랑스 현대사에서 그리고 프랑스 현대문학사에서 '반역 지식인', '더럽고 가증스러운 글들'이 배제가 아닌 이해할 대상임을 환기시켜 준 것이다. 오늘날 반역 지식인의 저서를 읽는다는 것, 그것은 더 이상 협력 문인의 지적 여정을 저항과 반역의 흑백 논리가 아닌 오랫동안 내버려두었던 프랑스 지식인 집단의 유유한 지적 흐름 안에서 다루기 시작했다는 의미이다. 그동안 프랑스인이 기억하고, 문학교과서에 서술되고, 문학 강의에서 배우는, 세 문인의 삶은 독일 점령 시기에 멈춰 있기 때문에『프랑스 지식인 사전』을 계기로 독일 점령 이전의 그들의 삶이 재조명될 수 있었던 것이다.

　그렇다면 저항과 협력 지식인 집단이 서로 교류하고 영향 받았던 전쟁 이전의 지적 여정을 다음의『신프랑스 잡지』에서 찾아보자.

2. 기억의 장소, 『신프랑스 잡지』

『신프랑스 잡지』는 1908년 11월에 시작해서 오늘날까지도 계속 발간되고 있는 프랑스 문예 비평 잡지의 대명사로 통한다. 첫 번째 편집장인 앙드레 지드(André Gide)를 위시하여, 오늘날 미셸 브로도(Michel Braudeau)로 이어지고 있다.[19] 1908년 지드는 "『신프랑스 잡지』는 한쪽으로 치우친 비평 시각이나 혹은 일종의 학파를 형성하는 데 있지 않고 순수하고 다양한 생각들을 자유롭게 표현할 수 있는 장이다"[20]라고 말했다. 그래서 『신프랑스 잡지』의 편집장들은 프랑스 문학만이 아니라 다양한 외국 문예 사조를 지속적으로 소개하여 유럽 지성의 흐름을 이끄는 선두 주자가 되고자 했다. 이 정신은 오늘날까지 영향력 있는 문예 비평 잡지로서 그 위치를 확고히 할 수 있는 원동력이 된다.

『신프랑스 잡지』 간행 기간에는 프랑스 현대사의 획을 긋는 커다란 역사적 사건들로 가득 차 있다. 1914~1918년 1차 세계대전, 1936년 인민전선 정부의 수립, 1940~1944년 2차 세계대전 독일 점령과 비시

---

19 첫 번째 편집장 앙드레 지드(André Gide: 1908-1914)를 이어 자크 리비에르(Jacques Rivière: 1919-1925), 가스통 갈리마르(Gaston Gallimard: 1925-1934), 장 폴랑(Jean Paulhan: 1935-1940), 피에르 드리외 라로셸(Pierre Drieu La Rochelle: 1940-1943), 다시 편집장이 된 장 폴랑(Jean Paulhan: 1953-1968), 마르셀 아를랑(Marcel Arland: 1968-1977), 조르주 랑브리크(Georges Lambrichs: 1977-1987), 자크 레다(Jacques Réda: 1987-1996), 베르트랑 비자주(Bertrand Visage: 1996-1999), 현재 미셸 브로도(Michel Braudeau: 1999-)로 이어지고 있다. 1914년에서 1919년 사이, 1943년에서 1953년 사이에 잡지는 폐간되었다. 각각 1차 세계대전과 2차 세계대전 때문에 정간되었지만, 그 이유는 달랐다. 첫 번째 폐간은 1차 세계대전이라는 상황 때문에 이루어진 임시 정간이었다. 반면, 두 번째 폐간은 2차 세계대전으로 나치 독일이 프랑스를 점령했기 때문에 폐간되었다. 나치 독일의 승인 아래 1940년 협력 문인인 드리외에 의해 재발간되었고, 1943년 다시 폐간되었다. 1953년 저항 문인인 폴랑에 의해 재발행되어 오늘날까지 이어지고 있다.
20 André Gide, *La Nouvelle revue française*, No.0 (15 novembre 1908) et No.1 (1er février 1909).

정부의 성립, 1954년 알제리 전쟁, 1968년 68운동, 1946~2007년 유럽 통합 과정, 2005년 이민자 소요 사태 등을 차례로 들 수 있다. 이 가운데 독일 점령 사건은 『신프랑스 잡지』가 일시적으로 두 번 폐간되었던 연혁과 직접적인 관련이 있다. 이 잡지는 독일 점령으로 1940년 6월 폐간되었다가, 나치 독일의 지원 아래 협력 문인 드리외에 의해 다시 출간(1940년 12월~1943년 6월)되었고, 해방 뒤 1953년 저항 문인 폴랑에 의해 재발행이 되었다.

『신프랑스 잡지』는 단순한 문예 비평 잡지로 간주되기보다 프랑스 현대사의 집단 기억과 연결되어 있다. 그래서 이 잡지는 프랑스 지식인에게 자신들의 고유한 삶의 방식, 자신들의 고유한 네트워크를 만들 수 있는 역사의 장이며, 동시에 오늘날까지 계속해서 프랑스인의 정체성을 만드는 일종의 '기억의 장소'(Lieux de mémoire)[21]로 생각해 볼 수 있다.

피에르 노라(Pierre Nora)는 "역사의 장소(Lieux d'histoire)란 곧 기억의 장소(Lieux de mémoire)"라고 말한 바 있다.[22] 더해서 그곳은 물질과 정신이 담겨진 장소이며, 인간의 역사, 관습, 의식이 교차하는 집단 기억의 장소라고 정의했다. 또한 물질과 정신이 형성되는 장소이며, 그것이 표현되고 교류되는 장소이며, 정치적, 사회적, 사상적, 문화적 교류의 장소라고 말했다.[23] 역사 연구의 대상이란 과거의 사건, 그 자체에 있지

---

21 이 단어는 국내 연구 논문들에 의해 기억의 터, 기억의 장소, 기억의 터전, 기억의 장 등으로 다양하게 번역되었다. 본문에서는 이를 '기억의 장소'로 사용하고자 한다. 2010년 노라의 저서가 한국어로 일부 번역되면서 기억의 장소로 표기되었기에 이 실례를 따르고자 한다. 피에르 노라, 김인중 외 옮김, 『기억의 장소』, 1~5권 (나남, 2010).

22 Pierre Nora, "Entre mémoire et histoire," Pierre Nora (dir.), *Les Lieux de mémoire*, Vol. I (Paris: Gallimard, 1997), p.38.

23 Pascal Balmand et Christophe Prochasson, "Pour un bon usage," J. Julliard et M. Winock (éds.), *Dictionnaire des Intellectuelles français*, p.20

않다. 프랑스인의 집단 기억(mémoire collective)이 물질적(matériel), 상징적(symbolique), 기능적(fonctionnel) 차원에서 어떻게 그 사건을 계속해서 기억하는가가 중요하다.[24] '기억의 장소'로서『신프랑스 잡지』를 바라볼 때, 그것은 프랑스 사회의 지배 담론을 형성하는 장소이며, 동시에 프랑스인의 고유한 정체성을 만들어내는 장소라 할 수 있다. 그 이유는 『신프랑스 잡지』가 프랑스인의 집단 기억에서 위대한 작가를 만들어내는 내셔널[25]문학(littérature nationale)이라는 프랑스 사회의 담론과 프랑스인의 정체성이 형성되는 장소이기 때문이다.

2차 세계대전 이후 1980년대까지 쌍벽을 이룬 두 문학교과서,『20세기 프랑스 대(大)작가』(XXe siècle: Les grands auteurs français)와『프랑스 문학교과서: 20세기』(Manuel des études littéraires françaises: XXe siècle)에서도『신프랑스 잡지』는 프랑스 현대문학에 영향을 끼친 대(大)작가의 탄생지로서 상세하게 소개되고 있다.

『신프랑스 잡지』는 1909년 2월에 첫 번째 호를 발간했다. 잡지라기보다『신프랑스 잡지』는 거의 모든 대작가(tous les grands écrivains)의 이름으로 쓴 현대 작품들을 소개하는 중심지로서 명성을 지니고 있다.[26]

---

24 P. Nora, "Entre mémoire et histoire," p.37.
25 여기서 national(e), nation을 국민, 민족으로 번역하지 않고 영어 표기인 내셔널, 내이션으로 쓰고자 한다. 그 이유는 유럽근현대사에 두 개념이 함께 발전되었기 때문에 혼재하여 사용되는 경우가 많다. 문맥상의 차이로 한국 독자에게 혼동을 줄 수 있기 때문에 일괄적으로 영어로 표기하겠으나, 이를 이해할 수 있도록 부연 설명을 하겠다. 단, 피에르 노라와 대담한 인터뷰 글에서는 이미 대담자가 국민으로 번역했기 때문에 예외적으로 국민의, 국민으로 표기하겠다.
26 André Lagarde et Laurent Michard, XXe siècle: les grands auteurs français (Paris: Bordas, 1962), p.542.

『신프랑스 잡지』는 참신하고 풍부한 시도가 이루어진 잡지다. 잡지의 주도자는 세속 작가의 안일주의에 반항하여 대단한 재능을 개발했다. 그렇기 때문에 그들은 진정한 성찰의 문학 운동을 이끌었으며 인간에 대한 깊은 인식의 방향으로 나아갔다.[27]

특히 마르셀 프루스트(Marcel Proust)의『잃어버린 시간을 찾아서』(*A la Recherche du temps perdu*, 1913~1927) 역시 그 작품의 일부가 처음 실린 잡지가『신프랑스 잡지』였다.[28] 즉, 이 잡지는 프랑스 현대 문학의 위대한 작가들이 탄생하는 공간이며 동시에 그들이 작품 초고를 가장 먼저 발표하는 특권의 장소이다. 그렇기 때문에『신프랑스 잡지』는 프랑스 내셔널문학을 이루는 '모든 대작가'의 보금자리이며 자연스럽게 프랑스인의 집단 기억을 유지시켜주는 '기억의 장소'가 될 수 있다.

1) 대(大)작가의 요람(1908~1940)

1908년에서 1940년까지 프랑스 지성계에서 차지하는『신프랑스 잡지』의 위상과 영향력은 당시 프랑스 지식인에게도, 일반 대중에게도 잘 알려진 사실이다. 실제 판매 부수에서도 1914년에는 1400부, 1920

---

27 Paul Surer et Pierre-Georges Castex, *Manuel des études littéraires françaises: XXe siècle* (Paris: Hachette, 1967), p.142.
28 Marcel Proust, "A la Recherche du temps perdu(fragments) I · II," *La Nouvelle revue française* (juillet-août, 1914). 사실 프루스트의 작품이 실리는 데 많은 우여곡절이 있었다. 처음에 프루스트의 원고 투고를 받아들이지 않았던 지드가 나중에서야 그 작품의 진가를 인식하여 서둘러 그 작품의 일부분을 먼저『신프랑스 잡지』에 실어주었다. 하지만 프루스트의 죽음으로 그의 유산이 동생인 로베르 프루스트(Robert Proust)에게 돌아가면서 완성된 작품의 첫 번째 발간은『신프랑스 잡지』를 운영하는 갈리마르(Gallimard) 출판사가 아니라 플롱(Plon) 출판사에서 이루어졌다. 이에 대한 상세한 과정은 다음 저서를 참조하길 바란다. Robert Proust, *Robert Proust et la Nouvelle revue française: les années perdues de la Recherche 1922-1931* (Paris: Gallimard, 1999).

년과 1935년 사이에는 10,000부가 팔려『신프랑스 잡지』의 영향력을
가히 짐작할 수 있다. 프랑수아 모리악은『신프랑스 잡지』를 인간 정신
의 만개라고 말할 정도로, 당시 프랑스 문화계를 휩쓸었던 프랑스 지식
인이[29] 이 잡지에 대거 참여했었다.

오늘날까지『신프랑스 잡지』의 위상이 프랑스 사회에서 계속해서
평가를 받게 된 데에는 문학교과서의 역할이 크다. 그것은 프랑스 내셔
널문학을 꽃피운 '위대한 작가'를 만들어 내고, 이를 통해 프랑스 사회
전체에 내셔널 정체성을 갖게 하고, 계속적으로 이를 기억하게 만들어
주는 수단이었기 때문이다.

아래의 [표 1]과 [표 2]는 1908~1940년 동안『신프랑스 잡지』에서
가장 영향력 있는 글을 기고한 작가[30]가 1953~2001년까지 문학교과
서[31]에서 어떻게 언급되었는지를 분석한 것이다.[32]

---

29 앞에서 언급한 이 시기의 편집장들 자체가 유명 작가이거나 비평가였으며 특히『신프랑
스 잡지』의 지면을 주로 차지했던 인물들은 오늘날에도 프랑스 현대 문학이나 철학에서
뛰어난 작가, 비평가, 철학자로 평가 받고 있다. 예를 들어 프루스트, 발레리, 브르통,
모리악, 폴 클로델(Paul Claudel), 앙드레 말로(André Malraux), 쥘 로맹(Jules Romains),
앙리 베르그송(Henri Bergson) 등을 들 수 있다. 이 작가의 이름을 열거하는 것만으로도
『신프랑스 잡지』가 유명 작가의 요람임을 알 수 있다.

30 필자의 소장 자료 한계로 1930년대 작가명은 직접 분석하지 못했음을 밝힌다. 대신 다음
의 연구 성과에서 1930년대 활동했던 주요 작가 명단을 참조했다.
Auguste Anglès, *André Gide et le premier groupe de La Nouvelle revue française*, Vols.1-3
(Paris: Gallimard, 1978, 1986) ; José Cabanis, *Dieu et la NRF 1909-1949* (Paris: Gallimard,
1994) ; Jean Lacouture, *Une Adolescence du siècle: Jacques Rivière et la NRF* (Paris: Seuil,
1994) ; Jean Paulhan, *La Nouvelle revue française* (Paris: Gallimard, 1969) ; Justin O'Brien,
*From the N.R.F.: an Image of the Twentieth Century From the Pages of the Nouvelle Revue
Française* (New York: Farrar, Straus and Cudahy, 1958).

31 이미 우리에게 잘 알려져 있는 프랑스 역사교과서와는 달리, 프랑스 문학교과서 수집에는
많은 어려움이 있었다. 프랑스 국립도서관에서도 문학교과서에 대한 일정한 카탈로그가
없었으며 각 연도별로 문학교과서의 집필진 이름으로 찾아야만 했다. 정확한 문학교과서
분석을 위해서 리옹의 국립 교육 자료 연구소(Centre national de documentation pédagogique)
에서 자료를 더 찾을 필요가 있다. 이 한계에도 불구하고, <표 1>에서 분석한 교과서들의

『신프랑스 잡지』 주요 작가명(1909~1940)[35]	1953년 아쉐트	1962년 보르다스	1967년 아쉐트	1971년 보르다스
알랭 ALAIN	✓	✓	✓	
로저 알라르 ROGER ALLARD				
루이 아라공 LOUIS ARAGON	✓	✓	✓	✓
마르셀 아를랑 MARCEL ARLAND	✓	✓	✓	✓
쥘리앙 방다 JULIEN BENDA	✓	✓	✓	
앙리 베르그송 HENRI BERGSON	✓	✓	✓	✓
앙드레 브르통 ANDRÉ BRETON	✓	✓	✓	✓

의미가 크다. 왜냐하면 50년대에서 80년대까지 프랑스 문학교과서로서 쌍벽을 이루며 교육 현장에서 일반적으로 사용된 두 교과서, 즉 아쉐트(Hachette) 출판사와 보르다스 (Bordas) 출판사의 문학교과서이기 때문이다. <표 2>에서는 아쉐트 출판사, 보르다스 출판사와 함께 80년대 이후 발간된 나탕(Nathan)과 아티에(Hatier) 출판사의 문학교과서들을 중심으로 분석했다. Pierre-George Catex et Paul Surer, *Manuel des études littéraires françaises: XXe siècle* (Paris: Hachette, 1953) ; P.-G. Catex et P. Surer, *Manuel des études littéraires françaises: XXe siècle* (Paris: Hachette, 1967) ; P.-G. Catex et P. Surer, *Manuel des études littéraires françaises: XXe siècle* (Paris: Hachette, 1986) ; André Lagarde et Laurent Michard, *XXe siècle: les grands auteurs français* (Paris: Bordas, 1962) ; A. Lagarde et L. Michard, *La littérature française*, 4. les Métamorphoses du XXe Siècle (Paris: Bordas, 1971) ; A. Lagarde et L. Michard, *XXe siècle* (Paris: Bordas, 1982) ; Henri Mitterand (dir.), *Littérature: textes et documents* (Paris: Nathan, 1989) ; Hélène Sabbah (dir.), *Littérature: des textes aux séquences 1ère Manuel* (Paris: Hatier, 2001) ; Hélène Sabbah et Catherine Weil, *Littérature 2de: des textes aux séquences* (Paris: Hatier, 2001).

32 『신프랑스 잡지』의 작가 명단에는 기고 횟수와 영향력에 따라서 문학 작가뿐만이 아니라 비평가, 철학가도 포함된다.

33 문학교과서에서는 대체로 주요 작가들의 삶이나 작품이 1~3쪽에 걸쳐서 상세하게 서술되어 있다. 각 분석 대상 교과서에서 공통적으로 다룬 주요 작가명은 강조체로 표기했다.

34 『신프랑스 잡지』는 1908년에 이미 발행되었지만, 공식적 출범은 1909년부터이다. 이 때문에 1908년 첫 호가 No.0, 1909년 발간호가 No.1이 되었다. 본문 도표의 대상은 1909년 발간호부터 1940년까지 해당된다.

35 작가 성(姓)에 따른 알파벳 순서이다.

『신프랑스 잡지』 주요 작가명(1909~1940)	1953년 아쉐트	1962년 보르다스	1967년 아쉐트	1971년 보르다스
폴 클로델 PAUL CLAUDEL	✓	✓	✓	✓
자크 코포 JACQUES COPEAU	✓		✓	✓
벵자맹 크레미외 BENJAMIN CREMIEUX				
피에르 드리외 라로셀 PIERRE DRIEU LA ROCHELLE			✓	
샤를 뒤보 CHARLES DU BOS	✓	✓	✓	✓
라몽 페르낭데 RAMON FERNANDEZ				
가스통 갈리마르 GASTON GALLIMARD				
앙리 게옹 HENRI GHÉON				
앙드레 지드 ANDRÉ GIDE	✓	✓	✓	✓
장 지로두 JEAN GIRAUDOUX	✓	✓	✓	✓
장 그르니에 JEAN GRENIER				
에드몽 잘루 EDMOND JALOUX				
피에르장 주브 PIERRE-JEAN JOUVE				
발레리 라르보 VALERY LARBAUD	✓	✓	✓	✓
폴 레오토 PAUL LEAUTAUD				
앙드레 로트 ANDRÉ LHOTE				
앙드레 말로 ANDRÉ MALRAUX	✓	✓	✓	✓
가브리엘 마르셀 GABRIEL MARCEL		✓		✓
자크 마르탱 JACQUES MARITAIN				
프랑수아 모리악 FRANÇOIS MAURIAC	✓	✓	✓	✓
앙리 드몽테를랑 HENRY DE MONTHERLANT	✓	✓	✓	✓
폴 모랑 PAUL MORAND				✓
폴 니장 PAUL NIZAN				
장 폴랑 JEAN PAULHAN			✓	

『신프랑스 잡지』 주요 작가명(1909~1940)	1953년 아쉐트	1962년 보르다스	1967년 아쉐트	1971년 보르다스
장 프레보 JEAN PRÉVOST				
마르셀 프루스트 MARCEL PROUST	✓	✓	✓	✓
자크 리비에르 JACQUES RIVIÈRE				
앙드레 롤랑 드르네빌 ANDRÉ ROLLAND DE RENÉVILLE				
쥘 로맹 JULES ROMAINS	✓	✓	✓	✓
드니 드루주몽 DENIS DE ROUGEMONT				
앙드레 뤼테르 ANDRÉ RUYTERS				
생존 페르스 SAINT-JOHN PERSE				
드니 소라 DENIS SAURAT				
장 슐룅베르제 JEAN SCHLUMBERGER				
필립 수포 PHILIPPE SOUPAULT				
앙드레 쉬아레스 ANDRÉ SUARÈS				
알베르 티보데 ALBERT THIBAUDET	✓			✓
폴 발레리 PAUL VALÉRY	✓	✓	✓	✓
장 발 JEAN WAHL				

[표 2] 1982~2001년 프랑스 문학교과서[36]에 소개된
『신프랑스 잡지』 작가명 (1908~1940)

『신프랑스 잡지』 주요 작가명(1909~1940)	1982년 보르다스	1986년 아쉐트	1989년 나탕	2001년 아티에
알랭		✓		
알라르				
아라공	✓	✓	✓	✓

36 공동적으로 다룬 주요 작가명은 강조체로 표시했다.

34

『신프랑스 잡지』 주요 작가명(1909~1940)	1982년 보르다스	1986년 아쉐트	1989년 나탕	2001년 아티에
아를랑	✓	✓		
방다		✓		
베르그송	✓	✓	✓	
브르통	✓	✓	✓	✓
클로델	✓	✓	✓	✓
코포	✓	✓		
크레미외				
드리외		✓	✓	
뒤보	✓	✓		
페르낭데				
갈리마르				
게옹				
지드	✓	✓	✓	✓
지로두	✓	✓	✓	✓
그르니에				
잘루				
주브			✓	
라르보	✓	✓	✓	✓
레오토				
로트				
말로	✓	✓	✓	✓
마르셀	✓	✓		
마리탱				
모리악	✓	✓	✓	✓
드몽테를랑	✓	✓	✓	
모랑	✓		✓	

『신프랑스 잡지』 주요 작가명(1909~1940)	1982년 보르다스	1986년 아쉐트	1989년 나탕	2001년 아티에
니장			✓	
폴랑	✓	✓		
프레보				
프루스트	✓	✓	✓	✓
롤랑 드르네빌				
리비에르				
로맹	✓	✓	✓	
드루주몽				
뤼테르				
페르스			✓	
소라				
슐룅베르제			✓	
수포				
쉬아레스				
티보데	✓	✓		
발레리	✓	✓	✓	✓
발				

[표 1]³⁷과 [표 2]를 통해 분석 대상 문학교과서에서 공통적으로 언급

37 [표 1]에서 1953-1971년 사이 공통적으로 언급된 작가는 [표 2]와 달리 아를랑, 뒤보, 베르그송, 드몽테를랑, 로맹이 있다. 주목할 점은 아를랑과 드몽테를랑이 독일 점령 시기 『신프랑스 잡지』에 적극적으로 참여했던 작가였다는 사실이다. 이점은 파시스트 협력 문인만이 아니라 소위 말하는 '대작가'도 독일 점령 시기의 『신프랑스 잡지』에 참여했다 는 사실을 알려준다. 이러한 연유는 프랑스 비시 정부의 성격과 불가분의 관계가 있다. 이에 대해 다음 논문을 참조하길 바란다. 박지현, 「프랑스 협력 문인의 지적 여정에 관한

된『신프랑스 잡지』주요 작가는 아라공, 브르통, 클로델, 지드, 지로두, 라르보, 말로, 모리악, 프루스트, 발레리이다. 두 교과서에 실린 이들의 작품들이 거의 대부분『신프랑스 잡지』에 실렸다.

지드의『좁은 문』(La Porte étroite, 1909)[38], 클로델의『프랑스 시의 위상과 제안』(Positions et Propositions sur le vers français, 1928~1934)[39], 라르보의『A. O. 바나부스』(A.O. Barnabooth, 1913)[40], 프루스트의『잃어버린 시간을 찾아서』(A la Recherche du temps perdu, 1913~1927)[41], 발레리의『정신의 위기』(La Crise de l'esprit, 1919)[42]는『신프랑스 잡지』를 통해서 처음으로 소개되었다.

오늘날 문학교과서에서 평가된 '대작가'를 배우고 기억하는 것, 그것은『신프랑스 잡지』의 작가를 기억하는 것이며 동시에 대작가의 요람으로『신프랑스 잡지』를 기억한다는 의미이다. 프랑스 내셔널문학에 영향을 미친 '대작가'는 공교육을 받은 프랑스인이라면 누구나 기억할 수 있는 문예 사조에 속하거나 새로운 글쓰기를 시도한 자들이다.

두 문학교과서에서 공통으로 언급된 작가들이 속한 문예 사조를 살펴보면, 상징주의의 클로델, 주지주의의 발레리, 초현실주의의 브르통과 아라공이 있다. 또한 새로운 글쓰기에 도전한 심리소설의 대가인 프루스트를 필두로, 세계주의자인 라르보, 인상주의자인 지로두, 행동주의자인 말로, 가톨릭문학의 대가 모리악 등이 있다. 그들은『신프랑

단상」,『역사학보』, 181집 (2004.3), 301~325쪽.

38 La Nouvelle revue française, No.1 (février, 1909).

39 La Nouvelle revue française, No.142 et 14 (octobre et novembre, 1925).

40 La Nouvelle revue française, No.50-54 (janvier, février, mars, avril, mai, 1913).

41 La Nouvelle revue française, No.66 et 67 (juin, juillet, 1914).

42 La Nouvelle revue française, No.71 (août, 1919).

스 잡지』 밖에서도 개인 활동을 통해 『신프랑스 잡지』의 인지도를 높였다. 클로델과 지로두는 외교관으로, 발레리와 모리악은 아카데미 프랑세즈 회원으로 활동했고, 특히 모리악은 1953년 노벨문학상을 받았다. 브르통과 아라공은 1919년에 『문학』(Littérature)이라는 평론 잡지를 창간했고, 아라공은 1933년 『코뮌』(Commune)의 편집위원으로, 1937년 『스수아』(Ce soir)와 1953년 『프랑스 문예』의 운영자가 되었다.

이처럼 『신프랑스 잡지』의 '대작가'는 당시대뿐만이 아니라 그 이후에도 프랑스 사회의 인적, 물적 네트워크를 형성하는 주도 세력이었다. 1909~1940년의 『신프랑스 잡지』는 프랑스인의 집단 기억에서, 물질적 차원에서, 상징적인 차원에서, 그리고 기능적 차원에서 대작가를 오늘날까지 계속 생산하는 '기억의 장소'라고 말할 수 있다.

기억의 장소로서 『신프랑스 잡지』가 차지하는 무게감은 프랑스 내부만이 아니라 외부에서도 마찬가지였다. 1940년 파리 주재 독일 대사인 오토 아베츠(Otto Abetz)는 『신프랑스 잡지』에 대해 높은 평가를 내렸다. 그는 이미 전쟁 전부터 프랑스 문학계와 깊은 관련을 맺었던 인물로, 1935년 11월 22일 <프랑스-독일 협회>(Comité France-Allemagne)를 창설했다. 이 단체는 양국의 문학 · 과학 · 경제 · 예술 · 스포츠 분야 간의 교류를 통해 나치 정권의 긍정적 이미지와 나치즘을 유포하고자 했다.[43] 아베츠가 1940년 파리에 도착하자마자 선언한 내용을 보면 알 수 있다.

---

43 Otto Abetz, *Histoire d'une politique: Franco-Allemagne 1930-1950* (Paris: Stock, Delamain et Boutelleau, 1953), pp.59-70.

프랑스에는 세 가지의 강력한 힘이 있는데, 그것은 은행, 공산당 그리고 『신프랑스 잡지』이다. 먼저 『신프랑스 잡지』부터 시작하자.[44]

아베츠는 이미 <프랑스-독일 협회>의 활동을 통해 프랑스 사회에서 차지하는 『신프랑스 잡지』의 위상을 알고 있었고, 이 상징적 장소를 나치 독일의 선전장으로 바꾸고자 했다. 그래서 그는 <프랑스-독일 협회>에서 활동한 드리외에게 편집장의 자리를 추천했고, 『신프랑스 잡지』를 협력 잡지로 재탄생시키는 데 적극적으로 지원했다. 아베츠가 『신프랑스 잡지』를 프랑스 내셔널문학을 이루는 '대작가'의 잡지로 평가하고 있었음을 알 수 있다. 그렇다면 독일 점령 아래 재간행된 1940~1943년의 『신프랑스 잡지』는 프랑스인에게 어떻게 기억되고 있는가?

2) 반역 작가의 잡지?(1940~1943)

1940~1943년의 『신프랑스 잡지』가 아베츠의 강제 명령으로 말미암아 몇몇의 파시스트 혹은 나치 독일의 협력 문인인 드리외에 의해 재출간되었다. 하지만 이 시기의 잡지를 '반역 작가의 잡지'로 단정하기에 앞서 짚고 넘어야 할 점이 있다. 그것은 소위 말하는 대작가의 일부가 1940~1943년의 『신프랑스 잡지』에 참여했다는 사실이다. 문학교과서에서도 소개된 대작가의 하나인 마르셀 아를랑과 앙리 드몽테를랑 경우는 대표적인 반역 작가이다. 그런데 프랑스의 양심적 지식인으로 불리는 앙드레 지드 역시 재출간된 『신프랑스 잡지』의 첫 번째 호에

---

44 Pierre Hebey, *La Nouvelle revue française des années sombres 1940-1941* (Paris: Gallimard, 1992), p.13

「낙엽」(Feuillets)[45]을 발표했다. 한 두 편의 글을 실었다고 협력 문인으로 규정할 수는 없지만 대작가의 참여가 주는 파장은 클 수밖에 없었다.

『신프랑스 잡지』(1940~1943)의 재출간 과정에 대작가들, 즉 지드 외에, 라르보, 발레리가 참여했다. 그들은 『신프랑스 잡지』가 협력 잡지로 변모되는 시점에서 글을 게재했다. 모리악 경우는 글을 쓰지는 않았지만 드리외에 대한 우정을 가지고 편집 방향에 대한 간접적인 조언까지 해주었다는 기록이 남아 있다. 모리악은 1940년 12월 11일 드리외에게 다음과 같은 편지를 보냈다.

> 친애하는 드리외, 『신프랑스 잡지』를 다시 볼 수 있다니 얼마나 기쁜가! 이 잡지의 부활에 은총이 있기를. 프랑스 작가를 모아들이고 우리의 정신적 삶이 영원함을 확신시켜야 하네.[46]

이것은 『신프랑스 잡지』의 재출간을 둘러싼 배경에는 나치 독일 아베츠의 강요로만 이루어졌다기보다 프랑스 '대작가'의 암묵적인 지원이 있었음을 보여준다.

하지만 모리악의 지원은 계속되지 않았다. 드리외가 1941년 모리악의 작품, 『바리사이 여인』(La Pharisienne)에 대한 비평 글을 『신프랑스 잡지』에 게재했다. 그는 이를 통해 모리악에게 공개적으로 잡지 참여(곧 협력 참여)를 요구했다.[47] 이를 계기로 모리악은 드리외와 거리를

---

45 André Gide, "Feuillets," *La Nouvelle revue française*, No.322 (décembre, 1940), pp.76-86.
46 François Mauriac, "Lettre à Drieu La Rochelle, le 11 décembre 1940," *Lettres d'une vie* (Paris: B. Grasset, 1981), p.244.
47 드리외는 다음과 같은 글을 통해 모리악에게 적극적인 협력을 요구했다. "이 작가(모리악)는 우리 앞에 위험하지 않는 미로의 손잡이와 그 파편을 던져준다. (그 안에) 그 자신이

두기 시작했다. 비록 모리악이 본격적인 레지스탕스 진영에 참여하지는 않았지만 그의 협력 요구는 거부한 것이다.[48]

그렇다면 1940년 1월에서 1940년 6월 폐간호까지 활동했던 『신프랑스 잡지』의 주요 작가들은 어떤 선택을 했을까?

[표 3]는 기존 주요 작가들이 재발행된 『신프랑스 잡지』(1940~1943)[49]에 참여 여부, 참여 연도 횟수, 그리고 기고 수를 분석한 것이다. 1940년 폐간에서 재발행까지의 기간이 워낙 짧고, 재발행된 시기조차 길지 않아서 한계점은 있지만 협력 잡지에 대한 기존 주요 작가의 정치적 입장이 드러날 수 있다.

[표 3] 1940년 1~6월 『신프랑스 잡지』 작가의 재발행[50] 참여도

1940. 1~6. 참여 작가 이름[51]	1940. 12	1941. 1~12	1942. 1~12	1943. 1~6	통계	
					참여 연도 횟수	기고 횟수
알랭	참여	참여	참여		3	7
아미엘 AMIEL					·	·
아라공					·	·
아를랑 ARLAND		참여	참여		2	8
아를망 ARMAND		참여			1	1

<hr>

들어가고 나오며 우리도 들어가고 나온다." Pierre Drieu La Rochelle, "Mauriac," *La Nouvelle revue française*, No.331 (septembre, 1941), p.349.

48 물론 지드와 발레리 경우는 모리악과 달리 초기에 비시 정부에 대한 지지를 호소했다. "우리는 독일 사람만을 의식합니다. 현재 프랑스 정부는 그들이 원하던 원하지 않던 간에 혁명적인 정부입니다. 다시 시작하는 이 잡지를 통해 새로운 프랑스 혁명을 다시 부르게 될 것입니다." P. Hebey, *La Nouvelle revue française des années sombres 1940-1941*, p.145.

49 *La Nouvelle revue française*, No.316-321 (janvier-juin, 1940).

50 *La Nouvelle revue française*, No.322-352 (décembre 1940-juin 1943).

51 [표 1] 작가 경우는 성(姓)만 표기했다.

1940. 1~6. 참여 작가 이름	1940. 12	1941. 1~12	1942. 1~12	1943. 1~6	통계 참여 연도 횟수	기고 횟수
페르낭 오베르조뉴아 FERNAND AUBERJONOIS					·	·
오디베르티 AUDIBERTI	참여	참여	참여	참여	4	8
방다					·	·
조르주 베르나노스 GEORGES BERNANOS					·	·
조르주 블랭 GEORGES BLIN					·	·
장 드보스쉐르 JEAN DE BOSSCHÈRE		참여	참여		2	2
조 부스케 JOE BOUSQUET			참여		1	2
로베르 브라지약 ROBERT BRASILLACH					·	·
앙드레 샴송 ANDRÉ CHAMSON					·	·
알퐁스 드샤토브리앙 ALPHONSE V. B. DE CHÂTEAUBRIAND					·	·
샤를 알베르 생그리아 CHARLES-ALBERT CINGRIA					·	·
장 콕토 JEAN COCTEAU			참여		1	1
그레미외					·	·
르네 도말 RENÉ DAUMAL					·	·
마리 델쿠르 MARIE DELCOURT					·	·
에밀 데르망겜 EMILE DERMENGHEM			참여		1	1
드리외	참여	참여	참여	참여	4	26
로 뒤카 LO DUCA					·	·

1940. 1~6. 참여 작가 이름	1940. 12	1941. 1~12	1942. 1~12	1943. 1~6	통계	
					참여 연도 횟수	기고 횟수
피에르 엠마뉴엘 PIERRE EMMANUEL					·	·
페르낭데	참여	참여	참여	참여	4	38
지드	참여	참여			2	3
장 지오노 JEAN GIONO	참여	참여	참여	참여	4	5
그르니에					·	·
베르나르 그뢰튀쟁 BERNARD GROETHUYSEN					·	·
장 게랭 JEAN GUÉRIN					·	·
클레베 에당 KLÉBER HAEDENS					·	·
주브					·	·
로트		참여	참여		2	3
마르셀					·	·
드니 마리옹 DENIS MARION					·	·
클로드 모리악 CLAUDE MAURIAC					·	·
모리악						
뤼시앙 모리 LUCIEN MAURY					·	·
앙리 미쇼 HENRI MICHAUX					·	·
드몽테를랑		참여	참여	참여	3	7
폴랑					·	·
레이몽 푸앵카레 RAYMOND POINCARÉ					·	·
앙리 푸라 HENRI POURRAT					·	·
아르망 로뱅 ARMAND ROBIN	참여	참여		참여	3	4
드루주몽					·	·

1940. 1~6. 참여 작가 이름	1940. 12	1941. 1~12	1942. 1~12	1943. 1~6	통계	
					참여 연도 횟수	기고 횟수
클로드 루아 CLAUDE ROY	참여			참여	2	2
장 폴 사르트르 JEAN PAUL SARTRE					.	.
쉬아레스					.	.
엘자 트리올레 ELSA TRIOLET					.	.
장 보달 JEAN VAUDAL					.	.
발					.	.

[표 3]을 통해 1940~1943년의 『신프랑스 잡지』에 한번이라도 기고한 기존 작가들이 16명[52]이다. 이들 중에서 파시스트, 혹은 나치 독일에 협력한 '반역 작가'로 알려진 자는 누구인가? 자타가 공인하는 파시스트이자 1940~1943년의 『신프랑스 잡지』(1940~1944)의 편집장인 드리외를, 그리고 기고 숫자만으로도 짐작할 수 있는 나치즘의 옹호자인 페르낭데를 들 수 있다. 그들은 1941년 바이마르(Weimar) 국제작가대회에 참여해서 나치즘을 변호했다. 지오노나 몽테를랑 경우는 대표적인 친독 협력 신문에 나치 찬양 글을 쓰는 전형적인 협력 문인으로 활동했다.

---

[52] 총 16명이다. 다음의 연속 참여 작가명이다. 알랭(Alain), 마르셀 아를랑(Marcel Arland), 아르망(Armand), 오디베르티(Audiberti), 장 드보스쉐르(Jean de Bosschère), 조 부스케(Joe Bousquet), 장 콕토(Jean Cocteau), 에밀 데르망겜(Émile Dermenghem), 피에르 드리외 라 로셸(Pierre Drieu La Rochelle), 라몽 페르낭데(Ramon Fernandez), 앙드레 지드(André Gide), 장 지오노(Jean Giono), 앙드레 로트(André Lhote), 앙리 드몽테를랑(Henry de Montherlant), 아르망 로뱅(Armand Robin), 클로드 루아(Claude Roy)이다.

루아는 악시옹 프랑세즈의 회원이었지만 독일 협력을 거부한 모라스의 정치적 노선을 따르지 않았다. 그는 재발행된 『신프랑스 잡지』뿐만 아니라 협력 주간지인 『쥐쉬 파르투』에 활발히 참여했다. 그러다 그는 1942년 협력 활동에 회의를 느꼈고, 그 이후 레지스탕스 진영으로 들어가서 전국 작가 위원회의 회원이 되었다.

아를망은 1929년 공쿠르상(Prix de Goncourt)을 받은 소설가이며 『신프랑스 잡지』만이 아니라 대표적인 협력 잡지인 『코메디아』(Comoedia)에서 1942년에서 1944년까지 활동했다. 전쟁 이후 1953년 장 폴랑과 함께 『신프랑스 잡지』의 공동 편집장이 되었다가, 이후 단독 편집장으로 활동했다. 사실 레지스탕스 문인보다 협력 문인으로 활동한 시기가 훨씬 길었음에도 불구하고 숙청의 대상이 되지 않는 인물이다.

아를망과 더불어 『신프랑스 잡지』와 『코메디아』에 활동한 문인은 오디베르티(Jacques Audiberti)를 들 수 있다. 시와 문학 비평만이 아니라 영화 비평도 하며 영화 잡지에 참여했고, 1964년 비평상(Prix des Critiques)을 수상했다.

로뱅은 작가이며 번역가 그리고 라디오 전문가로서 비시 정부의 정보부에서 일하며 외국 방송 청취 영역을 담당했다. 또한 『청취회보』(Bulletins d'écoutes)를 발간한 인물이다.

장 콕토와 앙드레 로트는 『신프랑스 잡지』의 영화와 예술 분야를 소개했는데, 로트 경우는 조각가였다가 미술평론가로 전환하면서 오랜 기간 동안 『신프랑스 잡지』의 미술 비평을 담당했다.

마지막으로 소개할 알랭은 대작가에 속하지 않았지만, 『신프랑스 잡지』의 기고 글을 통해 당시 프랑스인에게 상당한 영향력을 행사한 인물이라 할 수 있다. 본명은 에밀 샤르티에(Émile Chartier)이며, 철학자이자 고등학교 철학교사로서 문예 비평과 철학 에세이를 끊임없이 써

왔다. 로리앙(Lorient), 루앙(Rouen), 파리 고등학교에서 제자를 물심양면
으로 돌보는 열정적인 교사였고, 레이몽 아롱(Raymond Aron), 장 폴 사
르트르, 시몬 베이유(Simone Weil)와 같은 제자들을 두었다. 그래서 알랭
이 독일 점령 아래의 『신프랑스 잡지』에 계속적으로 참여했다는 사실
이 주목된다.

　　그러나 오늘날 드리외와 페르낭데를 제외한 다른 참여 작가들은 『신
프랑스 잡지』에 기고한 반역 작가로 알려지지 않았고, 숙청의 대상이
되지 않았다. 그들은 역사 연구자들에게 협력 문인으로 다루어지지
않았다.

　　다음의 [표 4]는 최근 프랑스에서 발간된 인물 사전[53]에서 이들이
어떻게 평가되고 있는지를 분석한 것이다. 이를 통해 오늘날 프랑스
사회에서 1940~1943년의 『신프랑스 잡지』가 어떻게 인식되고 있는지

---

53 Henry Rousso, *La Collaboration* (Paris: MA, 1987) ; Serge Berstein et Pierre Milza (dirs.),
Dictionnaire historique des fascismes et du nazisme (Bruxelles: Complexe, 1992) ; Jean-
Pierre Azéma et François Bédarida (dirs.), *1938-1948 Les Années de tourmente: de Munich
à Prague* (Paris: Flammarion, 1995) ; Jacques Julliard et Michel Winock (dirs.), *Dictionnaire
des Intellectuels français* (Paris: Seuil, 1996) ; Michère et Jean-Paul Cointet (dirs.),
Dictionnaire historique de la France sous l'Occupation (Paris: Tallandier, 2000) ; Dominique
Venner, *Histoire de la Collaboration* (Paris: Pygmalion, 2000).
사실 사전이나 연구서는 편집 방향이나 의도에 따라서 인물 평가가 달라질 수 있기 때문에
이를 분석한다는 자체가 주관적일 수 있다. 그럼에도 불구하고 이를 시도하고자 하는
이유는 『신프랑스 잡지』의 위상을 만드는 데 사전의 역할이 크다고 보기 때문이다. 사전
에서 『신프랑스 잡지』의 폐간호와 재간행호에 계속해서 참여했던 16명의 작가들이 반역
작가로, 혹은 파시스트로 평가되고 있는지 검토하려는 것이다.
인물 사전 선정 기준은 다음과 같다. 첫째, 『기억의 장소』의 출간(1984, 1986, 1992) 이후
독일 점령 시기 관련 사전을, 둘째는 독일 점령 아래 활동했던 인물 설명이 상세히 소개된
사전을, 셋째는 인물 설명 기준이 포괄적인 사전을 선택했다. 그것은 두 사전, 『파시즘과
나치즘의 역사사전』(*Dictionnaire historique des fascismes et du nazisme*, 1992)과 『프랑스
지식인 사전』(*Dictionnaire des Intellectuels français*, 1996)이다. 전자는 대표적인 파시스트
를 알 수 있는 인물 사전이고, 후자는 정치이데올로기와 상관없이 프랑스 사회의 전반적인
지식인을 다룬 인물 사전이다.

그 변화를 파악할 수 있다.

첫째, 협력 문인이라는 드리외의 대중적 이미지 탓에, 1940~1943년
의『신프랑스 잡지』가 소수의 파시스트에 의해 강제적으로 재발행되
었다고 기억한다. 드리외는 1940~1943년의『신프랑스 잡지』와 거의

[표 4]『신프랑스 잡지』의 연속 참여 작가(16명)에 대한 인물 사전들의 언급 현황

1940.1~6 1940.2~ 1943.6 연속 참여 작가명	『협력』 (1987)	『파시즘, 나치즘 역사 사전』 (1992)	『고통의 해 1938~ 1948』 (1995)	『프랑스 지식인 사전』 (1996)	『독일 점령 시기 프랑스 역사 사전』 (2000)	『협력의 역사』 (2002)	협력 문인 언급 횟수 (6)
알랭			✓	✓	✓		3
아를랑				✓			1
아를망							0
오디베르티				✓			1
드보스쉐르							0
부스케							0
콕토			✓	✓	✓		3
데르망겜							0
드리외	✓	✓	✓	✓	✓	✓	6
페르낭데				✓	✓	✓	3
지드			✓	✓	✓		3
지오노			✓	✓	✓	✓	4
로트							0
드몽테를랑			✓	✓	✓		3
로뱅							0
루아			✓	✓	✓		3

동급으로 이해되며, 때문에 잡지는 파시스트 협력 문인의 문예 잡지로 간주된다. 그것은 그가 잡지의 얼굴인 편집장이었기 때문이다. 그를 제외한 다른 기고 작가들은 전형적인 파시스트로 언급되지 않을 뿐 아니라 협력 문인으로 소개되는 경우도 거의 없다.

[표 3]에서 협력 문인 페르낭데는 다른 작가들에 비해『신프랑스 잡지』의 기고 수가 월등히 많았지만 [표 4]를 보면 사전에서는 비교적 많이 언급되지 않았다는 사실이 주목된다. 차라리 [표 3]에서 페르낭데의 기고 수보다 적었던 지오노가 [표 4]의 사전에서는 더 자주 다루어지고 있다. 물론 이것은 지오노가 페르낭데보다 프랑스 문학에 끼친 영향력이 크기 때문일 수도 있지만, 페르낭데는 드리외와 함께 나치즘을 선전하러 국제작가대회에 참가했던 인물이었기에 의외의 결과이다.

또한 드리외, 페르낭데, 지오노를 제외하고 나머지 작가들은『신프랑스 잡지』에 참여한 협력 문인으로 자세히 소개되어 있지 않다. 언급된 경우라도 정확한 연도 없이 아주 짧게 서술하는 경향이 크다. 특히 알랭, 오디베르티, 아를랑은 계속 참여했음에도 불구하고 다른 참여 작가보다 훨씬 적게 언급되었다. 그 중 아를랑의 경우는 해방 이후『신프랑스 잡지』의 편집장 및 프랑스 아카데미 회원이 되었기 때문에 협력 문인으로 평가하기가 어려웠을 것으로 짐작된다.

이처럼 대작가만이 아니라 '반역 작가'까지도 포함된『신프랑스 잡지』는 프랑스 문인들이 독일 점령에도 불구하고 계속해서 이 잡지에 참여했던 이유를 설명해 줄 필요가 있을 것이다.

그러나 분석 대상의 사전과 연구서에서는 1940~1943년의『신프랑스 잡지』가 파시스트 협력 문인에 의해 강제로 간행된 잡지였다고 언급할 뿐이다. 이를 달리 말하면, 사전과 연구서들이 1940~1943년의『신프랑스 잡지』를 파시스트 협력 문인인 드리외의 잡지로 공식화하고 있다는 것이다.

이것은 아래 [표 5]의 분석 결과이기도 하다. '대작가'와 '반역 작가'의 『신프랑스 잡지』에 연속해서 참여했던 16명의 작가들이 훗날 [표 1]과 [표 2]의 분석 대상인 문학교과서에서 어떻게 소개하고 있는지,

[표 5] 1953~2001년 문학교과서에 나타난 『신프랑스 잡지』 연속 참여 작가 소개 현황

1940년 1~6월 1940년 2월~ 1943년 6월 연속 참여 작가 이름	1953년 아쉐트	1962년 보르다스	1967년 아쉐트	1971년 보르다스	1982년 보르다스	1986년 아쉐트	1989년 나탕	2001년 아티에
알랭								
아를랑		✓						
아를망								
오디베르티								
드보스쉐르								
부스케								
콕토							✓/N/F	✓
데르망젬								
드리외			✓/N/F			✓/N/F	✓/N/F	
페르낭데								
지드					✓		✓	✓
지오노		✓		✓	✓			
로트								
드몽테를랑		✓	✓	✓	✓		✓	
로뱅								
루아							✓	

* 1940~1943년 작품 소개: ✓ 독일 점령 하의 『신프랑스 잡지』 참여 소개: N 파시스트 협력 문인 소개: F

그리고 당시 이 잡지에 발표했던 작품 내용을 다루고 있는지의 여부를 분석한 것이다.

[표 5]를 통해서 세 가지 사실이 주목된다.

첫째, 1953년보다 1989년 문학교과서에서『신프랑스 잡지』협력 작가와 그들의 작품들이 소개되고 있다. 출판사의 경향에 따라 보르다스 문학교과서가 아쉐트 문학교과서보다 반역 작가의 작품들을 훨씬 적극적으로 소개하고 있다. 특히, 드몽테를랑의 작품이 드리외와 비교해서 훨씬 비중 있게 다루어졌는데, 1942년 발간된 그의 작품,『죽은 여왕』(La Reine Morte)에 대해 높은 문학적 평가를 내리고 있다.

둘째, 독일 점령 시기에 발간된『신프랑스 잡지』가 기존 발행지와는 달랐다는 점을 강조하고 있다. 점령 기간 동안『신프랑스 잡지』가 파시스트 협력 작가인 드리외에 의해 강제적으로 발간되었음을 강조한 반면, 16명의 기고 작가들이 비시 정부와 긴밀한 관계를 가졌던 사실은 드러내지 않았다. 또한 이에 대한 언급 자체를 회피하는 문학교과서도 많았다. 1953년의 아쉐트 출판사 문학 교과서에서는 독일 점령 시기의『신프랑스 잡지』에 대한 서술 자체가 없었고, 1986년에 이르러서야 이것을 '반역 작가 드리외의 잡지'로서 언급할 뿐이었다.

셋째, 1950년대 문학교과서에서는 협력 문인 자체에 대해 서술하지 않았기 때문에『신프랑스 잡지』는 반역 작가의 잡지로 소개된 적이 없다. 비록 2001년의 아티에 문학교과서에서는 대작가와 반역 작가를 낳은 잡지로서『신프랑스 잡지』를 소개했지만 협력 문인의 작품은 다루지 않고 있다. 오늘날에도 대작가를 낳은『신프랑스 잡지』를 프랑스 내셔널문학의 대표적인 장소로서 프랑스인의 기억에 각인시키려는 의도가 강하다는 점을 주목할 필요가 있다.

결국 2000년 이전의 프랑스 문학교과서는 대작가의『신프랑스 잡지』만을 다루었고, 이후의 문학교과서는 양쪽, 즉 대작가와 반역 작가의 『신프랑스 잡지』를 구분해서 서술하고 있긴 하다. 하지만 오히려 그 구분이 '반역 작가'의 『신프랑스 잡지』를 파시스트 협력 문인의 잡지로 규정시켜, 다른 문인들의 참여 사실을 축소시켰다.

*

드레퓌스 사건(1894~1906)[54] 이후 프랑스 지성사의 핵심은 사회적 문제에 대한 날카로운 비판과 양심을 지키는 데 있었다. 정치 권력, 부, 명예와 거리를 두고 중요한 사회 이슈를 대중적으로 환기시키는 현실 참여 태도는 프랑스 지성의 자랑이며 프랑스 공화국 체제가 유지될 수 있었던 주요한 요소였다.

그러나 프랑스인은 독일 점령(1940~1944)으로 지성의 자부심이 한순간에 무너지는 역사적 경험을 했다. 프랑스 지성계는 저항과 협력이라는 이분법적 구도에 놓였다. 훗날 협력 지식인을 극우 성향이 강하거나 점령 상황을 이용해 입신양명을 얻으려는 기회주의자로 치부하여, 프랑스의 지적 전통과는 무관한 자로 평가했다. 사실상 숙청의 역사는 이들의 반역을 법적으로 단죄했기 때문에 프랑스 지성인 계보에서 협

---

54 드레퓌스 사건은 1894년 유대인 드레퓌스(Alfred Dreyfus) 대위가 군법회의에서 간첩죄로 종신형을 선고 받았다. 그의 가족은 탄원서를 제출해 무죄를 주장했고, 무죄를 주장하는 지식인들이 재심을 요구했다. 작가 에밀 졸라(Émile Zola)가 <나는 고발한다>(J'Accuse)라는 대통령에게 보내는 공개 서간을 발표하자 프랑스 여론은 드레퓌스 사건의 진상과 군부의 음모를 폭로하고 재심을 요구했다. 반면 군 고위층과 왕당파는 그의 유죄를 주장했다. 그러나 군사 기밀 누설은 다른 장교의 소행으로 밝혀졌고, 1906년 프랑스 최고재판소는 드레퓌스의 무죄를 선언했다. 이 과정에서 여론만이 아니라 지식인층이 분열되고, 공화파와 왕당파 간의 갈등이 첨예하게 나타났다. 무죄를 주장하는 드레퓌스파와 유죄를 주장하는 반드레퓌스파로 나뉜 것이다.

력 지식인들은 배제되었다.

그럼에도 불구하고, 독일 점령 이전부터 활동했던 협력 문인이 프랑스 문학에 끼친 영향력까지 무시할 수는 없는 일이다. 그들 대부분이 1차 세계대전 이후 프랑스 지성계를 이끌었으며, 같은 지적 풍토를 공유하고 서로 간의 정신적 영향력을 주고받았던 작가들이었다. 프랑스 대중이 여전히 협력 문인의 저서를 읽는 이유는 그들 작품 안에 1차 세계대전 이후 격동하는 프랑스 사회의 모습이 가감 없이 담겨 있기 때문이다. 비록 독일 점령으로 협력 문인의 길을 선택했지만, 그들은 2차 세계대전 이전까지 프랑스 문단에 몸담았던 프랑스 지성인이었다. 협력 활동에 대한 문인들의 단죄가 이루어졌지만, 그들의 지적 여정(삶과 작품)은 사라질 수 없는 역사의 한 부분인 것이다.

이 책에서 지성과 반역의 역사를 새긴 『신프랑스 잡지』를 소개한 이유는, 프랑스 현대 문학의 산실, 대작가의 요람지로 알려져 있으나 독일 점령 아래에서는 대표적인 협력 문학 잡지였다는 『신프랑스 잡지』의 이면성을 환기시키려는 데 있다. 그것은 미시적 차원에서 전쟁 이전의 협력 문인의 행보를 살펴볼 수 있는 장소이며, 거시적 차원에서 지성과 협력의 역사를 동시에 품고 있는 프랑스 지성사의 공간으로 이해하고, 기억할 수 있는 장소이기 때문이다.

제2장

협력 지식인의 유럽 통합론

제2장

협력 지식인의 유럽 통합론

우리는 새로운 유럽 공동체를 정의하고자 한다. 유럽이란 무엇인가? 유럽은 독일의 공간이 아니다. 프랑스의 경계선은 모스크바이며 반(反)볼셰비키 군대가 있는 곳이다. 유럽 민족의 첫 번째 과제는 비유럽 민족의 모든 개입을 없애는 일이다...(유럽은) 경제적 연대이기 전에 유럽에 사는 민중의 인종적 혈연관계에서 출발한다.[55]

페탱 원수는 우리에게 유럽의 재건을 할 수 있도록 해 주었다. 그것은 작은 일이 아니라 모든 세계를 위한 결단이었다...20세기는 유럽의 세계이다. 우리는 유럽인이다.[56]

- 나치의 유럽 통합이 필요한 이유를 설명한 협력 잡지의 기사들 중에서 -

---

[55] Georges Soulès, "L'Europe est indivisible," *Révolution nationale*, No.7 (28 November, 1941).
[56] "Remembrement de l'Europe," *France-Europe*, No.1 (11 juillet, 1942).

1. 히틀러의 유럽?

프랑스는 독일에 의해 점령당하면서 19세기 제국주의 국가 또는 1차 세계대전의 승전국이라는 기존의 이미지를 유지할 수 없었다. 그만큼 프랑스 근현대사에서 독일의 점령은 프랑스라는 국가와 그 국민들에게 충격적인 사건이었다. 당시 프랑스는 '독일의 식민지'라고 볼 수 있기 때문이었다. 독일군의 점령, 휴전 협정으로 세워진 프랑스 협력 정부 그리고 두 동강으로 나누어진 프랑스 영토 등이 식민적 상황을 드러내준다.

그럼에도 불구하고 오늘날 프랑스 역사가는 당시의 프랑스 상황을 '독일 식민지'(Colonie allemande)라는 용어로 규정하지 않는다. 대신에 '독일 점령'(Occupation allemande)이라는 단어를 사용한다. 프랑스 백과 사전57에서 점령(Occupation)은 "일정한 땅이나 지역을 군사적 힘으로 차지하지만, 영토권의 이전이 이루어지지 않는 경우"라고 정의되어 있다. 식민지(Conlonie)란, "제국주의의 영역으로 (우월한) 외국 국가가 다른 민족의 주권을 점령하여 정치적, 경제적 경영을 대신 맡는 경우"를 의미한다. 두 개념이 역사적 사건에 적용될 때, '식민지'는 '프랑스 제국주의의 역사'에, '점령'은 '2차 세계대전 나치 독일의 역사'에 사용되고 있다. 프랑스 역사가는 자국의 근현대사에서 점령이란 교전국의 군사적 힘에 밀려서 일시적으로 프랑스 영토가 점령된 경우로 받아들이고 있다.

---

57 *Grand Larousse universel* (Paris: Larousse, 1994), p.2389, p.7525 ; *Le Petit Robert 1: dictionnaire de langue française* (Paris: Dictionnaires Le Robert, 1984), pp.337-338, pp. 1297-1298.

여기서 주목해야 할 점은 히틀러의 유럽, 즉 '새로운 유럽'(Europe Nouvelle)을 건설한다는 대의에 공감한 나치 독일과 비시 정부 간의 협력이 식민지 관계 차원에서 이루어지지 않았다는 것이다. 같은 점령 상황이라도 프랑스는 유럽의 문명국가로서 독일의 군사적 힘에 밀려 잠시 영토를 잃었지만, 비시 정부를 통해 동반적 관계에서 독일의 점령을 받아들였던 것이다. 실제로 비시 정부는 나치 독일에 의해 공식적인 정치 파트너로서 인정받았고, 히틀러의 유럽 아래서 당시 프랑스 식민지인 북부 아프리카와 인도차이나의 지배권을 그대로 유지했다.[58] 이 사실은 독일과 프랑스 비시 정부의 관계가 한국과 일본이 겪은 식민지 상황과 다르다는 점을 보여준다. 당시 프랑스인들도 나치 독일의 지배를 식민지가 아닌 점령으로 인식했다.

독일 점령 하에서 '새로운 유럽'을 위한 프랑스의 지적 네트워크를 주도적으로 가동한 사람들은 친독주의자와 친비시주의자이다.[59] 그 중에서 파리를 중심으로 활동하는 협력 지식인(일명 파리 협력 지식인 colla-borationniste)은 이미 1935년부터 <프랑스-독일 협회> 창설에 앞장서면

---

[58] 이점은 박지현의 「'유럽중심주의'에 투영된 오리엔탈리즘 -독일 점령과 프랑스 비시 정부와의 관계를 중심으로」, 『담론 201』, Vol. 6, No. 2, 통권 15호(2004. 2), 239~242쪽에서 구체적으로 다루었다.

[59] 두 단어는 한국 사회와 프랑스 사회에서 다르게 사용되고 있다. 한국 사회에서는 나치 독일 아래 협력했던 자들을 거의 친독주의자로 인식하는 경우가 많다. 하지만 프랑스 사회에서는 1940-1944년 동안 나치 독일과 직접적으로 협력했던 나치주의자와 비시 정부와 협력했던 비시주의자를 구분하는 경향이 있다. 프랑스 학계조차 '협력주의'(Collabo-rationnisme)와 '국가 협력'(Collaboration d'État)라는 단어를 통해 협력자의 종류를 구분하기도 한다. 전자는 독일 점령 당시에 프랑스 파시스트 마르셀 데아(Marcel Déat)가 쓴 단어로 나치즘을 옹호하여 나치 독일과의 협력에 적극적으로 참여했던 협력자를 말한다. 후자는 미국 역사가 스탠리 호프만(Stanley Hoffmann)이 정의한 단어로, 나치 독일 대신 비시 정부에 직·간접적으로 지지했던 협력자를 의미한다. 이 글에서는 '협력주의'에 해당되는 사람을 친독주의자로, '국가 협력'에 해당되는 사람을 친비시주의로 의역하여 구분했다. H. Rousso, *La Collaboration*, pp.54-57, pp.68-73.

서 유럽의 나치즘 체제를 주장했던 자들이었다.[60] 이와 반대로 비시를 중심으로 활동하는 협력 지식인(일명 비시 협력자 vichyste)은 외적으로는 나치 독일과의 협력 체제를 구축하는 반면 내적으로는 '민족 혁명' (Révolution Nationale)이라는 정책을 통해 프랑스의 민주주의 전통을 없애고 권위적 체제를 건설하고자 했다.[61]

이 협력 지식인들 모두 독일이 중심이 되건, 프랑스가 중심이 되건 간에 '새로운 유럽'의 필요성에 공감했고, 이를 전제로 새로운 유럽의 형태나 방향성을 논의한 것이다. 독일의 점령으로 프랑스 국가의 생사가 걸리는 순간에도 이들이 독일의 유럽에 대한 자신의 견해를 피력하고 프랑스 국가의 미래를 논의했다는 점 자체가 주목할 만한 일이다. 협력 지식인들이 점령자 나치의 명령에 무조건 순종하여, '새로운 유럽'[62]을 정치 선전용으로 받아들인 것만은 아니라는 뜻이다.

프랑스는 유럽에서 강력한 자리를 차지하기 위해, 그리고 세계적으로도 그렇게 되고자 행동하려고 한다.[63]

점령 상황에도 불구하고, 히틀러의 유럽을 지지한다는 것은 협력 지식인에게 곧 프랑스의 재탄생이 유럽 통합의 중심에서 이루어질 것이며, 나아가 세계의 중심으로 다시 도약할 수 있다는 의미였다.

---

60 Philippe Burrin, "Le Collaborationnisme," Jean-Pierre Azéma et François Bédarida (éds.), *La France des années noires*, 1. de la défaite à Vichy (Paris: Seuil, 1993), pp.374-378.
61 Robert O. Paxton, "La Collaboration d'État," *La France des années noires*, pp.337-339.
62 '새로운 유럽'에 대한 내용은 박지현의 「'유럽중심주의'에 투영된 오리엔탈리즘 -독일 점령과 프랑스 비시 정부와의 관계를 중심으로」(221~249쪽)에서 구체적으로 논의되었으므로 여기서는 생략하겠다.
63 *France européenne*, No.3 (15 août, 1941).

그런데 또 다른 의미로는, 그 당시 프랑스는 더 이상 유럽의 중심이 아님을 인식하고 있었고, 이를 극복하기 위해선 히틀러의 유럽에 동참 해야 한다는 속내가 들어있다고 볼 수 있다. 그리고 언젠가 히틀러의 유럽이 아닌 프랑스의 유럽으로 만들겠다는 의도까지 엿보인다.

그러나 독일의 나치즘은 '새로운 유럽'이라는 모토를 내세웠더라도 그 내용은 전형적인 자민족중심주의다. 아리아인이라는 인종을 내세 워 독일 민족의 우월성에 기초를 둔 것이 나치즘이다. 나치 독일은 프랑스에게 유럽이라는 미끼를 던져주어 확실한 협력 체제를 구축하 고자 했다.[64] 이 유럽의 틀이란 나치 독일의 민족주의를 위한 방패였을 뿐이다.

이제 파리 협력 지식인 가운데 '새로운 유럽'을 자신의 신념으로 삼았던 로베르 브라지약(Robert Brasillach)의 여정을 통해서 상기한 논의 의 실마리를 풀어보고자 한다.

2. 로베르 브라지약의 새로운 유럽

브라지약은 파리고등사범학교(École normale supérieure)[65] 출신으로 젊 어서부터 주목을 받았던 재능 많은 작가이며 신문 기자였다. 1차 세계

---

64 Otto Abetz, "Rapport sur la situation pour Moniseur le Ministre des Affaires étrangères du Reich," *Pétain et les Allemandes: mémorandum d'Abetz sur les rapports franco-allemands* (Paris: Gaucher, 1948), p.87

65 한국어로는 파리 고등 사범학교이고 프랑스어 표기는 에콜 노르말 쉬페리외르이다. École normale supérieure를 줄여서 ENS, Normale, 혹은 Ulm이라 약칭한다. 이 학교는 교육부 산하에서 집중적으로 국가의 지원을 받는 명실상부한 프랑스 공화국의 인재 양성 기관이 다. 마르셀 데아, 로베르 브라지약 등과 같은 적지 않는 협력 지식인이 이 학교의 출신이다.

대전으로 벨 에포크(Belle Epoque)[66]시대가 무너지면서, '잃어버린 세대'로 전환되는 사회 변화 속에서 브라지약은 성장했다. 낙관주의를 지향했던 유럽 사회가 전쟁을 겪으면서 회의주의에 빠져들었고, 늙은 아버지는 젊은 아들의 장례식을 치르고, 젊은 아버지는 아내와 어린 자식을 남겨두고 세상을 떠났다. 브라지약의 아버지 역시 모로코 식민지 군대 장교로서 1차 세계대전에 참전하다 세상을 떠났기에 그도 전형적인 '잃어버린 세대'의 가정에 속해 있었다.

그렇기 때문에 브라지약은 당시 대학가 라탱가(街)를 지배하는 악시옹 프랑세즈에 쉽게 빠져 들었다. 샤를 모라스, 모리스 바레스(Maurice Barrès)와 샤를 페기(Charles Péguy)의 저서가 그와 같은 청년들에게 커다란 정신적 영향력을 주던 시기였다. 특히 브라지약은 악시옹 프랑세즈로부터 민족주의, 특히 모라스의 민족주의에 영감을 받았다. "모라스는 내 마음에 든다. 그의 책과 저서를 읽으면서 내 잘못을 빨리 알 수 있었다"라고 말할 정도로 그에게 심취해 있었다.

모라스는 통합민족주의라는 개념을 내세워 1789년 혁명의 유산을 거부하고 가톨릭주의, 반의회주의, 지방분권주의, 협동체제주의, 왕정복고주의를 주장했다. 그는 악시옹 프랑세즈라는 정당을 세우는 것에 그치지 않고 『악시옹 프랑세즈』라는 잡지를 발간하면서 악시옹 프랑세즈의 민족주의를 대학가의 청년만이 아니라 일반 대중에게까지 파급시키는 데 큰 역할을 했다.

---

66 벨 에포크는 영어로 'Beautiful Era', 한국어로 '아름다운 시절', '좋은 시절' 등으로 번역된다. 이 시기는 프랑스 역사의 특정한 시기를 지칭하는 단어이다. 제3공화국의 수립(1871)에서부터 1차 세계대전(1914)까지에 해당되는 기간이며, 프랑스 사회가 비교적 안정적이고, 새로운 기술과 과학 연구가 상당한 진전을 가져와 프랑스표 산업 기술 혁명이 이루어졌던 시기다. 아울러 문학, 미술, 연극, 음악, 시각 등의 예술분야에서 대작들이 나와 문화적 차원에서도 결실이 컸다.

모라스의 영향으로 브라지약은 전통 우파와 신우파 계열의 언론인들과 활발한 교류를 가졌고, 이를 계기로 문인과 신문 기자의 길을 동시에 걷게 되었다. 1931년 첫 번째 에세이집인 『비르길리우스의 현존』(*Présence de Virgile*)을 발간하는 동시에 『악시옹 프랑세즈』의 문학 지면을 담당했다.

그러나 1932년 첫 번째 소설인 『불꽃 도둑』(*Le Voleur d'étincelles*)을 발표하면서 브라지약은 악시옹 프랑세즈와 거리를 두기 시작했다. 그는 나치즘에 관심을 두었기 때문에 외국의 이념에 반감을 가졌던 악시옹 프랑세즈의 정치 노선이 점차로 부담스러웠다. 1937년 그는 파시즘을 추구하는 『쥐쉬 파르투』의 편집장이 되었고, 그해에 소설 『흐르는 시간처럼』(*Comme le temps passe*)을 발표했다. 브라지약은 이 소설의 구절마다 프티 부르조아(petit bourgeois)의 생활에 대한 예리한 비판을 가했고, 프랑스 사회를 바라보는 중간계급의 세세한 감정을 묘사했다. 이 저서를 통해 브라지약은 사회를 개혁하기 위한 파시즘의 필요성을 설명하고자 했다.[67]

이미 그는 1937년 독일 뉘른베르크(Nürnberg)에서 열린 나치 전당대회를 보고 나서 모라스주의에서 열렬한 파시스트로 전향하였다. 독일 여행을 통해 히틀러와 그의 군행렬을 직접 보고 온 브라지약은 『르뷔 유니베르셸』(*Revue universelle*) 잡지에서 「히틀러와의 100시간 -뉘른베르크 회의」라는 기사를 쓴다. 그는 독일 여행을 통해 살아 숨 쉬는 젊은 독일에 매력을 느꼈으며, 괴테, 베토벤 등 조국애를 공감하는 독일인들과의 만남이 매우 인상적이었다고 서술했다. 꽃으로 장식되

---

67 박지현, 「한 협력 문인의 환상: 로베르 브라질라크」, 『역사와 문화』, 8집 (2004.2), 164~165쪽. 처음에 브라질라크로 썼으나, 이 글에서는 프랑스 발음에 가까운 브라지약으로 표기했다.

던 종래의 발코니 풍경이 아니라 각 건물마다 높이 걸려 있는 나치 깃발이 그에게 신선한 충격으로 다가왔다. 또한 히틀러의 연설을 듣고 환호하며 소리 지르는 민중의 모습을 보고 그는 자신이 더 이상 잃어버린 세대가 아닌 새로운 세대에 살고 있다는 느낌이 들었다. 나치 선전의 주요 대상이 프랑스나 독일의 청년이었다는 사실을 주지한다면, 브라지약이 받았을 충격과 매력을 상상해 볼 수 있을 것이다.[68]

누군가 그렇게 외쳤다. 대중들의 극장, 그곳은 엄청난 아름다움이 있다. 크고 반듯하게 균형 잡힌 스타디움, 빛이 가득 찬 대성당이며, 완벽한 질서로 움직임이 이루어지고 음악과 노래가 존재하는 곳이다...모든 것이 하나의 주장, 지성, 감수성에 의해 이루어져 있다. 이 웅장한 광경은 세상에 대한 표현 방식 그리고 삶과 죽음의 가치를 반영하는 가장 단단한 사상들에서 비롯된 것이다.[69]

80명 내지 100명 정도의 19세 남짓한 독일 청년들이 모여서 자작나무 밑에서 일종의 애국가를 부르는 모습을 보고 브라지약은 히틀러의 유럽을 긍정적인 시각으로 바라보게 되었다.[70] 귀국 후, 그는 프랑스도 민족 혁명을 통해 전반적인 변혁을 이루어야 한다고 생각했다. 그리고 프랑스 민족의 도덕적 가치관을 바꾸어 놓는 것이 조국을 위한 길이라고 생각했다. 브라지약은 비록 독일 민족과 프랑스 민족이 성격상 다르긴 해도, 파시스트의 유럽을 건설하는 과정에서 상호 공존 및 보완이 이루어질 수 있으며, 이를 주도할 주체는 독일과 프랑스 청년들이어야

---

68 *Ibid.*, pp.165-166.

69 Robert Brasillach, "Cent heures chez Hitler," *La Revue universelle*, No.71 (1er octobre, 1937), pp.60-61.

70 *Ibid.*, p.63.

한다고 주장했다.

이러한 생각은 1939년 소설 『일곱 색깔』(Les Sept couleurs)에 드러난다. "나는 두 민족이 서로를 이해하리라고 생각하지 않는다. 엘리트 차원에서나 대중적 차원에서 결코 가까워지지 않을 것이다. (대신) 나는 (이 만남에 대해) 신중함과 필요성을 절감하게 된다. 두 민족이 이를 깨달아야 한다."[71] 따라서 "내가 알고 있는 모든 이들, 그리고 독일에 다녀온 자들은 프랑스 감정에 푹 젖어서 더욱 프랑스인이 되어 돌아온다."[72] 그런데 "왜 인종, 민족, 역사의 미덕을 여전히 믿는 자들, 때로는 감동적이고 때로는 격동적인 마음으로 조국의 현재와 미래를 성찰하는 자들이 우리에게는 없는 것인가?"[73]

브라지약은 "조국의 현재와 미래를 성찰하는 자"를 청년 파시스트의 이미지에서 찾았다. 1940년 『전쟁 전의 우리』에서 그는 다음과 같이 말하고 있다.

> 20년 이래로 새로운 인간 유형이 탄생했다. 데카르트식 영웅, 감수성이 강한 영혼들인 18세기 백과전서파 그리고 자코뱅적 애국주의자들과는 분명히 다른 파시스트 인간이 태어났다...지난 수년 동안 다양한 민족주의가 승리를 거두었고...보편적 혁명에 대한 사상을 확장시켰다. 그것은 마치 1848년 모든 유럽의 불기둥이 타올랐던 것과 같은 보편적 혁명이다...세계는 혁명의 불꽃으로 타올랐고, 노래 부르며 동참했다. 새로운 시대에 주목 받는 독일은 그의 때를 기다렸고 끊임없이 미래를 준비했다.[74]

---

71 Robert Brasillach, *Les Sept couleurs* (Paris: Plon, 1939), p.106.
72 *Ibid.*, p.171.
73 *Ibid.*, p.154.
74 R. Brasillach, *Notre avant-guerre*, pp.245-246.

인종과 민족을 강조하고 건장한 육체와 명석한 정신에 자부심을 가지며 현세의 재물을 경멸하는 청년 파시스트...노래하고 행진하며 노동하고 꿈꾸는 청년 파시스트, 그는 무엇보다도 기쁨의 존재다...우리에게 파시즘은 정치적 강령도, 경제적 강령도 아니다...그것은 정신이다.[75]

프랑스 청년들에게 이 정신을 심어주자는 명목 아래, 브라지약은 나치 독일과의 협력이라는 기차에 올라탔다. 독일 점령 이후 1941년 그는 파리로 돌아와 파시스트 그리고 파리 협력 지식인의 잡지인『쥐쉬 파르투』의 편집장을 다시 맡았다. 그는 2년 간 이 잡지를 통해 범게르만주의와 반유대주의에 관련된 정치적 글을 계속 게재했다.

반유대주의는 나치 독일과 비시 정부 사이에서도 주요 정책이었다. 1942년 6월과 7월 비시 정부는 점령과 자유 지역에 거주하는 유대인의 검거를 명령했다. 그들 중 프랑스 국적을 가진 유대인은 독일로 보내지 않고 프랑스 영토 내에서 격리 수용하기로 결정했다. 그때 파리에서 남성 3,031명, 여성 5,802명, 아동 405명이 잡혔고 자유 지역에서도 비슷한 수준이었다. 하지만 나치 독일은 비시 정부에게 파리에서 22,000여 명을, 자유 지역에선 50,000여명 정도의 유대인 검거를 기대했었다.[76] 1942년 11월 나치 독일이 프랑스를 완전히 점령하면서 본격적인 유대인 학살 정책이 자행되었다. 1943년 2월 독일 경제 정책의 변화로 자발적인 노동력 조달이 강제 징용적인 성격으로 강하게 변화하면서 의무노동국(강제 노동국, Service du Travail Obligatoire: STO)[77]이 창설되었다. 이

---

75 *Ibid.*, pp.290-291.
76 P. Louvrier, *Brasillach*, p.176.
77 이제까지 이 기관은 '강제 노동국'으로 번역되어왔고, 실제로 정책의 목적도 강제적인 노동력의 착취에 있었다. 하지만 본문에서는 '의무 노동국'으로 표기하고자 한다. 이 기관의 성립 이전부터 프랑스인은 나치 독일의 노동력 조달 과정에 자발적으로 참여했다.

를 통해 프랑스 전역에 나치 독일의 수탈 정책이 시작되었고 동시에 유대인에 대한 인종 말살 정책이 실행되었다. 이 과정에서 4살 정도의 유아들마저 독일의 아우슈비츠(Auschwitz)로 보내져 학살당하는 비인도적 행위가 이루어졌던 것이다.

이러한 상황은 브라지약에게 커다란 충격을 주었다. 비록 그가 유대인 집단을 격리해야 하며 그 자손들의 번성을 막아야 한다는 글을 썼지만, 현실에서 벌어지는 일련의 사건들은 가히 충격적이었던 것이다. 1차 세계대전에 참전했던 프랑스 시민 유대인들과 그 자손까지도 학살되는 상황 아래서 브라지약은 스스로 자신의 환상을 깨닫게 되었다. 프랑스 유대인들은 자신의 아버지와 같은 세대이며 함께 조국을 위해 싸웠던 사람들이었기 때문이다. 부모와 떨어져 홀로 죽음을 맞이하는 어린아이의 모습에서 브라지약은 6살에 아버지를 잃었던 자신의 모습을 상기했을 것이다. 점차 자신의 몽상이 무너짐을 깨달았는지 1943년 여름, 「파시즘의 대장례식」이라는 기사를 쓰고 나서, 그는 나치 선전의 전유물이 된『쥐쉬 파르투』를 떠났다. 그 이후, 협력 문인인 드리외와 함께『민족 혁명』(*Révolution Nationale*)이라는 잡지[78]를 운영하기도 했지만 점차 언론 활동은 하지 않았다.

해방 후 브라지약은 피신해 있다가 자신의 어머니가 체포되는 바람에 자진해서 경찰서로 가게 되었고, 1945년 1월 19일 재판을 통해 사형

전쟁으로 인한 실업과 빈곤으로 일반 프랑스인의 생계가 어려웠기 때문에 임금이나 대우 차원에서 프랑스보다 나았던 독일 취업을 선호했다. 1943년 의무 노동국의 성립 이후, 프랑스인에 대한 노동력 착취가 본격적으로 이루어지면서 기존의 자발적인 노동력 조달 정책이 달라졌다. 비시 정부가 이 정책의 변화를 드러내지 않기 위해 의무(obligatoire, 당하는 입장에서는 강제였지만)라는 단어를 사용했다는 점을 부각시키고자 '의무 노동국'으로 사용하겠다.

[78] 박지현, 「Drieu La Rochelle dans la *Nouvelle Revue Française et la Révolution Nationale sous la politique de presse de l'Occupation*」, 『프랑스학연구』, 27권 (2003 가을), 296~302쪽.

선고를 받았다. 그는 '민족 반역죄'로 기소되어 1945년 1월 19일, 오후 1시부터 6시까지 재판을 받았다. 이 과정에서 그는 아래와 같이 반유대주의와 협력에 대한 자신의 정치적 입장을 피력했다.

나는 인종에 대한 집단 폭력을 결코 찬성한 적이 없었습니다. 예를 들어 가족 그리고 자녀의 어머니를 떼어놓는 일에 결코 동의하지 않았습니다. 유대인에 반대하여 독일이 행한 폭력적 행위를 결코 인정하지 않았습니다. [물론] 나의 반유대주의 사상은 여전히 남아 있습니다. 유대인 문제는 근대 국가와 서유럽 국가에서 현실적인 문제였다고 생각했습니다. 그러나 나는 다른 나라에서 흑인에 반대해 저지른 폭력을 인정하지 않았기 때문에 그 폭력을 인정할 수 없었습니다.[79]

재판관은 내게 글을 쓴 것을 후회하는지 물었습니다. 후회한다고 대답한다면, 내가 한 모든 행동은 내 목숨을 구하기 위한 것으로 생각될 것이며, 그들은 정당한 권리로 나를 경멸할 것입니다. 그래서 나는 상황이나 사람들에 대해 잘못 생각할 수는 있었으나 내 행동에 대한 동기는 전혀 후회하지 않는다고 대답했습니다.[80]

나는 압니다. 이 시간에 적지 않은 프랑스인들과 청년들이 나를 생각하고 있다는 것을...또한 그 젊은이들은 내가 그들에게 삶에 대한 사랑, 믿음, 조국에 대한 사랑 이외에는 어떤 것도 가르친 적이 없다는 것을 압니다.

---

79 Jacques Isorni, *Le Procès de Robert Brasillach* 19 Janvier 1945 (Paris: Flammarion, 1946), pp.100-101.

80 Jean-Marc Varaut, "La Mort en face: le procès et l'exécution de Robert Brasillach," Pierre Sipriot (dir.), *Les Cahiers du rocher*, No.2 Robert Brasillach et la Génération perdue (Monaco: Édition de Rocher, 1987), p.191.

내가 나 자신에 대해 전혀 후회하지 않으리라는 것도 압니다.[81]

브라지약의 사형 선고 소식에 그의 지인들, 파리고등사범학교 동창들, 몇몇의 지식인들이 사면운동을 벌였다. 이념적으로 대립적인 위치에 있는 사르트르, 카뮈와 같은 인물들도 참여할 정도로 브라지약의 문학적 재능은 당대의 지식인 사이에서 인정받았었다. 처형을 3일 남겨두고 그는 동료 문인들에게 사면운동에 대한 감사 인사와 더불어 자신의 행동에 대한 변(辯)을 다음과 같이 남겼다.

> 저를 사면시키기 위해 서명해주었던 프랑스 지식인, 문인, 예술인, 음악가, 대학의 관계자에게 감사드립니다. 제가 갚아야 할 빚이 너무 크지만, 서명 리스트를 통해 인간이 가지는 가장 훌륭한 특성을 (무엇인지) 보여 주었습니다. 그 리스트에 계신 분들 가운데는 작품이나 (정치) 활동에서 저와는 매우 거리가 멀어서 저에게 무관심해도 될 분들까지 있었습니다. 개인적으로 서로 모르지만 저는 그들에게 감사한 마음을 갖게 됩니다. 몇몇 분들에 대해...저는 그들의 지지를 받을 자격이 없습니다...그들은 프랑스 문인들 중에서 가장 위대하고 아름다운 아량을 베풀었습니다...(비록) 조국이 겪은 비극적인 상황에서 제 생각이 충격적이었지만, 제가 저지른 모든 오류가 결코 조국을 훼손시키려는 의도에서 비롯된 것이 아니며, 좋든 나쁘든 간에 조국을 끊임없이 사랑했다는 것만큼은 확신합니다. 하여간 온갖 대립과 난관을 넘어서 프랑스 지식인들은 저를 가장 영예롭게 해주었습니다.[82]

81 *Ibid.*, p.192.
82 R. Brasillach, "Remerciements de Robert Brasillach aux signataires de la pétition pour son recours en grâce," pp.253-254.

이 글을 얼핏 보면 반역 지식인으로서 처형을 맞이한 브라지약이 반성하기보다 오히려 끝까지 자신의 행동을 변명하고, 이를 프랑스 민족을 위한 것이었다고 정당화하는 모습이 그려진다.

히틀러의 유럽을 내세운 나치 독일에 협력한 일은 자명한데, 그는 죽어가는 마당에 왜 이런 궤변을 늘어놓았을까? 이를 반역 지식인의 궤변으로 보고, 고려할 가치가 없다고 일축해 버릴 수도 있을 것이다.

그러나 브라지약의 지적 여정에서 주목할 부분이 있다. 그가 독일 점령으로 히틀러의 유럽에 자발적으로 참여했지만, 이미 독일 점령 이전부터 나치 민족정신을 프랑스 민족 안에 유입시키고자 노력했다는 사실이다. 그의 목적(그것이 옳든 그르든)은 언젠가 프랑스 민족이 나치 민족정신을 통해 새롭게 무장되어 유럽의 중심이 되는 데 있다. '히틀러의 유럽'이라는 거짓 가면 안에 독일 자민족주의가 있었음에도 불구하고, 유럽이라는 틀 안에서 브라지약은 언젠가 프랑스 민족이 다시 중심으로 설 '새로운 유럽'을 꿈꾸었던 것이다.

> 파시스트 유럽에서 프랑스는 파시스트 (국가)가 되어야 한다.[83]
> 파시즘은 젊음이다. 프랑스는 나이든 민족이 되어서는 안 된다. 젊은 민족으로 (살아) 남기 위해 파시스트 민족이 되어야만 한다. 프랑스가 지속적으로 생존할 수 있는 것, 그것은 바로 파시스트가 되는 조건이다.[84]

1943년경부터 브라지약은 스스로가 그것이 하나의 환상임을 깨닫기 시작했다.

---

83 Robert Brasillach, *Je suis partout* (4 avril, 1942).
84 Robert Brasillach, "Pour un Fascisme français," *Je suis partout* (6 novembre, 1942).

강한 청년이 많은 꿈을 이루기 위해 프랑스 파시즘과 사랑에 **빠졌을** 때, 우리 민족과 우리 열망이 동시에 와르르 무너지는 것을 보았다...20세 청년의 몽상이 완전히 사라졌고, 무너지고 말았다.[85]

여기서 그가 환상을 꿈꿀 수 있었던 지적 배경을 이해할 필요가 있다. 프랑스 협력 지식인은 독일에 의해 강요된 '히틀러의 유럽'을 꿈꾸었다기보다 독일 점령 이전부터 꿈꿨던 '유럽'을 실행시키고자 했다. 이러한 생각을 가질 수 있었던 사상적 토대는 무엇인가?

프랑스 근현대사를 통해 유럽이라는 세계를 경험했던 브라지약은 프랑스가 독일과의 세력다툼으로 잠시 밀렸을 뿐이지 언젠가 다시 유럽 안에 중심으로 설 수 있다는 은밀한 자신감을 품고 있었다. 나폴레옹의 유럽이 유럽 근대사에 여전히 중요한 위치를 차지하며 역사적 · 문화적 유산이 고스란히 프랑스의 지적 전통에 존재하기 때문이다. 이 유산 덕분에 브라지약과 같은 협력 지식인은 프랑스 민족의 중심이 되는 '새로운 유럽'을 꿈꿀 수 있었고, 프랑스보다 잠시 힘이 커진 히틀러의 유럽을 큰 거부감 없이 받아들일 수 있었다.

프랑스 협력 지식인은 독일 점령이라는 굴욕적인 사건을 식민지적 관계 대신에 잠시 힘에서 밀린 유럽 국가 간의 정치적 관계로 받아들였던 것이다. 유럽의 미래 안에서 프랑스의 부활을 준비한다는 생각 자체가 유럽중심주의 사상에서 나왔다고 볼 수 있다.

이러한 태도는 일본 식민 시대 조선 협력 문인의 경우와 상당한 차이가 있다. 조선 협력 문인은 일본과 조선을 대등한 위치에서 고려해 본 적이 거의 없었다. 그들은 서양 근대화 문화를 일본을 통해서 수용했지,

---

[85] Robert Brasillach, "La Dernière semaine de Paris," *Je suis partout* (4 juin, 1943).

유럽이나 미주 국가에서 직접 받아들이지 않았다. 그렇기 때문에 조선과 일본 간의 정치적 · 군사적 관계는 문화적 관계로까지 이어졌다. 군사적 점령만이 아니라 발전된 서양 문물을 전달해 주는 제국주의와 식민지 사이의 문화적 관계가 일본과 조선에 그대로 반영되었다고 볼 수 있다.[86]

브라지약은 근대화된 독일에 대해 동경이나 열등감을 갖지 않았고, 그것 때문에 자괴감이나 절망감을 느끼지도 않았다. 그는 프랑스인이 잃어버렸던 민족정신을 부활시키고자 나치 독일을 이용해 프랑스를 유럽의 강자로 다시 만들려는 계획을 가졌다. 그가 독일 점령이라는 사건을 '식민지 관계'가 아니라 유럽 제국주의 간의 '동반자 관계'로 받아들였기 때문에 이 계획을 시도할 수 있었던 것이다.

물론 나치 독일은 선전용으로 새로운 유럽을 내세워 '동반자 관계' 가 가능하다고 프랑스 협력 지식인을 설득하고 유혹했다. 이를 통해 나치 독일은 두 가지의 실질적 목적을 달성하려고 했다. 하나는 프랑스를 용이하게 조정하기 위한 것이고, 다른 하나는 프랑스 문화를 독일 문화 안으로 융합시키기 위한 것이다.

브라지약과 나치 독일 간의 동상이몽에도 불구하고 공통적으로 '새로운 유럽'에 공감했기 때문에, 브라지약은 점령 상황에서도 동반자 관계의 국가인 나치 독일을 지지할 수 있었고, 나치 독일은 유럽이라는 공동의 키워드를 내세워 프랑스를 문화적으로 통합시키려는 정책을 펼칠 수 있었던 것이다.

---

86 한기형, 「이인직론」, 반교어문학편, 『근현대문학의 사적 전개와 미적 양상 I: 해방 전편』 (보고사, 2000), 13~14쪽, 19~25쪽 ; 박지현, 「프랑스 '협력문인'의 지적 여정에 관한 단상」, 『역사학보』, 181집 (2004. 3), 301~325쪽 ; 박지현, 「서구의 오리엔탈리즘과 한국의 옥시 덴탈리즘 간의 간극 -프랑스 협력 문인과 조선 협력 문인의 지적 여정을 중심으로」, 『프랑스학연구』, 31권 (2005 봄), 21~24쪽.

3. 유럽 통합론의 대두

비시 정부는 나치 독일이 선전하는 새로운 유럽을 거부하지 않았지만 이와 다른 '새로운 유럽'을 내세웠다. 파리를 중심으로 활동하는 '파리 협력 지식인' 그리고 비시를 중심으로 비시 정부의 정책에 직·간접적으로 참여하는 '비시 협력 지식인'에 의해 다른 차원에서 '새로운 유럽'의 내용이 진행되었다. 특히 비시 협력 지식인은 외적으로 독일과의 협력 체제를 구축하는 한편, 내적으로 '민족 혁명'이라는 정책을 통해 민주주의 전통을 없애고 권위적 체제를 통한 '새로운 유럽'의 건설을 지지했다.[87] 비록 두 종류의 협력 지식인이 주장하는 새로운 유럽의 체제와 방향성은 달랐지만, 그들 대부분은 '새로운 유럽'을 위한 프랑스와 독일의 통합(어느 국가가 중심이 되건)이 필요하다고 공감했다. 물론 독일 점령 아래 히틀러의 유럽 건설이 선전용 정치 이데올로기임은 분명하지만, '새로운 유럽'에 대한 담론은 독일 점령 이전부터 프랑스의 지적 담론에서 형성되었다. 1차 세계대전이 끝나고 대부분의 프랑스 지식인은 스스로 '유럽 문명의 중심지'로서 그 위치와 역할을 러시아, 아시아, 미국에 넘겨줄 수 없다는 생각을 공유했다. 이러한 지적 담론이 협력 지식인들에게도 이어지면서, 일부 협력 지식인 사이에서는 독일이 프랑스를 대신해서 유럽 문명의 중심지가 되었으니 '히틀러의 유럽'을 받아들여야 한다는 일종의 전략적 후퇴를 주장하기도 했다.[88]

따라서 이번 장에서는 1차 세계대전 이후 프랑스 지적 담론에서 나

---

87 박지현, 『누구를 위한 협력인가 -비시 프랑스와 민족 혁명』 (책세상, 2004), 52~71쪽.
88 Bernard Bruneteau, <*L'Europe nouvelle*> *de Hitler: une illusion des intellectuels de la France de Vichy* (Monaco: Éditions du Rocher, 2003), pp.9-19.

온 '유럽 문명 위기론'[89]이란 구체적으로 무엇이며 누구에 의해 주도되었고 그리고 협력 지식인의 '새로운 유럽론'과 어떤 공통점을 갖고 있는지 살펴보겠다.

1) 폴 발레리의 유럽 문명 위기론

1차 세계대전 이후 서유럽 국가들은 달콤한 꿈에서 깨어나 제국주의의 와해를 걱정하기 시작했다. 전쟁으로 인한 기존 사회 가치관이 무너지면서 총체적인 사회의 변화가 일어났다. 특히 새로운 정치 세력은 전쟁 이전과 다른 사회 개혁의 필요성을 주장하면서 기존 사회를 비판하거나 미래의 방향성을 제시하고자 하였다. 그들 대부분이 벨 에포크[90]의 극단적 물질주의로 인해 정신이 피폐해지면서 전쟁이라는 총체적인 난국이 벌어졌다고 비판했다.

이 비판의 중심에는 프랑스 문학계의 폴 발레리(Paul Valéry)가 있었다. 프랑스 문학에 관심이 있는 독자라면, 프랑스 현대 문학의 주지주의를 대표하는 시인 폴 발레리의 이름이 익숙할 수 있으나 대부분의 독자는 낯설 것이다. 그리고 프랑스 문학에 관심이 많은 교양 독자도 발레리가 유럽 통합을 주장했다는 사실에는 낯설 수 있다. 그러나 2차 세계대전 이후 프랑스 문학교과서에는 유럽 정신과 관련하여 발레리의 작품이 줄곧 실렸기 때문에, 프랑스 사회에서는 유럽 통합을 주장한 선구자적 문인으로 인식되어 있다. 최근 유럽 연합(European Union: EU)이 추진하는 유럽 문화 프로그램에서 유럽의 정체성과 관련해서 그의

---

89 박지현, 「폴 발레리(Paul Valéry)의 '유럽 정신'과 유럽 통합의 배타성」, 『서양사론』, 99호 (2008. 12), 175~199쪽 ; 박지현, 「통합과 배타의 이중주 연주가: 폴발레리」, 통합유럽연구 회편, 『인물로 보는 유럽 통합사』 (책과함께, 2010), 129~147쪽 참조.
90 이 시대에 대한 설명은 각주 66번을 참조하길 바란다.

작품이 다루어지는 경우가 많다. 시범적으로 출간된 유럽 문학교과서에서도 유럽 정신과 관련된 발레리의 글이 포함되어 있어 범(凡) 유럽통합의 지식인으로서 그의 인지도가 더욱 높아질 전망이다.

발레리는 1차 세계대전 직후 1919년 「정신의 위기」에서 유럽의 미래를 제안했다. 그는 전쟁이 가져다 준 유럽 사회의 위기를 목격하면서 국제 질서의 패러다임이 달라질 것을 예상했다. 특히 미국과 소련의 영향력으로 인해 프랑스를 비롯한 유럽 사회는 군사적 · 경제적으로 더 이상 유럽 제국주의의 위상을 가질 수 없으며, 점차 미 · 소 양국의 질서 속에서 작아질 수밖에 없다고 예견했다. 서유럽 제국주의의 붕괴는 곧 유럽 정신의 위기를 가져올 것이며, 이는 유럽 문명의 붕괴임을 프랑스 사회를 향하여 경고했다.[91]

군사적 위기는 어쩌면 끝났습니다. 경제적인 위기는 그 모든 영향력에서 뚜렷이 보입니다. 그러나 지성의 위기는 더욱 민감한데, 그 성격상 가장 허상적인 면(왜냐하면 종종 지성의 위기가 위장되거나 묵인되기 때문에)을 지니고 있어서, 이 위기는 진정한 양상(유럽 문명의 붕괴로 인한 유럽 정신의 퇴보)을 알아차리기 어렵게 합니다...1914년 유럽의 지적 상태를 되새김질할 시간도 능력도 나에게는 없습니다...유럽 문명에 대한 환멸이 있고, 또 지식은 어떤 상황 아래서 무력하다는 점이 증명되었습니다. 과학은 도덕적 야심 때문에 치명상을 입었고, 과학의 응용으로 인한 잔인성(전쟁의 무기) 때문에 명예를 잃었습니다. 이상주의(민주주의 이상)는 간신히 승리했으나 깊은 상처를 입어 그 허상의 책임을 져야 합니다...이제 정신의 움직임이 어떻게 이루어져야 할 지 모르는 상황입니다.[92]

91 박지현, 「폴 발레리의 '유럽 정신'과 유럽 통합의 배타성」, 184쪽.
92 Paul Valéry, "La Crise de l'esprit," *Essais quasi politiques, Œuvres t. I* (Paris: Gallimard,

발레리는 1914년 전쟁을 계기로 서유럽 제국주의가 주도한 유럽 문명이 죽었다는 사실을 강조하면서, 그로 인해 유럽 문명의 영향권이 작아질 수밖에 없는 당시의 현실은 군사적·경제적 위기보다 정신적 위기에 있다고 주장했다. 그 당시 전쟁으로 인해 각국의 민족적 갈등이 심해졌던 상황을 상기한다면, 승전국과 패전국을 나누지 않고 유럽 문명의 쇠퇴에 대한 공동의 책임을 모두에게 돌리는 발레리의 시야는 주목할 만하다. 승전국과 패전국 모두가 이미 전쟁 전부터 유럽 문명을 함께 보존해야 하는 공동체 정신(발레리의 표현으로는 유럽정신)을 망각했고, 결국 유럽 문명의 혜택을 받은 다른 지역인 아메리카(미국), 아시아(소련)에 의해 유럽 문명이 사라질 위기에 처했다는 것이다.[93] 그렇기 때문에 발레리는 프랑스 사회뿐만 아니라 전 유럽 사회가 적절한 대응 방안을 마련해야 한다고 주장한다.

이 같은 주장은 그가 쓴 1931년 『현실세계에 대한 시선』(*Regards sur le monde actuel*)에서도 찾아볼 수 있다. 발레리는 무엇보다 유럽은 다른 지역과 차별화 되는 문명임에도 리슐리외와 비스마르크의 정책 때문에 유럽 민족의 갈등이 증폭되어 결과적으로 유럽 문명의 쇠퇴를 가져왔다고 비판했다.[94] 흔들리는 유럽 사회가 하나의 횡단보도처럼 안전히 건너갈 수 있는 마술과 같은 정신이 필요하며 이를 토대로 유럽 문명의 위기를 극복할, 그리고 새로운 유럽의 미래를 준비할 실제적인 유럽 질서가 확립되어야 한다고 주장했다. 그는 "위기란 어떤 기능의 체제에서 다른 기능의 체제로 이행되는" 시기라면서, "작아지는 유럽

Encyclopédie de la Pléiade, 1957), pp.990-994.

93 박지현, 「폴 발레리의 '유럽 정신'과 유럽 통합의 배타성」, 185쪽.

94 Paul Valéry, "Notes sur la Grandeur et décadence de l'Europe," *Regards sur le monde actuel, Œuvres t. II* (Paris: Gallimard, Encyclopédie de la Pléiade, 1957), pp.929-934.

의 위기"에서 벗어날 수 있는 방안으로 "유럽 문명에 대한 특별한 정신"(유럽 정신이란 그리스 문화, 로마 문화, 그리스도교 문화에서 비롯된 정신적 유산을 의미한다) 아래 새로운 통합 질서 체제의 성립을 제안했다.[95]

    왜냐하면 (유럽)정신에는 중요한 평가와 판단의 기준이 있기 때문입니다...나는 진정한 정체성을 볼 수 있을 때까지 가볼 것입니다...여기에 강조점이 있습니다. 정신적 질서만큼 실제적 질서도 필요하다는 점입니다...그래서 나는 정신을 말할 때, 집단의 삶과 번영을 함께 생각하고 싶습니다...지중해 문화는 문명을 다시 일구어 낼 수 있는 진정한 장소입니다...자본의 문화나 문명은 어떤 것으로 이루어졌습니까? 무엇보다 물질로 이루어졌습니다...이미 대수술해야 하는 방법의 기준을 다시 만듭시다. 습관을 다시 세웁시다. 그리고 우리가 살고 있는 세계를 다시 정비합시다.[96]

발레리는 1차 세계대전 직후 서유럽 제국주의 붕괴를 곧 유럽 문명의 위기로 간주하고, 그 주요 요인을 서유럽 국가 사이의 공동체 정신이었던 유럽 정신의 상실로 진단했다. 그래서 유럽 문명의 위기는 곧 서유럽 국가들의 공동의 운명이었고, 그 구제의 수단은 보편적이고 단일한 지중해 문화에서 꽃핀 유럽 정신이었다. 이를 토대로 발레리는 도덕과 인간성 회복을 위한 새로운 유럽 질서의 확립을 제안한 것이다.[97]

---

95 Raoul Pelmont, "Paul Valéry, critique de notre civilisation," *The French Review*, Vol.24 No.4 (February, 1951), pp.294-306 참조.

96 Paul Valéry, "La Liberté de l'esprit," *Regards sur le monde actuel, Œuvres t. II*, p.1081, pp.1086-1089, pp.1096-1097.

97 박지현, 「폴 발레리의 '유럽 정신'과 유럽 통합의 배타성」, 186쪽.

발레리가 주장한 유럽 문명 위기론은 1920년대 지드[98], 말로[99], 모리악[100] 그리고 방다[101] 등으로 이어졌다. 비록 이 작가들의 정치적 성향은 서로 달랐지만, 한 목소리로 지나친 과학의 진보 사상이 문명의 쇠퇴를 가져왔으며, 이를 막기 위해 유럽 문명에 대한 대수술이 필요하다고 주장했다. 특히 방다는 『유럽 민족주의에 대한 연설』(Discours à la nation européenne)을 통해 "유럽은 단순히 경제적 전환기로 인해 생긴 열매가 아니다. 유럽은 도덕적 · 미적 가치를 지닌 하나의 체제에서만 비로소 존재할 수 있다"[102]고 말했다.

우리 사이에서 유럽의 존재 자체를 얻기 위해 유럽을 정치적 조직, 다르게는 경제적 조직, 법적 차원으로 만들려는 자들이 있습니다. 나는 그들의 의견을 고려할 필요가 전혀 없다고 봅니다. 다른 자들은 지적 · 도덕적 차원의 혁명을 생각하고 있습니다. 그것이 내가 말하려는 것입니다... 나는 마지막 혁명이 가장 필요하다고 여기는 자들에게 말합니다. 무엇보다 유럽 문제는 곧 도덕적 차원의 문제입니다.[103]

결국 발레리의 유럽 문명 위기론[104]은 도덕적 차원의 유럽 정신을

---

98 André Gide, "L'Année de l'Europe," *Revue de Genève* (janvier, 1923).
99 André Malraux, *D'une Jeunesse européenne* (Paris: Grasset, 1927).
100 François Mauriac, *Le Jeune Homme* (Paris: Hachette, 1926).
101 Julien Benda, *Le Discours à la nation européenne* (Paris: Gallimard, 1933, réédition 1979).
102 *Ibid.*, p.14.
103 *Ibid.*
104 발레리와 같은 유럽 통합주의자는 나치의 유럽화, 일명 '새로운 유럽'을 지지하거나 저항해야하는 길을 선택해야 했다. 발레리는 공식적으로 협력의 길을 선택한 적은 없으나, 유럽 통합을 주장하는 나치의 유럽화를 반대한 적도 없었다. 그는 독일 점령으로 임시 폐간되었던 『신프랑스 잡지』의 재발간호에 지드, 페르낭데, 지오노, 드몽테를랑과 함께 참여했다. 『신프랑스 잡지』는 1919년 발레리가 「정신의 위기」를 발표했던 문예잡지였다. 이 때문에 발레리가 협력 지식인의 노선에 동조했다고 평가하기도 한다. 반면

세우려는 프랑스 문인의 유럽 통합론으로 발전했고, 1930년대 새로운 유럽 공동체의 이론이 발전하는 데 기본적인 토양이 되었다.

2) 비순응주의자의 유럽 공동체론

1930년대 들어서면서 유럽 통합론이 정치 참여의 성향이 강한 젊은 지식인의 중심으로 주도되었다. 그들은 '공동체 사상'(idée communautaire)[105]이라는 기치를 내세워 1차 세계대전 이전과 이후 사이에 대립되었던 체제 개혁이나 정치 이데올로기를 균형적으로 통합시키고자 했다. 특히 1930년대 등장하는 비순응주의자[106](non-conformistes)는 유럽 문명 위기론의 유산을 적극적으로 받아들였고, 이를 통해 기존 가치관 및 정치 · 사회 개혁의 필요성을 절감했던 젊은 지식인이다. 그들은 부르주아적 가치관의 유산을 거부하고 정당 차원에서 벗어나 프랑스 공동체, 나아가 유럽 공동체 차원의 새로운 개혁이 필요하다고 주장했

일부에서는 발레리가 아카데미 학술원이 비시 정부의 수립을 축하 하려는 움직임에 대해 반대했기 때문에 나치 독일과 협력할 의사나 성향이 없었다고 보기도 한다. 그러나 여기서 주목할 사실은 그가 협력의 길이나 저항의 길, 어느 것도 선택하지 않았다는 사실이다. 이 같은 행보의 배경에는 발레리의 유럽 문명 위기론과 관련이 있다고 볼 수 있다. 비록 그가 협력의 길을 걷지 않았지만, 나치 독일이 내세웠던 유럽 문명 위기론 에 반대하지 않았으리라 짐작할 수 있기 때문이다. Paul Valéry, "La Cantate du Narcisse," *La Nouvelle revue française*, No.323 (1er janveir, 1941), pp.129-148 ; 박지현, 「기억의 터에서 <신프랑스 잡지> (*NRF: La Nouvelle revue française*, 1940-1943) 다시 읽기」, 『프랑스사연구』, 18호 (2008.2), 125쪽.

105 물론 이 사상은 이미 다음과 같은 지식인들에 의해 주장되었다. 악시옹 프랑세즈에서도, 피에르 조제프 프루동(Pierre-Joseph Proudhon), 르네 드라투르 뒤팽 샹블리 드라샤를스 (René de la Tour-Du-Pin-Chambly de La Charce), 프레드릭 르플레(Frédéric Le Play), 소렐, 페기, 바레스, 모라스의 사상에서 찾아볼 수 있다. 박지현, 「'정치 공동체'를 향한 비시 정부의 민족 혁명」, 『서양사론』, 77호(2003. 6.), 151~152쪽.

106 Jean-Louis Loubet del Bayle, *Les Non-conformistes des années 30: une tentative de renouvellement de la pensée politique française* (Paris: Seuil, 1969).

다. 그들은 프랑스 사회의 분열을 조장하는 정치적·사회적·경제적 질서를 비판하면서 새로이 통합된 질서 체제의 확립을 제안했다.

역사가 장 루이 루베 델 베일(Jean-Louis Loubet del Bayle)에 따르면 1929년과 1930년 프랑화의 위기는 프랑스만이 아니라 유럽 전체의 재정이 흔들리는 계기가 되었다고 한다. 이때부터 젊은 프랑스 지식인들은 미국 뉴욕의 증시가 미치는 영향력을 절감하고, 유럽이외의 국가들에 대한 경계심을 갖기 시작했다. 로카르노 조약을 통해 프랑스 외무부 장관 아리스티드 브리앙(Aristide Briand)이 내세운 주장, 즉 유럽 국가 사이의 갈등보다 통합의 길을 선택하여 유럽 각국의 상호 관세 장벽을 철폐하고 공동 경제 시장을 만들자는 유럽 연방제가 젊은 프랑스 지식인들에 의해 공감되었던 것이다.107

그들은 각자의 성향에 따라서 정치와 문학 평론을 겸한 대표 잡지를 내세워 새로운 프랑스 질서 및 세계 질서에 대한 견해를 피력했다. 기본적으로 시기별, 성향별에 따라서 세 그룹으로 나누어 볼 수 있다.

첫째 그룹은 소위 '우익 청년'(Jeune Droite)이라고 명명할 수 있는 집단으로 1928년에 시작해서 1934년에 활발히 활동했고, 둘째 그룹은 『계획』(Plan) 잡지와 『운동』(Mouvements) 회보와 연계하여 『신질서』(新秩序, Ordre Nouveau) 잡지를 창간했다. 이들은 1930년과 1931년 사이에 활발하게 활동했다. 마지막 그룹은 1932년에 시작해서 현재까지 계속해서 이어지는 잡지 『정신』(Esprit)의 창간 회원들이다.108

세 그룹 모두 1934년까지 프랑스의 지적 기반뿐만 아니라 안팎으로 새로운 질서를 세우려는 공동의 목표를 가지고 있었다. 내적으로 이들

---

107 *Ibid.*, pp.12-14.
108 *Ibid.*, p.35.

은 각각의 잡지들을 통해 대립과 극단으로 치닫는 정치적 상황을 비판하고, 이를 극복하기 위한 정치적, 사회적, 경제적, 문화적 제반에 걸친 '새로운 질서'(ordre nouveau)의 필요성을 역설했다.[109] 해결 방안은 각자 달랐지만, 1차 세계대전 이후 변화되는 세계의 질서에 대면하기 위해 내적 수술이 필요하다는 공통 의견을 내놓았다.

우익 청년의 잡지 회원들은 대체로 우파이고, 때로는 악시옹 프랑세즈 회원들로 구성되었다. 그럼에도 불구하고 그들의 논조는 기존 전통 우파와 가톨릭의 성향과는 확실히 달랐다. 그들의 다양한 잡지들[110]에서 나타나는 시각을 살펴보면 인간을 경시하는 유럽 문명의 문제점을 지적하고 이에 대한 전반적 개혁을 주장했다.

문명 전체가 오늘날 다시 (변화하려) 한다면, 그것은 문명이 영원한 존재여야 하는 인간을 무시하고 맹목적으로 상처를 입혔기 때문이다. 비인간적인 사회에 반항하려는 어떤 것이든지...아마도 인간 그대로 (받아들이고), 인간이 원하는 것이 무엇인지를 찾아내거나 혹은 다시 찾아내어야만 한다.[111]

(앞으로) 조직될 사회는 세 가지의 질서, 즉 정신적, 정치적, 경제적 질서를 분열시키거나 종속시킬지도 모른다. 내일의 혁명은 세 영역에서 동시에 이루어져야 한다.

물질적 위기는 실상 요인을 드러내고 있다. 왜냐하면 그 위기는 우선 정신적 위기이며 인간을 경멸하는 데서 오는 것이다. 세계는 같은 질서이

---

109 *Ibid.*, pp.290-301.
110 사실 우익 청년 멤버들은 비슷한 계열의 다양한 잡지들을 연속해서 창간했다. 대표적으로, 『카이에』(*Cahiers*), 『반항』(*Réaction*), 『프랑스 잡지』(*Revue française*), 『세기 잡지』(世紀 雜誌, *Revue du siècle*) 등을 들 수 있다.
111 Thierry Maulnier, *La Crise est dans l'homme* (Paris: Revue française, 1932), p.6

며 이 질서는 정신이다...먼저 유럽이 위협당하는 것은 정신의 강력함을 경시했다는 점에 있다. 모스크바의 물질주의, 뉴욕의 투기주의에 직면해서, 유럽은 인간의 정신을 구제하고 이 문화의 전통을 유지하기 위해 집중적으로 노력해야 한다. 바로 그것(유럽 정신)이다.[112]

유럽 문명은 사회의 기준을 물질주의, 개인주의에 두면서 비인간적인 사회로 나아갔고, 몰락했다. 그 결과가 1차 세계대전이고 유럽이 세계의 중심에서 물러나는 결정적인 요인이 되었다. 따라서 새로운 문명을 일으킬 정신적, 정치적, 경제적 질서를 전환시키는 획기적인 혁명이 필요하다는 것, 그것이 우익 청년의 잡지 회원들의 주장이었다.[113]

이 혁명 단계와 성격에 대해서 『신질서』 잡지는 미국이라는 특정 문명을 비판하면서 유럽 공동체의 이론을 제시했다. 이 잡지의 주축인 아르노 당디유(Arnaud Dandieu)와 로베르 아롱(Robert Aron)은 세 편의 공저[114]와 『신질서』의 지면을 통해 다음과 같은 단계로 유럽 공동체론이 진행되어야 한다고 했다.

첫 번째 단계로 정치적 무질서는 프랑스뿐만 아니라 유럽 전체의 현상이기에 프랑스의 내적 혁명이 곧 유럽, 더 나아가 세계의 혁명으로 이어질 수 있다는 것이다. 당디유와 아롱은 정치적 무질서를 낳는 주요 요인을 개인주의로 파악하고 이를 극복하기 위해서 공동체 정신을 토대로 하는 전반적인 사회 조직의 개편이 필요하다고 보았다.

---

112 Jean-Pierre Maxence, "L'Europe en danger," *Revue française* (22 mars 1931), p.266.
113 J.-L. Loubet del Bayle, *Les Non-conformistes des années 30*, pp.48-61.
114 Robert Aron et Arnaud Dandieu, *Décadence de la nation française* (Paris: Rieder, 1931) ;
    Le Cancer américain (Paris: Rieder, 1931) ; *La Révolution nécessaire* (Paris: Grasset, 1933).

두 번째 단계로 개인주의보다 훨씬 강력한 미국 문명의 잔인성을 제거해야 한다는 것이다. 미국 문명이 인간을 기계와 같은 물질로 대체시켰기 때문에 현대 세계를 전쟁으로 몰아가는 원인 제공자[115]이며 동시에 암적인 존재라고 주장했다. 이 주장을 통해 유럽 문명과 대비시켜 1차 세계대전 이후 미국이 주축이 된 세계 질서에 대한 두려움과 박탈감이 당시 『신질서』의 회원들에게 큰 ○○○○었음을 짐작할 수 있다.

마지막 단계로 필연적 혁명을 통해 개인을 단위로 하는 자유주의, 의회 민주주의, 자본주의에 대한 문제점을 직시하여 프랑스만이 아니라 유럽 국가 사이의 새로운 조직, 연방제를 탄생시켜야 한다는 것이다. 그들은 유럽을 두 갈래로 나누는데, 하나는 영국과 프랑스에 의해 구현되는 낡은 민주주의의 유럽이고, 다른 하나는 레닌과 스탈린, 무솔리니와 히틀러의 새로운 유럽이 있다는 것이다.[116] 그들은 후자가 유럽 사회에서 훨씬 적극적인 활동을 하고 있지만, 이는 여전히 이데올로기적 차원이지 유럽 정신을 혁명적 차원으로 끌어 올리지는 못한다고 단언했다. 왜냐하면 마지막 단계를 위한 새로운 정신의 혁명론은 보편적 인간주의에서 찾아야 하기 때문이다.[117]

그렇다면 어떻게 유럽 정신이 혁명적 차원으로 변모될 수 있겠는가? 이 고민은 『정신』 잡지의 회원들 몫으로 돌아갔다. 정신 혁명은 인격주의(personnalisme) 혹은 혁명적 인간주의(humanisme révolutionnaire)라고 달리 지칭하기도 했다. 이것은 지배층과 피지배층 사이의 분열, 좌파 정당과 우파 정당 사이의 대립, 민주주의와 민족주의 사이의 갈등을 낳는

---

115 R. Aron et A. Dandieu, *Le Cancer américain*, p.15.
116 Alexandre Marc et René Dupuis, *Jeune Europe* (Paris: Plon, 1933), p.xvi.
117 *Ordre nouveau*, No.9 (mars, 1934), p.1.

국가라는 체제를 넘어서서 인간이 공동체에서 비롯되었다는 사실을 재확인시켜주는 데 궁극적인 목적이 있었다.[118] 『신질서』와 『정신』 회원들 사이의 공통적인 생각으로, 유럽 정신이 먼저 이루어져야 비로소 유럽 공동체의 성립이 실제적으로 가능하다고 당디유와 아롱은 주장했다. 또 이를 위해서는 민주주의와 민족주의라는 두 이데올로기를 우선 뛰어넘을 필요가 있다고 보았다.

현재의 위험에 맞선 우리의 의무는 이 경계(警戒)에 대해 대답하는 데 있다. 그것은 죽어버린 전통에 대한 걱정도, 새로운 것에 대한 경멸도 아니라 어떤 것이든 인간의 미래를 보호해야 하는 데 있다.[119]

미국 (문명)이 (프랑스에서) 하나의 틀이라면, 그것은 조직의 틀이 아니라 사고와 행동의 틀이다. 미국 문명은 일종의 방법이고, 기술이며, 정신의 병이다...대서양 저편만이 아니라 여기 우리 땅 (프랑스), 우리 마을, 우리 대학에도 위협적으로 내면 깊숙이 자리하고 있는 이 위험한 성격을 인식하고 알아야 한다.[120]

프랑스 국가를 개혁한다는 것이 파시즘이나 민족사회주의가 된다는 의미는 아니다. 왜냐하면 혁명과 같은 개혁은 프랑스 성격, 양식, 문화, 그리고 삶의 조건에서 전유되어야만 가능하기 때문이다. 외국 혁명을 맹목적으로 모방해서는 안 된다. (프랑스를 위해서) 권위적이고, 종교적이며, 전체적이고, 탐욕적인 집단주의와 프랑스 문명의 전통 사이에서 타협이란 불가능하다.[121]

---

118 *Esprit*, No.1 (octobre, 1932), p.128.
119 *Revue de culture générale* (octobre, 1930), pp.14-21. J.-L. Loubet del Bayle, *Les Non-conformistes des années* 30, p.258, 재인용.
120 R. Aron et A. Dandieu, *Le Cancer américain*, p.80.
121 *Ordre nouveau*, No.21 (juin, 1934), p.6.

(프랑스 문명으로) 유럽을 건설해야 한다. 그것도 아주 구체적인 유럽으로 만들어야 한다. 국가 사이의 위선적인 외교 연합이 아니라 유럽 풍토 안에서 마련된 자연적인 연방 통합을 말한다...이것은 자유롭고 논리적인 유럽을 건설하기 위해, 사회의 부정을 없앨 수 있는 경제 체제를 구성하기 위해, 그리고 청년의 혁명 전선을 형성시킬 정신을 구하기 위해서이다.[122]

이처럼 비순응주의자 잡지들의 주요 주제는 '하나의 유럽 정신'을 부르짖고 있으며, 그것은 오늘날 유럽 연합의 교육 프로그램 내용과 일맥상통한다.

유럽 연합은 1 · 2차 세계대전 유럽 민족들의 치열했던 각축전과 유럽 민족국가들 사이의 전쟁의 기억에서 벗어나기 위해 유럽 정신[123]을 교육 프로그램에서 육성시키려는 계획을 가졌다. 이미 1954년 12월 19일 유럽 문화 협정(Convention Culturelle Européenne)을 통해 각 회원국은 유럽 공통의 문화유산 수호에 기여하고, 그 발전을 장려할 적절한 장치의 필요성에 공감했다.[124] 유럽 통합의 시대라는 새로운 환경을 적응할 수 있는 유럽 문화의 패러다임을 발전시키는 데 1930년대 비순응주의자들의 주제는 매우 유용한 것이다.

유럽 연합은 정치, 경제 공동체를 창출하는 데 유럽 문화 공동체 의식이 시급하다고 판단했다. 2007년 리스본 조약을 전후로, 유럽 연합

---

122 *Plans*, No.6 (juin, 1931), p.158.
123 이와 관련한 개념이나 논의는 다음 논문을 참조하길 바란다. 박지현, 「폴 발레리의 '유럽 정신'과 유럽 통합의 배타성」, 175-199쪽.
124 이복남, 「EU 확대와 시민권의 문화 정책적 실현」, 한국 유럽 학회 유럽 시민권 연구단, 『통합 유럽과 유럽 시민권 I』(높이깊이, 2004), 385~415쪽 ; 박선아, 「유럽 통합 전후 유럽 문학의 의미」, 『프랑스학연구』, 50권 (2009. 11), 92쪽.

은 '유럽화'(Intercultural Europe)[125]라는 문화 프로그램을 추진시켜 그 어느 시기보다 유럽 문화 정책에 대한 지원을 확대하고 있다.[126] 현재 '2007~2013년 유럽 연합의 문화 프로그램'(EU's Culture programme 2007~2013)[127]이 진행되고 있으며, 4백만 유로의 예산액이 책정되어 있다. 이 프로그램은 궁극적으로 유럽 문화의 다양성을 통해 개별 가입국 지역에서 공존하는 공동의 역사와 문화를 재발견하고, 이를 통해 유럽 공동체 의식을 범시민적 차원에서 갖게 하려는 데 있다.[128] 이것은 유럽 정신을 심어주려는 비순응주의자들의 유럽 통합론과 같은 선상에 있다고 볼 수 있다.

그런데 1930년대 당시 그들의 잡지에서 활발히 활동했던 주요 지식인들, 대표적으로 르네 뱅상(René Vincent), 장 피에르 마상스(Jean-Pierre Maxence), 장 크로아(Jean Croix), 장 드파브레그(Jean de Fabrègues) 등을 들 수 있다. 그들은 독일 점령 아래에서 '새로운 유럽'을 주장하는 협력 지식인이 되었다.

---

125 Intercultural Europe을 직역하면 '상호문화적 유럽'이지만 이 문화 프로그램을 추진하는 이유가 개별 가입국의 문화 차이에서 공존하는 유럽 문화를 재발견하여 유럽 공동체의 의식을 함양시키는 데 있기 때문에 '유럽화'로 의역했다.
126 European Commission, 2012, http://ec.europa.eu/culture/our-policy-development/intercultural-dialogue/intercultural-dialogue-in-eu-policies_en.htm(2012.11.1).
127 유럽 연합은 이미 '문화 2000'(Culture 2000) 프로그램을 실시했다. 이것은 유럽 의회와 각료 이사회의 요청에 따라서 집행 위원회가 문화 협력의 재정과 문화 단일 기구의 수립 결의안을 통과시키면서 출범시킨 문화 프로그램이다.
128 European Commission, 2012, http://ec.europa.eu/culture/our-programmes-and-actions/culture-programme-(2007-2013)_en.htm(2012.11.1.).

3) 파시스트의 나치 유럽화: <프랑스-독일 협회>

로카르노 조약 전후로 이탈리아에서 무솔리니의 일인 독재 체제가 수립되었고, 이에 자극받은 독일의 나치당은 1934년 히틀러의 정권을 세우게 되었다. 이때 유럽 각국의 파시스트 추종자는 파시스트당을 만들어 '파시즘의 유럽'[129]을 실현시키고자 했다. 프랑스 파시스트는 유럽 지식인 중심으로 파시즘의 유럽 정신을 파급시키고자 다양한 정치적, 문화적 차원의 지적 교류단체를 만들거나 참여했다.[130] 그 중에서 독일과 프랑스 파시스트 지식인들이 모여서 설립한 1935년 <프랑스-독일 협회>의 활동이 두드러졌다. 표면상 내세운 협회의 목적은 프랑스와 독일 간에 공식적인 외교 차원만이 아니라 민간인 차원에서 문화적 관계를 돈독하게 만드는 데 있었다. 즉 지식, 과학, 경제, 예술, 스포츠 분야 등과 같은 지적, 문화적 교류를 통해 양 국가의 관계를 발전, 촉진시키는 데 주요 목적이 있었다.[131]

이 단체의 책임자인 아베츠는 『우리 시대』(Notre Temps) 잡지의 직원인 프랑스 여성과 결혼하여 프랑스 언론계 및 작가들과 사적인 교류가 많았던 인물이었다. 그 지인들 중에서 미래 독일의 협력자가 되는 장 뤼셰르(Jean Luchaire), 페르낭 드 브리농(Fernand de Brinon), 드리외 등이 있었다. 그들의 도움을 통해 아베츠가 1935년 11월 22일에 <프랑스-독일 협회>를 창설했다. 이 협회의 궁극적인 목적은 나치 정권에 대한

129 Philippe Burrin, *La Dérive fasciste: Doriot, Déat, Bergery 1933-1945* (Paris: Seuil, 1986), pp.11-28.
130 B. Bruneteau, *<L'Europe nouvelle> de Hitler*, pp.21-40.
131 프랑스와 독일간의 사적, 공적 관계를 모든 방면, 특히 지식, 과학, 경제, 예술, 스포츠 분야에서 발전, 촉진시키는데 있다. 이것은 유럽 평화를 강화시키는데 필요한 상호 이해에 훨씬 큰 도움이 될 수 있었기 때문이다. *Status du Comité France-Allemagne* (22 novembre, 1935) ; O. Abetz, *Histoire d'une politique Franco-Allemande 1930-1950*, pp.59-70.

긍정적인 이미지를 부각시키는 데 있었고, 이를 위해 프랑스 언론을 이용하고자 했다.

당시 프랑스 일간지 『뢰브르』(L'Œuvre)는 이 협회의 목적을 간파하고 다음과 같이 비판한 적이 있다.

이 협회는 나치 공무원들의 모임이며 히틀러를 선전하기 위한 공식 단체이다...제3제국 (나치 독일)의 실수 때문에 더 이상 프랑스인과 독일인 사이의 공통 언어는 존재하지 않는다. 지식, 과학, 정치 분야에서 특출한 독일인들은 현재 수용소에 감금되었거나 추방되고 있다. <프랑스-독일 협회>를 만든 나치는 프랑스의 에밀 졸라(Emile Zola)나 아나톨 프랑스 (Anatole France)와 같은 사상가들의 저서를 불태웠다. 나치는 1789년 혁명 과 인권선언에 입각한 프랑스 문명을 반대하는 데 자부심을 느낀다. (그렇 기 때문에) 이 협회는 옳지 못한 취지로 이루어졌다.[132]

이러한 비판에도 불구하고, <프랑스-독일 협회>의 활동을 통해 나치 의 정치 인사와 프랑스 지식인 사이의 인적 교류가 활발하게 이루어졌 다. 물론 이 협회 자체가 대중의 지지를 받았던 것은 아니지만, 당시 프랑스 사회의 유력 인사들이 협회에 참여했기 때문에 본래 목적이 달성될 수 있었다.

이 협회의 부회장인 브리농 같은 언론인들은 독일과 프랑스의 관계 가 과거의 대립적 구도에서 벗어나야 하며, 대신 서로가 새로운 유럽을 형성하기 위한 동반자임을 인식해야 한다고 주장했다. 그들은 유럽을 위협하는 소련의 세력으로부터 벗어나기 위해 프랑스와 독일의 관계

---

132 L'Œuvre (29 novembre, 1935).

개선이 필요하며, 전략적으로 우선 히틀러의 유럽을 지지해야만 한다고 생각했다.[133]

> 독일을 향해서 우리의 길을 선택하자. 그것은 처음으로 프랑스에서 시작된 사상을 선택하는 것이다. 그렇다...우리를 위험으로 몰고 갈 독일의 의도란 없다...(그 사상은) 프랑스인들의 미래이며 그 노력에서 나온 것이다.[134]
> 프랑스 편에서 협력의 의지를 공고히 하며 아돌프 히틀러의 유럽에 반대하는 모든 정신을 포기하고 이를 받아들일 필요가 있다.[135]

이처럼 '새로운 유럽'에 대한 논의는 전쟁 이전부터 존재해 왔으며, 이를 지지할 일부 프랑스 지식인의 인적 망이 <프랑스-독일 협회>를 통해 활성화되었던 것이다. 그들은 나치의 유럽 통합론을 선택했지만 이를 맹목적으로 추종했다기보다 유럽 문명 위기론에서 공동의 목표를 가졌다고 볼 수 있다.

4) 비시 프랑스의 '새로운 유럽'

'새로운 유럽'은 나치 독일과 비시 정부, 양 진영과 협력했던 자들에 의해서 주도되었으나 시기별로 큰 차이가 있다. 우선 나치 독일이 비시 정부의 영역인 자유 지역을 완전히 점령했던 시기의 전과 후로

---

133 박지현, 「유럽중심주의에 투영된 오리엔탈리즘 - 독일 점령과 프랑스 비시 정부와의 관계를 중심으로」, 227~229쪽.
134 Fernand de Brinon, *France-Allemagne 1918-1934* (Paris: Grasset, 1934), pp.264-267.
135 AN 3W 108: Rapport de Brinon au maréchal Pétain (3 juillet, 1940), Gilbert Joseph, *Fernand de Brinon: l'aristocrate de la collaboration* (Paris: Albin Michel, 2002), p.233, 재인용.

나누어진다. '1940년 독일의 점령'은 비시 정부의 자유 지역이 존재했던 시기이고, '1942년 독일의 점령'은 자유 지역마저 점령당해 프랑스 전체가 나치 독일군에 의해 지배되었던 시기를 의미한다. 그래서 '1940년 독일의 점령' 시기에서는 독일군과 비시 정부가 주장하는 '새로운 유럽'에 대한 의견 차이가 있었던 반면, 1942년 겨울부터 독일이 프랑스를 완전히 점령한 이후, 나치 독일이 '새로운 유럽'을 주도적으로 이끌었다.

시기에 따라서 '새로운 유럽'을 추구하는 협력자의 성향도 달랐다. '1940년 독일의 점령' 시기에 당시 자유 지역의 프랑스인들은 프랑스 정부로서 비시 정부를 인식했기 때문에 스스로를 대독협력자로 보지 않았다. 그래서 크게 친독주의 성향과 친비시주의 성향의 협력 지식인으로 구분할 수 있다. 전자는 일명 '파리 협력자'로서 이들은 독일의 승리를 확신하고, 유럽에서의 공산주의 확장을 반대하며, 프랑스 안의 전체주의 체제와 히틀러의 유럽 체제에 찬동했던 자들이다. 후자는 소위 '비시 협력자'로 불리는 자들인데, 외적으로는 독일과의 협력 체제를 용인하면서도, 내적으로는 민족 혁명이라는 정책을 통해 프랑스 사회의 변화를 도모하려는 자들이다. 그들은 민주주의 전통보다 권위적 정치 체제를, 대중 사회보다는 엘리트 사회를, 그리고 개인보다는 집단 문화를 만드는 데 주목적을 두고 개혁안을 제시한 자들이다.[136]

---

136 Eberhard Jäckel, *La France dans l'Europe de Hitler*, traduit de l'allemand par Denise Meunier (Paris: Fayard, 1968) ; Philippe Burrin, *La Dérive fasciste, Doriot, Déat, Bergery, 1933-1945* (Paris: Seuil, 1986) ; Bertram M. Gordon, *Collaborationism in France during the Second World War* (Ithaca, London: Cornell University Press, 1980) ; Henry Rousso, *La Collaboration: les noms, les thèmes, les lieux* (Paris: MA, 1987) ; Jean-Pierre Azéma et François Bédarida (éds.), *Le Régime de Vichy et les Français* (Paris: Fayard, 1992) ; Jean-Pierre Azéma et Olivier Wieviorka, *Vichy 1940-1944* (Paris: Perrin, 1997) ; Michèle Cointet, *Nouvelle histoire de Vichy 1940-1945* (Paris: Fayard, 2011) 참조.

파리를 중심으로 활동한 파리 협력자는 이미 1935년부터 <프랑스-독일 협회> 창설에도 앞장섰던 친독주의 성향의 지식인들이다. 이 협회의 성립자인 아베츠는 독일 점령 기간 동안 파리 주재 독일 대사로서 활동하면서 나치의 유럽을 선전하기 위해 파리 협력자를 충분히 이용했다. 그의 기대에 부응하여 파리 협력자는 나치즘의 노선, 즉 반유대주의, 반공산주의, 반프리메이슨에 적극적으로 동조했다. 그들은 공산주의라는 야만 세력과 유태인이라는 인류의 병이 나치 독일의 '새로운 유럽'을 위협한다고 주장하면서 나치의 이데올로기를 합리화시켰다.

이러한 주장은 다음과 같은 파리 협력자의 논단에서 찾아볼 수 있다. 파리 협력자의 대표적인 일간지와 주간지들, 『뢰브르』, 『쥐쉬 파르투』, 『프랑스 유로페엔느』(France européenne), 『프랑스-유럽』(France-Europe), 『민족 혁명』(Révolution nationale)에서 나치 혁명을 통한 '새로운 유럽'이 언급되었다.

독일이 있다. 그들은 볼셰비키에 대항하는 십자군이며...18세기 이래로 영국식 경제 제국주의, 국제 유태 자본주의, 볼셰비키가 침입하여 일어난 재난들을 막아줄 방패이다...이렇게 유럽의 유럽화(l'Européanisation de l'Europe)는 진행 중이다.[137]

우리는 새로운 유럽 공동체를 정의하고자 한다. 유럽이란 무엇인가? 유럽은 독일의 공간이 아니다. 프랑스의 경계선은 모스크바이며 반볼셰비키 군대가 있는 곳이다. 유럽 민족들의 첫 번째 숙제는 비유럽 민족들의 모든 개입을 없애는 일이다...(유럽)은 경제적 연대이기 전에 유럽에 사는 민중들의 인종적 혈연관계에서 출발한다.[138]

---

137 Robert de Beauplan, "Européaniser l'Europe," *France européenne*, No.2 (juillet-automne, 1941).
138 Georges Soulès, "L'Europe est indivisible," *Révolution nationale*, No.7 (28 novembre, 1941).

독일은 혁명을 했다. 그 혁명은 자명한 것이다...나치 혁명은 피할 수 없는 유럽 혁명으로 확대될 것이다. (그렇기 때문에) 유럽의 독일을 받아들이는 것이다.[139]

페탱 원수는 우리에게 유럽의 재건을 할 수 있도록 해 주었다. 그것은 작은 일이 아니라 모든 세계를 위한 결단이었다...20세기는 유럽의 세계이다. 우리는 유럽인이다.[140]

한편 비시 협력자는 프랑스의 운명과 유럽의 운명을 함께 고려하는 공동체적 입장에서 '새로운 유럽'을 수용했다. 그들은 독일 점령 때문에 휴전을 받아들였지만 독일 협력에 대해서는 미온적인 태도를 취했다. 비록 히틀러의 유럽 체제에서 프랑스의 미래를 준비해야 하기 때문에 '히틀러의 유럽'을 수용했지만, 그들은 프랑스만의 유럽 체제를 준비하려는 이상을 가졌다. 물론 이를 통해 협력이라는 자신의 선택을 합리화하려는 성향이 없지는 않았지만, 파리 협력자의 '새로운 유럽'과는 차이점이 있었다. 1930년대 비순응주의자 출신인 티에르 몰니에 (Thierry Maulnier), 파브레그, 마상스의 주장에서 비시 협력자의 '새로운 유럽'에 대한 생각을 알아보자.

민족들의 공동체는 여러 민족들의 총체이다. 그것은 지리적인 영속성과 한계성을 지으면서 동일한 민속적 성격을 형성하고 이를 지킬 역사와 정신의 공동 유산을 가진다. 또한 그것은 공동 재산의 안정과 번영, 그리고 확립을 보장할 모든 기능을 수행한다...오늘날 잠재적인 공동체를 실현시킬 수 있는 것은 민족들의 총체인 유럽이다.[141]

---

139 Marcel Déat, "Construction sociale de l'Europe," *L'Œuvre* (19 janvier, 1941).
140 "Remembrement de l'Europe," *France-Europe*, No.1 (11 juillet, 1942).

오늘날 뒤늦게 깨달은 것은...유럽을 (프랑스 혁명과 같은) 인위적이고 이상적인 건설이라는 목가적 부조리에서 벗어나 현실적으로 가능한 면에서 인식할 필요가 있다.[142]

유럽인들 간의 갈등이 프랑스 운명을 포함한 유럽 운명 안에서 초월되어야 한다... 유럽 체제는 프랑스 없이 이루어질 수 없고...유럽 없이 프랑스는 존재할 수 없기 때문이다.[143]

(따라서) 새로운 유럽은 프랑스적일 수밖에 없다...프랑스의 내적 혁명은 유럽의 혁명을 위해 예정된 것이다.[144]

여기서 주목할 점은 새로운 유럽을 향한 파리 협력자와 비시 협력자 사이의 견해 차이는 있을지언정, '새로운 유럽'의 건설이 필요하다는 점은 양쪽 모두가 공감하고 있다는 사실이다. 양 진영의 협력자들은 독일 점령이라는 사건을 굴욕과 착취적인 식민지적 관계가 아닌 잠시 힘에 밀린 유럽 문명국가 사이의 불균형 관계로 받아들였기 때문에, 장기적 관점에서 '새로운 유럽'의 건설이 필요하다고 생각할 수 있었던 것이다. 파리 협력자나 비시 협력자는 미래의 유럽에서 프랑스와 독일은 결국 공존할 수밖에 없으며, '새로운 유럽'만이 러시아와 미국의 위협을 막을 수 있는 해결안이라고 생각했던 것이다. 이런 점에서 1940~1944년의 '새로운 유럽'은 단순히 나치 독일에 의해 강요된 선전 이데올로기만이 아니라 1차 세계대전 이후 유럽 문명 위기론과 맞물려

---

141 "La Paix communautaire," rapport de la septième commission de la quatrième journée, *Vers la Révolution communautaire* (Paris: Sequana, 1943), pp.130-131.

142 René Vincent, "Révolution nationale et révolution européenne," *Idées*, No.18 (avril, 1943), pp.1-2.

143 "L'Europe et la France," *France*, No.1 (juin, 1942), p.18, p.23.

144 "Pour l'Unité de la France," *Idées*, No.4 (février, 1942).

있음을 주목할 필요가 있다.

1차 세계대전 직후 발레리는 유럽 문명 위기론을 통해 유럽의 약화를 경고했고, 물질 문명의 노예상태에서 빚어진 정신의 위기에서 벗어나 도덕과 인간성 회복을 위한 정치 제도의 확립이 필요하다고 주장했다. 이러한 새로운 정치 체제에서 유럽 정신의 개혁이 가능하며 그동안 부조리했던 유럽 사회의 전반을 구할 수 있으리라 예견했다. 1930년대 비순응주의자는 정신혁명을 중요시하면서 유럽 문명 위기론에서 유럽 통합 조직론으로 발전시킨 바 있다. 이는 2차 세계대전 독일 점령 아래 나치의 '새로운 유럽'을 쉽게 수용할 수 있는 토대가 되었고, 아래와 같은 정치적 구호로 변질되었다.

프랑스, 독일, 그리고 유럽의 공동의 이익을 위한 프랑스-독일의 합의가 필연적이었다는 점을 더 이상 알릴 필요가 없습니다...우리가 치렀던 1914년의 시련을 독일은 현재 러시아에 대항해서 겪고 있습니다. 동쪽 전선에 있는 현재 상황은 단지 공산주의에 맞서는 민족사회주의도, 러시아 민족에 맞서는 독일 민족도 아닙니다...그것은 서구 문명에 대한 문제입니다. 따라서 그 상황은 우리에게도 해당됩니다. 우리는 1914년 (1차 세계대전)과 같은 상황에 서 있습니다.[145]

유럽의 중심이며 유럽을 방어할 수 있는 유일한 힘을 가진 독일이 프랑스에 도움을 청합니다...오늘날 두 중심만이 존재합니다. 그것은 승리를 가져오는 독일과 그 연방국들, 그리고 유구한 문명의 역사인 유럽을 파괴시키기 위해 동쪽에서 밀려드는 볼셰비키 파도와 아시아가 있을 뿐입니다. 인간 문명이 사라지려고 합니다. 영혼, 지성, 자유를 사로잡은

---

145 Armand Petitijean, "France-Allemage 42," *La Nouvelle revue française*, No.342 (1ᵉʳ août, 1942), p.129, p.142.

(볼셰비키 파도에서) 유럽인들은 점점 더 빠져나올 수 없습니다...프랑스인들이여! 어떻게 당신들은 이것을 보고만 있을 수 있겠습니까?[146]

파리 협력자와 비시 협력자가 나치 독일의 '새로운 유럽'을 수용할 근거를 유럽 문명의 위기 차원에서 찾았듯이, 1차 세계대전 직후 발레리는 유럽 통합의 필요성을 「정신의 위기」에서 밝혔다.

모든 것은 유럽에서 비롯되었다... 그런데 지금은 다음과 같은 중요한 질문을 던질 때이다. 유럽은 모든 영역에서 우월성을 지키고 있는가? 유럽은 사실 어떻게 될 것인가? 다시 말해 유럽은 아시아 대륙의 작은 뱃머리인가? 아니면 지금 나타난 그대로, 지구의 귀중한 부분, 지구의 진주, 거대한 신체의 뇌로 남을 것인가?[147]

1940년 '새로운 유럽'은 유럽 문명 위기론을 통해 '히틀러의 유럽'을 쉽게 받아들이도록 하는 데 주요 목적이 있었다. 그 내용은 볼셰비키 혁명으로 무장한 소련의 힘을, 그리고 연합군의 주축인 미국의 힘으로부터 유럽 문명을 지키기 위해 유럽의 중심축인 독일과 프랑스가 손을 잡아야 한다는 것이었다. 이것은 1차 세계대전 직후 프랑스 지성의 흐름에서 나왔던 유럽 문명 위기론과 겹쳐지는 내용이다. 물론 독일 점령으로 1차 세계대전 직후의 프랑스와는 다른 정치적 상황이었지만, 유럽 문명 위기론은 1940년 '새로운 유럽'의 핵심으로 재부상 한다. 유럽 문명 위기론에 익숙했던 파리 협력자나 비시 협력자는 '히틀러의

146 Alphonse de Chateaubriant, "La Dernière chance de l'Europe," *Gerbe*, No.134 (février, 1943), p.1.
147 P. Valéry, "La Crise de l'esprit," p.955.

유럽'을 쉽게 수용할 수 있었고, 미래의 유럽 통합 사회를 예견하고 그 속에서 차지할 프랑스의 역할을 제안하고자 했다.

사실 유럽 통합론의 지적 흐름을 독일 점령 시기에 활동했던 협력 지식인의 사상에서 찾으려는 시도는 현재 프랑스나 유럽 연합의 입장에서 결코 달가운 일이 아니다. 2차 세계대전의 유대인 학살로 인해 나치 독일의 유럽 통합론은 인종주의 혹은 인종 대량 학살주의와 거의 동일시되었기 때문에 유럽 통합의 지적 계보에서 항상 제외되어왔다. 더구나 현재의 유럽 연합은 민주주의 체제의 국가만이 회원국의 가입 조건이 될 수 있다고 명시했기 때문에 나치 독일의 역사는 오히려 유럽 통합의 장애물로 인식되어왔다. 유럽 통합론의 지적 계보에 '히틀러의 유럽'을 포함시키려는 시도 자체가 민주주의 가치를 지향하는 유럽 연합의 입장에서는 불쾌한 일일 수 있다. 마찬가지로 프랑스 지성의 흐름에서 파시스트의 유럽 통합론을 재조명하는 시도는 나치 독일과 협력하여 프랑스 유대인을 가스실로 보냈던 비시 정부의 문제 때문에 프랑스의 입장에서도 불편한 일이다. 그것은 자유, 평등, 우애라는 공화국의 정신과 위배되었던 어두운 과거와 대면해야 하는 현재 프랑스인에게 환영받을 게재가 못 된다. 게다가 자칫 잘못하면 오늘날 프랑스 극우파에 대한 대중의 관심을 불러일으키는 역효과를 낳을 수 있기 때문에, 프랑스 지성의 흐름에서 협력 지식인의 '새로운 유럽'을 다시 읽는 것은 민감한 문제이다.

그럼에도 불구하고, 1차 세계대전 이후 유럽 문명 위기론이 파리 협력자나 비시 협력자의 '새로운 유럽'과 연결되어 있음을 드러낸 이유는 오늘날 유럽 연합의 유럽 정체성 문제와 맞물려 있기 때문이다.

1989년 동유럽 공산주의 몰락, 1990년 독일 통일로 유럽 연합의 회원국 확대는 서유럽 국가를 넘어서서 다문화 차원의 유럽 통합을 이루게 되었고, 점차 동유럽, 북유럽 국가를 포함시키는 문화적 통합이 필요하게 되었다. 뿐만 아니라 소련의 몰락으로 위성 국가들이 유럽 연합의 회원국으로 가입하면서 새로운 통합 정책이 절실히 필요하게 되었다. 그래서 현재 유럽 연합의 입장에서는 서유럽 중심에서 벗어나 이질적 문화를 수용할 수 있는 새로운 유럽 문화의 정립이 시급한 상황이다.

유럽 연합이 추구하는 정치 공동체란 분명 운명 공동체라는 인식을 공유하는 개인들의 집단으로서, 일정한 소속감과 연대 의식을 가지는 실질적인 혹은 잠재적인 정치적 계획을 공동으로 실현하려는 집단[148]이다. 이런 의미에서 유럽 연합을 경제 공동체에서 정치 공동체로 변모시킬 수 있는 중요한 요소는 유럽 시민권, 다른 말로 유럽 정체성이다.

1992년 유럽 공동체(European Community)는 네덜란드의 마스트리히트(Maastricht)에 모여서 유럽 연합 조약(Treaty on European Union, 일명 마스트리히 조약)을 체결했다. 유럽 공동체 회원국은 유럽 연합을 위한 세 가지 기본 정책에 합의했다. 첫째는 경제 · 통화 동맹의 달성, 둘째는 공동 외교 안보 정책, 그리고 셋째는 내무 · 사법 정책의 협력이다. 첫 번째 정책은 1999년 1월부터 시행된 유로화로 이루어졌고, 두 번째와 세 번째 정책은 암스테르담 조약(Amsterdam Treaty, 1997)과 니스 조약(Nice Treaty, 2001)에서 빚어진 유럽 연합의 내부 통합 문제로 진통 속에서 이루어졌다. 2009년 리스본 조약(Lisbon Treaty, 2007)으로 유럽 헌법이 승인되었고, '하나의 유럽'을 대표하는 외교직도 마련되었다.[149] 당

---

148 조홍식, 「유럽 통합과 유럽 시민권의 형성」, 『국제지역연구』, 제9권 제3호 (2005), 357쪽.
149 편의상 이를 유럽 연합의 대통령으로 지칭하는 경우가 있으나 정치 통합체가 아니라서 대통령이라는 직위가 존재할 수 없다. 대외적으로 유럽 연합의 대표는 유럽 연합 이사회 상임 의장이 맡는다. 의장의 임기는 2년 6개월이고 1회 연임이 가능하다. 암스테르담 조약과 니스 조약에서 유럽 연합의 외무 장관(Union Minister for Foreign Affairs)직이

시 유럽 연합 조약에서는 세 정책을 독립적으로 담당했던 기관들이 현재 유럽 연합이라는 단일한 법인체 안으로 통합되었다는 사실은 정치 공동체로 변화하는 유럽 연합의 미래에 파란 신호등이 켜진 것이다. 비록 아직까지 완전한 정치 통합체라고 할 수는 없지만, 경제 공동체에서 정치 공동체로 전환하려 했던 유럽 이사회의 결정에 부합하는 결과물이다.[150]

그렇지만 통합 과정이 전반적으로 개별 가입국의 정부 차원에서 주도되었기 때문에 가입국 시민이 실질적으로 그 과정에 참여하여 의견을 개진하는 경우는 드물었다. 범시민적 차원에서 유럽 통합에 대한 협의나 공감대가 이루어지지 않아서, 시민 스스로가 유럽 시민의 정체성을 가질 수 있는 여건이 형성되지 못했다. 그렇기 때문에 암스테르담 조약과 니스 조약에서 주요하게 합의된 유럽 헌법조차 승인 받기가 어려웠다. 유럽 헌법의 핵심 원칙은 유럽 연합 시민의 정치적, 사회적, 경제적 권리를 보장해 주는 '기본권 헌장'(Charter of Fundamental Rights)의 제정이었다. 이것은 유럽 연합의 정치 통합체를 이루는 기본 원칙이다. 2005년 프랑스와 네덜란드의 국민 투표 결과, 50~60%가 이를 반대했다. 이는 전반적으로 유럽 통합에 대한 공론화가 개별 가입국의 시민 사이에서 이루어지지 못했다는 사실을 단적으로 입증해준 것이다. 이를 계기로 유럽 연합은 정치, 경제 공동체를 창출하는 데 유럽 문화 공동체 의식이 시급하다고 판단했다.

있었으나, 리스본 조약에서 이를 외교 담당 고위 대표(High Representative of the Union for Foreign Affairs and Security Policy)로 바뀌었다. 현재 상임 의장은 벨기에 총리인 헤르만 반 롬퓌이(Herman Van Rompuy), 그리고 외교 담당 고위 대표는 영국의 캐서린 애슈턴(Catherine Ashton)이 맡고 있다. Treaty of Lisbon Article 9B: 1-6 EU, 2007, http://www.consilium.europa.eu/uedocs/cmsUpload/cg00014.en07.pdf (2012.11.1.)
150 강원택 · 조홍식, 『하나의 유럽: 유럽연합의 역사와 정책』 (푸른길, 2009), 121쪽.

2007년 리스본 조약을 전후로, 유럽 연합은 '하나의 유럽'이라는 기치 아래 유럽 정체성을 위한 유럽 교육 프로그램을 실시하고 있다. "문화에 관한한 공동 문화유산을 소유하고 있다는 인식 아래 회원국의 국가와 지방에 따른 문화의 다양성을 수용하면서 결실을 맺도록 한다"라고 명시된 마스트리히트 조약 128조에 따라서 유럽 연합은 교육과 문화 분야에 대한 적극적인 지원을 하고 있다.

2007년에 발간된 『유럽 문학교과서』(*Lettres européennes: manuel d'histoire de la littérature européenne*)[151]를 들 수 있다. 교과서 서문에는 유럽의 문학이 하나가 될 수 있다는 판단 아래 유럽 문학교과서를 제작했으며, 문학은 유럽 언어들의 표상이자 이를 통해 유럽의 영혼이 생겨날 수 있다고 밝히고 있다. 목차를 보면 <고대>, <중세>, <르네상스>, <16세기>, <바로크 시대>, <18세기 계몽 시기>, <19세기>, <세기말 시대>, <20세기>, <이데올로기 시대>, <2차 대전 이후 시대>, 마지막으로 <현대 조류와 문학인>을 다루고 있다. 교과서의 시대 구분의 틀은 서유럽 중심의 역사적 사건에 기초를 두면서 그 아래 부속된 문학을 다룰 경우는 서유럽의 문인에 국한시키지 않고 동유럽 문인은 물론이요 중동, 러시아의 문인까지 소개하고 있다.[152]

예를 들어 고대의 유산에는 유대인, 이집트, 메소포타미아, 비잔틴, 켈트, 아랍 문화까지 포함시키고, 19세기 문인으로 러시아의 도스토예프스키, 톨스토이를 꼽고 있다. 유럽 연합에 포함되지 않는 러시아, 이집트, 중동 지역의 문화가 들어있다. 또한 오늘날 구소련의 위성 국가들이 유럽 연합에 가입하자 슬라브 문인들에 대한 조명을 새로이

---

151 Annick Benoit-Dusausoy et Guy Fontaine, *Lettres européennes: manuel d'histoire de la littérature européenne* (Paris-Bruxelles: De Boeck, 2007).
152 박선아, 「유럽 통합 전후 유럽 문학의 의미」, 93쪽.

하고 있다. 선정된 문인들과 작품들은 유럽 연합의 가입국 현황과 거의 일치하며, 동유럽 국가의 개입 결정과 더불어 유럽 문학의 영역이 확장되고 있다. 헝가리, 체코, 폴란드, 슬로베니아, 에스토니아, 슬로바키아, 라트비아, 리투아니아가 2004년 유럽 연합에 가입한 여파가 그대로 반영된 것이다.[153]

하지만 거의 현대 문인에만 집중되어 있어서 고대, 중세, 근대에서 활동했던 동유럽 문학사나 문인 소개는 거의 이루어지지 않고 있다. 설사 있다 하더라도 대체로 서유럽을 활동 무대로 삼았던 문인들을 다루는 경향이 두드러진다. 도스토예프스키와 톨스토이의 경우도 마찬가지인데, 러시아가 유럽 연합의 가입국이 아님에도 불구하고 그들을 유럽 낭만주의에 매혹된 유럽 문인의 대가로 소개하고 있다. 그뿐만 아니라 터키 문인 타생 유셀(Tahsin Yücel)까지 다루고 있다. 그는 이스탄불 대학의 불문과 출신으로 1960년대 터키인의 나약하고 가난했던 삶을 프랑스 작가 아나톨 프랑스의 글쓰기 유형으로 승화시킨 전형적인 유럽 작가로서 소개하고 평가하고 있다.[154]

결국, 이 유럽 문학교과서는 서유럽 국가 출신의 문학인을 중심으로 다룬 것이다. 표면적으로 유럽은 그리스 라틴 문화, 유대 그리스도교 문화, 비잔틴 문화, 켈트 문화, 아랍 안달루지 문화까지 포함한다고 서문에서 언급하고 있지만 실제 내용에서는 서유럽 문학인의 영향력을 주로 다루고 있다. 중세 이후, 심지어 1차 세계대전까지 유럽 국가들과 교류가 있었던 오스만 투르크 제국의 영향력에 대해서는 거의 언급되고 있지 않다.

---

153 *Ibid.*, 94쪽.
154 *Ibid.*

이러한 교과서 내용은 현재 유럽 연합의 상황과도 연관되어 있다. 오스만 투르크 제국의 영역이었던 그리스는 현재 유럽 연합에 가입되어 있는 반면, 오스만 투르크의 중심지였던 터키는 정식 회원이 되기 위해 여러 가지 절차를 밟아야 하는 실정이다. 기존 회원국 중에는 종교적, 문화적, 정치적, 외교적 갈등으로 인해 터키의 회원국 승인을 거부하고 있어 유럽 연합 회원국 사이에서 긴장감이 감돌고 있다. 특히 헝가리는 가입 승인을 얻기 위해 몇 차례나 유럽 연합의 심의를 거쳐야 했기에 서유럽 회원국 중심의 유럽 연합 운영에 대해 불만이 크다.

이처럼 '하나의 유럽'을 형성하기 위한 유럽 정체성은 여전히 해결되지 못하는 사안이다. 유럽 정체성의 문제점은 크게 두 가지 차원으로 나누어 볼 수 있다.

하나는 경제적으로 낙후된 사회주의 체제의 일부 국가들을 통합시킴으로써 서유럽 국가와 동유럽 국가 사이에 유럽 정체성이 통합되지 못하고 있다는 것과 서유럽 국가의 차별적 태도가 문제가 되고 있다는 점이다. 이처럼 분리된 유럽 정체성이 어떤 기준점 안에서 '하나의 유럽'으로 합쳐질 수 있을지가 앞으로의 관건이 될 것이다.

다른 하나는 각 회원국에서 비유럽 국가 출신의 외국인 노동자와 가족들에 대한 차별 문제이다. 서유럽 국가는 대체로 19세기 제국주의 시대를 통해 아프리카, 아시아의 식민지를 경영했기 때문에 2차 세계 대전 이후 식민지 출신의 노동력을 이용하여 왔다. 이민자의 유입이 동유럽에 비해 많아지면서 서유럽 국가는 이민자의 문화까지도 포용해야 하는 상황에 처해 있다. 서유럽 국가는 우선 이민자의 문제를 해결해야 서유럽 문화 중심으로 동유럽 문화를 통합시킬 수 있는 것이다.

결국 이러한 유럽 정체성 문제 때문에 비유럽 가입국 출신자에 대한 차별이 점차 심각해지고 있다. 이민법의 적용 대상이 비유럽인이나 유색 인종인으로 동일시되는 경향 때문에 유럽 연합의 이민법은 인종 차별적 성격을 가질 수 있다. 실제로 몇몇 유럽 국가에서는 극단적 인종주의자들이 혈통적 시민권을 주장하며 유색 인종 이민자가 유럽 시민권을 갖지 못하는 엄격한 이민법을 요구하고 있다. 이를 반영한 것처럼 유럽 연합은 유럽 이민법을 통해 이민자의 시민권 취득을 점차로 제한하고, 비유럽 출신 외국인의 거주, 이동, 정착에 대한 통제를 강화하고 있다.155

유럽 정체성을 만드는 데 '단일화', '세계화'란 기치가 정의롭고 평등한 이미지를 주는 것 같지만 사실 동일한 교환 체계를 강요하기 때문에 동유럽과 서유럽 회원국 사이의 차이가, 그리고 각 회원국 내 이민자의 차별이 가속화될 수밖에 없다. '하나의 유럽'을 움직이는 주축은 여전히 서유럽 중심이며, 서유럽 국가 중심으로 정치적, 경제적, 문화적 질서가 만들어지고 있기 때문에 동유럽의 현실이, 그리고 각 회원국에서 비유럽 출신의 이민자 권리가 존중받지 못하는 현실이 간과될 수 있는 것이다.

---

155 마스트리히트 조약과 암스테르담 조약 이후 유럽 연합은 유럽 시민권과 유럽 이민법을 통해 회원국의 시민과 제3국 출신의 이민자를 구분할 수 있는 공동의 기준을 마련했다. 이 때문에 마스트리히트 조약을 통해 유럽 연합은 "요새화된 유럽"(Fortress Europe)을 만들고 있다고 비판받았다. 이미 2004년 유럽 헌법 조약(Constitutional Treaty)에서 제3국 출신자 관련 항목이 명시되어 있었고, 유럽 이민법에서 이를 구체적으로 규제할 기준이 마련된 것이다. 그래서 정치 공동체의 전환을 시도하는 유럽 연합의 유럽 시민권은 개방적이기보다는 배타적인 성격을 지닐 수밖에 없는 것이다. 박지현, 「프랑스 이민법을 통한 EU의 유럽 시민권에 대한 역사적 진단」, 『서양사학연구』, 제19집 (2008. 12), pp.187-188 ; Maarten Vink, *Limits of European Citizenship: European Integration and Domestic Immigration Policies* (New York: Palgrave Macmillan, 2005), pp.66-89.

이 차별적 현실을 통해서 1919년 유럽 문명 위기론이 유럽 통합의 핵심이며, 이것은 1940년 비시 프랑스의 '새로운 유럽'을 거쳐 오늘날 유럽 연합의 정체성 문제로 이어지고 있음을 주목할 필요가 있다. 민주주의 체제를 지향하는 오늘날에도 비시 프랑스의 '새로운 유럽'이 언제든지 재탄생될 위험성이 있기 때문이다.

비록 현재의 유럽 시민권이 다분히 제약적이고 배타적인 요소가 강하지만, 유럽 시민권은 세계 시민권의 법적 개념에 토대를 두고 있다. 이를 상기하여 미래 유럽 연합의 유럽 시민권이 유럽 문명 위기론을 뛰어넘는 인간 권리의 차원으로 나아가길 조심스럽게 기대해 본다.

제3장

비시 정부의 사회 공공 정책

제3장
비시 정부의 사회 공공 정책

    1941년 10월 4일 헌장(노동 헌장)은 미래 조직의 틀을 제시했다...그것은 사회사업을 건설하는 일이며, 비생산적 소요로 인해 그만큼 뒤쳐진 잃어버린 옛 시간을 되찾는 일이다. 그것은 위대한 사회정신으로 함양된 정책을 통해 진정한 노동 공동체를 다시 만드는 일이다...그것은 모두가 예방 (차원의) 기구에 가입하여 작업장의 위생과 안전을 개선하는 일이다.

            - 필립 페탱의 담화문(1942년 5월 1일) 중에서[156] -

---

156 Ministère de l'intérieur, *Informations générales*, Nos.87 et 88 (5 mai, 1942), pp.166-168.

1. 노조주의의 재탄생: <노동 헌장>

1) 비시 정부와 노조 조직 사이의 '타협과 중재'

　1941년 비시 정부는 흔히 <노동 헌장>(Charte du Travail)으로 지칭하는 직업 사회 조직 관련법(loi relative à l'organisation sociale des professions)을 제정했다. 이것은 기존 노조 조직을 기반으로 하되, 국가 산업 연방을 상급 조직으로, 그리고 국가 위원회(Comité Nationale)를 최고의 조직으로 만드는 조합 체제이다. 국가 위원회란 지역, 지방 또는 전체에 미치는 기업의 노사 문제를 해결해 주는 매개적 역할을 담당한다. 이 헌장을 통해 동일한 직업 범주의 노사 조직은 하나의 노조로 통합되고, 노조의 오랜 숙원이었던 노조 의무 조항이 실행되었다. 국가 위원회와 같은 중재 기관의 성립, 그리고 노조의 단일화, 의무화에 대한 법 제정은 비시 정부 이전부터 계속해서 노조 조직이 프랑스 정부에 요구했던 주요 입법안이었다.

　제3공화국 1936년 12월 31일 노동법이 제정되는 과정에서 노조 조직은 국가의 중재를 통해 노사 문제의 타협안을 성사시키고자 했다. 하지만 국가의 중재 의무와 노동자 개인의 계약 자유는 대립적 성격을 가졌기 때문에, 국가가 사회적 관계, 즉 자본가와 노동자 사이의 관계에 어떤 방법으로 개입할 수 있는가가 큰 문제였다. 국가가 중재 단체를 구성하는데 영향력을 행사할 경우에 자칫하면 노사의 공동 이익을 대변하기보다 기업의 이익을 우선시할 수 있기 때문이었다. 전쟁 이전부터 노사 진영에서도 타협과 중재를 담당할 국가 기관의 필요성을 느꼈지만, 노조 조직에서 먼저 이를 주장할 수도 없었다. 노조 조직 내부에서조차 국가의 개입을 반대하는 기존 노조의 입장이 여전히 강하게 남아 있어서 쉽사리 타협안이 만들어질 수가 없었기 때문이다.

그래서 1941년 비시 정부의 <노동 헌장>은 노조와 정부 사이에서 맺어진 의미 있는 '타협과 중재의 텍스트'로 평가된다.

<노동 헌장>의 기획안은 1940년 9월 르네 블랭(René Belin)이 제안하였다. 그는 1940년 노동 · 산업생산부(Ministère de la Production industirelle et du Travail) 장관이 되어 '순수 노조안'(projet purement syndical)을 작성해서 공권력에 의해 조직, 통합, 통제되는 새로운 노조주의의 성립을 제안했다. 그는 전쟁 전부터 공산주의에 반대하는 평화운동을 이끌었던 프랑스 노동총연맹(Confédération générale du travail: CGT) 전(前)서기장이었다. 노조 운동의 주도 인사가 비시 정부의 장관으로 활동하는 위상의 변화가 놀라운 일이지만, 당시의 선택에 대해 블랭 스스로가 1936년 인민전선 정부 아래 이루어지지 못했던 "비정치화, 단일화, 의무화"의 노조주의를 비시 정부에서 실현코자 했다고 진술한 바 있다.[157]

블랭은 <노동 헌장>의 초안에서 세 가지 체제의 유기적 관계를 강조했다. 첫째, 노동자의 사회 체제를 건설하는 일이다. 최하 소득층을 안정시켜야 모든 시민을 흡수할 수 있는 사회 체제가 이루어져서 프랑스의 미래를 설계할 수 있다고 보았다. 둘째, 이를 담당하는 국가 전문 부처를 신설하는 일이다. 사회 법안을 집행하거나 관료적 성격을 가진 행정부가 아닌 일종의 사회부(ministère social)의 성격을 가진 노동부의 신설을 주장했다. 그는 사회부를 사회 문제를 해결하기 위한 "의식과 양심"의 소명을 가진 기관이며, 각료가 아닌 노사의 공동 대표에 의해 운영될 기관으로 정의했다. 그래서 자본가와 노동자 사이의 개입을 주도하는 국가 기관 체제가 기업 및 노동 문제를 해결하는 매개적

---

[157] René Belin, *Du Secrétariat de la C.G.T. au gouvernement de Vichy mémoire, 1933-1942* (Paris: Albatros, 1978), p.163.

역할을 담당할 필요가 있다고 주장했다. 이것이 비시 정부가 제정한 <노동 헌장>의 핵심 내용이었다. 이 노사의 타협과 중재안(案)은 1941년 10월 4일 <노동 헌장>의 선포로 이어졌다. 블랭이 이 제정에 대해 다음과 같이 언급하였다.

> 1922년 조르주 셀(Georges Scelle)이 말하길, "주목할 만한 노동의 권리라면 노조를 떠올리지만 노조는 노동 집단의 관계를 진전시키는 일과 더 이상 관련이 없다. 왜냐하면 노동의 권리는 법률상 다른 차원에서, 즉 사회적, 공적 차원이 아닌 오늘날 생산 차원으로서 개인적, 사적 차원에서 인식되기 때문이다." 1936년 사건(인민전선정부의 수립)을 통해 오귀스트 드퇴프(Auguste Detoeuf)는 영감을 받아서 (셀과) 비슷한 생각을 1938년 학술대회에서 발표했다. 『노조주의 건설』이라는 제목 아래 책자를 발간했는데, 드퇴프가 "나는 노조가 의무화, 단일화, 비정치화를 가져야 한다고 생각한다"고 결론을 내린 바 있다. (따라서) 노동 헌장에 대한 구상이 벅차다고 말하는 것은 쓸데없는 일이다. 다만 1940년 9월에 시작해서 1941년 10월 4일 날짜로 노동 헌장의 효력이 발생되었고, 이를 10월 26일 『관보』(官報, *Journal Officiel*)에서 공포되어졌다.[158]

하지만 블랭의 생각과 달리, 그의 제안에 내부의 반대도 많았다. 특히 각료들 사이에서는 노조 조직을 유지시키려는 기본 틀에 대해 거센 반발이 있었다. 이브 부틸리에(Yves Bouthillier), 쥘 베르제(Jules Verger) 등과 같은 각료들은 노조에 토대를 두는 블랭의 초안 자체에 반대했다. 재정부 장관 부틸리에는 이 초안이 다분히 노조 조직의 세력을 유지하려는 목적이 있기에 프랑스 노동총연맹을 해체시켜야 한다고 주장했

---

158 *Ibid.*, p.163.

다. 그는 1936년 인민전선의 정권을 수립하는 데 이 단체의 지지가 컸고, 지도자 대부분이 러시아 볼셰비즘(Bolshevism)에 종속되어 있다며 노조 자체에 대한 위험성을 지적했다.[159]

베르제 역시 노조 조직을 <노동 헌장>에 통합시킬 수 없다는 입장을 표명했다. 그는 페탱의 측근 보좌관이면서 직업 조합 경영자 연맹 (Confédération patronale des associations professionnelles)의 대표였다. 전쟁 전부터 각 직업 조합 조직이 이미 정부의 관리에 속해 있었다는 점을 들어서 <노동 헌장>의 기본 토대는 노조 조직 대신 직업 조합 조직으로 대체되어야 한다고 주장했다. 노동 조직을 완전히 와해시키고 대신에, 각 직업 조직을 하나의 조합 체제로 통합시키는 혼합 직업 조합 (associations professionnelles mixtes)의 성립이 우선적으로 이루어져야 한다는 것이었다. 이는 기업의 직종별 직업 조합을 '전국 직업 조합'으로 통합시키는 체제를 의미한다. 예를 들어, 전기 분야에 관련된 사기업의 조합 조직들은 이미 존재해 왔다. 베르제는 이 조직들을 토대로 공공 기업 안으로 사기업들을 통합시켜 궁극적으로 전기 관련 전국 규모의 직업 조합 조직을 성립시켜야 한다는 주장이었다. 이를 통해 전기 분야를 공공 기업으로 전환시키는 것은 물론이요, 전기 관련 기업의 자본가와 노동자가 하나의 직업 조합 아래서 기업 및 노동 문제를 해결해 나가는 체제를 이룰 수 있다는 논리였다.[160] 하지만 노조 조직을 토대로 이루어질 경우, 노동자가 국가 경제나 기업의 관리 책임을 맡게

---

159 Yves Boutillier, *Le Drame de Vichy*, 2. finances sous la contrainte (Paris: Plon, 1951), p.276.
160 Marc Olivier Baruch, "Le Genèse des associations professionnelles de fonctionnaires: Ordre nouveau ou fin d'une époque?," Michel Margairaz et Danielle Tartakowsky (dirs.), *Le Syndicalisme dans la France occupée* (Rennes: Presses Universitaires de Rennes, 2008), pp.294-295.

되는 결과를 초래해 노조 집단의 세력이 확대될 것이라고 베르제는 비판했다.

이 원칙(블랭의 제안인 노조 조직을 토대로 한 노동 헌장)이 설명되자마자, 그 계획이 국가의 노조주의에 호의적인 의미를 띠는 경향으로 이루어졌음을 알 수 있다. 직업을 가진 모든 시민이 의무로 가입하고, (이 체제가) 조합 집단으로 분류되면 노조 집단의 실제적 위상이 다시 높아질 뿐이다.[161]

베르제의 지적을 달리 생각해 보면, <노동 헌장>의 특징이 노조와 조합 조직의 병존 체제로 구성되었다는 사실을 재확인할 수 있다. 이처럼 비시 정부는 의무 가입의 단일 노조 체제와 직업 공동체의 권리를 우선시하는 직업 조합 체제라는 두 축을 법적으로 마련한 것이다.

<노동 헌장> 9조항: 직업 회원은 직업 노조로 구성된다. 동종의 직업, 기업 혹은 가업을 가진 자는 한 지역에서 그리고 한 분야에서 회원이 되어 단일 직업 노조를 구성한다. 기존의 조직이 분열되고, 새롭고 단일한 노조 조직의 형성 조건이 법령으로 마련된다.[162]

<노동 헌장> 10조항: 직업 조직은 다음과 같이 별개의 회원 범주로 구성된다. 1) 고용자 2) 노동자 3) 피고용자 4) 직공장(agent de maîtrise)

---

161 Jules Verger, *Organisation professionnelle corporative: le travail, richesse de la France* (Paris: Établissements A.R.A.C., 1940), pp.30-31.

162 Loi du 4 octobre 1941 relative à l'organisation sociale des professions (Charte du Travail): Titre III-Chapître Ier. <les syndicats>

5) 기술자, 상업과 행정 관리자로 고려된다.

<노동 헌장> 38 조항: 이미 혼합 성격의 직업 조직이 성립되었거나 이를 계획 중인 직업 조직은 정부의 승인 조건 아래 유지되거나 성립된다. 그 일원들은 직업 노조나 노조 집단에 소속될 수는 없다. (하지만) 이 현행법의 공표 이후, 각 범주의 직업 회원이 절반 이상 동의하고 관련 직업의 노조 조직이 결정하여 승인한 경우에만 새로운 직업 조직을 만들 수 있다.[163]

이처럼 비시 정부가 노조 조직을 해체하지 않고 <노동 헌장>의 토대로 삼았다는 것 자체가 당시 시대적 상황을 고려해 볼 때 특이한 점이다.

첫째, 비시 정부는 공식적으로 정보 · 선전부(Ministère de l'Information et de la Propagande)를 통해 제3공화국의 사회 경제 체제가 노동 공동체를 보호하기보다 자본가와 노동자 집단의 이해관계에 따라서 운영되었다고 비판했기 때문이다. 페탱의 연설문에서도 전통적인 조합 체제를 토대로 노동 공동체 복원의 필요성을 주장했다.

나는 여러분들이 내게 지혜롭고 대담한 작품을 제안했다고 확신합니다. 그것은 프랑스의 현실에서 모든 노동자, 기술자, 수공업자와 자본가를 자연스럽게 집결시키도록 이루는 것입니다. 그들은 패배의 원인을 이해했으며 그 원인의 결과를 두려워하는 자들입니다.[164]

이해관계, 습관, 그리고 급격한 폭력의 충돌을 가져오는 계급 투쟁을

---

163 *Ibid.*, chapitre III. <Associations professionnelles mixtes et corporations>

164 Philippe Pétain, "Discours du 4 juin 1941," Édition établie par Jean-Claude Barbas, *Discours aux Français: 17 juin 1940-20 août 1944* (Paris: Albin Michel, 1989), pp.138-139.

어떻게 노동 공동체로 대체시킬 수 있겠습니까? 자유주의와 개인주의를 조장하는 무질서를 어떻게 직업 조직으로 대체시킬 수 있겠습니까?...이제 구(舊)노조는 자본가, 노동자, 기술자가 함께 묶이는 조합의 형태로 남게 됩니다. (구노조) 조직은 (새로운) 조합의 조직주의와 일치하기 위해 사회적 기능뿐만 아니라 경제적 기능까지 맡게 됩니다.[165]

둘째, 비시 정부는 나치 독일과 협력 체제를 유지하기 위해 프랑스 노동자의 징용 문제를 해결해야 하는 현안이 있기 때문에 <노동 헌장>의 실효성을 염두에 두고 제정할 수 없는 상황이었다. <노동 헌장>의 공포 이후, 1942년 9월 4일과 1943년 2월 16일에 법이 연이어 제정되면서 포로 석방을 조건으로 25명의 프랑스 노동자를 독일로 보내야 했다. 또한 18세에서 60세까지의 남자와 25세에서 35세까지의 독신 여성이 징용 대상이 되면서 <노동 헌장>의 실현은 거의 어려운 현실이었다. 셋째, 반노조주의를 내세웠기에 <노동 헌장>에서는 파업을 금지시켜 노조 조직의 단체 행동권을 억압시켰다.

그럼에도 불구하고, 비시 정부가 노조 조직을 수용했다는 사실은 주목할 만하다. 만약 비시 정부가 <노동 헌장>을 급조된 정책이나 혹은 선전용 정책으로만 제정했다면, 굳이 노조 조직 간의 '타협과 중재안'이 필요하지 않았을 것이다.[166]

---

165 P. Pétain, "Message du 2 mai 1943," *Discours aux Français*, pp.307-308.
166 이 때문에 <노동 헌장>에 대한 의미를 재고해 볼 필요가 있는 것이다. 블랭의 초안인 노조의 기반을 유지시킨다는 것은 노조주의의 기본 방침을 수용하겠다는 의미이기도 했다. 노동자를 억압하는 모든 형태의 자본주의를 반대하는 반자본주의적 성격의 사회 정책을, 노동자의 전반 이익이 특수 노동 집단의 이익보다 우선시하는 정책을, 그리고 국제 노동자 단체와 협력한다는 노조의 기본 방침을 수용해야 했기 때문이다.

사실 <노동 헌장>보다 앞서서 1940년 12월 2일 일명 <농민 헌장>(Charte de la Paysannerie française)이 제정되었다. 제정 이유는 전쟁 때문에 내부적으로, 외부적으로 식량 부족의 현상이 컸으며, 농민 다수가 독일에 전쟁 포로가 되어 농민 가정과 공동체가 흩어질 염려가 컸기 때문이다. 조합 이론가인 루이 살롱(Louis Salleron)과 농업 정무 장관(ministre secrétaire d'État à l'Agriculture)인 피에르 카지오(Pierre Caziot)의 기획안을 토대로, 1940년 12월 2일 법령이 선포되었다.

조합 조직(organisation corporative)은 기존의 농업 지구 노조(syndicat agricole local)의 토대 위에 이루어졌다. 기본 단위는 농업 지구 노조와 농민 가족이 함께 결합된 농협 지역 노조(syndicats agricoles corporatifs locaux)이다. 농협 지역 노조는 지방별, 도별 협동조합 연맹의 토대이며, 지방 협동조합 연맹은 지방 대표와 12명의 의원으로 구성되었다. 그들은 전국 대표 의회(assemblée générale des syndics)의 천거를 받고, 농업 정무 장관에 의해 임명되었다. 임명 여부는 전국 농협 평의회(conseil national corporatif agricole)에 의해 전달되었다. 전국 농협 평의회는 그야말로 다양하고 특수한 직업인이 모인 곳으로, 지방별이나 도별 협동조합 연맹의 지역 대표 회의체가 그 중심에 있었다. 평의회는 이 법령에서는 큰 세력이 아니었지만 비시 정부의 내각과 일반 대중을 연결시켜 주는 매개 집단의 역할을 했다.[167]

1940~1944년 동안 지속된 조합 조직의 성립은 기존의 조직을 와해시키지 않고 그대로 포함시키는 새로운 시도였다. 노조주의를 농업 조직과 지역 자치 조직 안으로 통합시키려는 시도는 그 당시 노조 지구

---

167 Louis Salleron, *Naissance de l'État corporatif: dix ans de syndicalisme paysan* (Paris: B. Grasset, 1942), p. 289.

지도자에게 반향을 일으켰다. 구 조직과 신 조직을 연결시키기 위해 새로운 대의 기관을 만든 경험은 해방 이후 농업총연맹(Confédération générale de l'agriculture)의 전략에 영향을 미쳤다.[168] 노조주의와 다른 농업 조직이 서로 연합할 수 있다는 사고의 전환을 통해 사회 조직들 사이에서 갈등 관계보다 협력 관계로 발전할 수 있는 방법이 체득되었던 것이다. 비록 독일 점령, 협력 정부 아래서 실시된 정책이고, 법과 현실 사이의 괴리가 있었다고 해도, 농산부와 노조 조직 사이의 중간 매체로서 전국 조합 조직을 만들었던 것이다.[169]

<노동 헌장>은 <농민 헌장>의 연장선상에서 제정되었음에도 불구하고, 협력 정부의 입장에서 급조된 정책이거나 다양한 비시 정부 인사들을 수용하기 위한 정치적 수단으로 간주되는 경향이 있었다. 그렇다면 어떻게 비시 정부가 노조 조직을 해체시키지 않고 수용할 수 있었는지, 그 사상적 토대를 알아보자.

2) 뒤팽의 노조주의: 노조와 조합의 병존 체제

비시 정부의 수반 페탱 역시 자신이 노조보다 조합 조직을 강조하는

---

168 Isabel Boussard, *Vichy et la corporation paysanne* (Paris: Presses de la Fondation nationale des sciences politiques, 1980), pp. 357-358.
169 비시 정부는 1942년 12월 16일 법령으로 협동조합 조직의 새로운 변화를 시도했다. 농협 지역 노조를 단위로 하되, 노조 의회를 지역별, 지방별로 따로 신설하여, 노조와 협동조합의 대의기관을 분리시켰다. 대신 지방 협동조합 연맹 위에 세 개의 조정 기관을 두었다. 즉 전국 대표, 전국 대표 보좌, 그리고 전국 협동조합 평의회를 나누어 견제와 의견 수렴의 기능을 강화시켰다. 세 조정 기관의 대표를 선출하는 방법은 1943년 2월 3일 법령에서 구체적으로 명시했다. 그것만으로도 비시 정부의 내각과 농협 지역 노조 사이의 원활한 소통을 위해 전국 농협 평의회의 기능이 확장되었음을 알 수 있다. 하지만 평의회의 의장이 농산부 장관으로 임명되면서 실상 국가 위주의 협동조합 조직이 되는 경향이 있었다. 박지현, 「비시 프랑스, 프랑스 공화정의 두 얼굴?」, 『프랑스의 열정: 공화국과 공화주의』 (아카넷, 2011), 233-234쪽.

입장이었음에도 불구하고, <노동 헌장>이 즉흥적으로 제정된 법령이
아니라고 말한 바 있다.

지난 8월 16일 <노동 헌장>은 지체 없이, 반대 없이 발표되어야 했습니
다. 그것은 자본가가 활동하고 표현할 수 있는 방법을 부여하면서도 임시
조직 위원회에 의해 구성된 법입니다. 프랑스인 여러분은 노동 헌장을
한 해 더 기다렸습니다. 그러나 <노동 헌장>은 일시적으로, 즉흥적으로
이루어져서는 안 됩니다...노동 헌장은 이론적인 구축이 아니라 효험 있
고 살아 있는 현실입니다.[170]

그는 <노동 헌장>을 통해 자연공동체인 가정이 사회의 중심이며
노동을 이끄는 중심이기에 계약으로 이루어진 자본가와 노동자 사이
의 관계에서 벗어나 노동 조합의 관계로 전환해야 한다고 주장했다.
개인의 노동을 제공하는 대신 가족의 대표자에게 노동의 책임을 부여
하며, 그에 따른 정치적, 사회적 권리를 함께 부여하고자 했다. 즉 자본
가와 노동자를 같은 직업 조직 안에 통합시켜 자연 공동체의 연대감이
노동 공동체로 이어지게 만들겠다는 생각이었다.

왜냐하면 자본이 개인주의와 사회주의를 추구하는 헌법을 통해 노동
으로부터 분리되기 때문이다. 다시 말해 순수하고 단순한 개인화나 혹은
완전하고 절대적인 사회화를 위한 법이 완성되는데 이 조합 체제에서는
고리금도 노예도 없어진다...조합 조직 및 조합 유산, (노동자, 자본자의)
이익 참여 그리고 원 봉급, 즉 가족의 가장인 노동자의 기초 생활 보장
임금과 같은 오늘날의 사상은 모두 라투르 뒤팽으로부터 나왔다.[171]

---

170 P. Pétain, "Message du 2 mai 1943," pp.307-308.

뒤팽[172]의 조합 사상은 실제적으로 페탱에게 사상적 영감을 주었다. 그는 조합제와 대의제를 혼합시키려는 노동 공동체의 성립을 추구한 사회 사상가였다. 그는 자유주의에서 사회주의로 경제 질서가 이행되는 것을 막기 위해서는 직업별 사회 조직이 선행되어야 한다고 주장했다. 그에 따르면, 조합 체제는 직업 조직의 본질이며 정치, 사회, 경제 질서를 만드는 데 핵심이다. 이를 운영하는 방법은 대의제이며, 시별, 지방별 직업 조직의 대표자를 보통 선거로 뽑아 직업 조직의 안정성과 노동의 자유를 보장하는 데 궁극적 목적이 있다.

조합 체제는 직업 조직을 근간으로 하는 사회 조직이며 동시에 정치 체제이고, 경제 체제이다. 이 체제는 선거의 토대로 이루어진다. 즉 시의회, 지방의회, 본의회가 존재하며 보통 선거에 의거한 조직이 만들어지는 정치 체제이다. 노동과 자본이 서로 분리되어 경쟁 없이 각 직업 조직의 이익과 안정을 보장해 주는 경제 체제이다. 가족의 기본 생계를 보장해 주기에 개인화의 사회에서 집단화의 사회로 전환시키는 사회 체제이다...노동자 문제는 노동 임금으로 살아가는 가족 수당과 관련 있는 사항이다.[173]

1880년 뒤팽은 『사회 정책의 잠언』(Aphorismes de politique sociale)에서 조합 조직이 있어야 직업의 이익과 권리를 보장해 줄 수 있는 사회

---

171 Pierre Andreu, "Le Mouvement social: Quelque précisions sur La Tour du Pin," *Idées*, No.28 (janvier, 1944), p.53.
172 공식 이름은 르네 드라투르 뒤팽 샹블리 드라샤를스(René de la Tour-Du-Pin-Chambly de La Charce)이다. 축약해서 뒤팽으로 표기한다.
173 René de la Tour-Du-Pin-Chambly de La Charce, *Aphorismes de politique sociale* (Paris: Nouvelle librairie nationale, 1909), pp.18-20.

체제가 성립될 수 있다고 했다. 이러한 사회 조직은 지방별, 전국별 조합 의회라는 정치 체제를 통해 통제, 관리되어야 한다는 것이다. 이를 기반으로 노동의 생산과 분배 및 노동자의 임금이 해결될 수 있는 조합 조직과 국가 사이의 혼합된 기관이 필요하다는 것이다. 주요 결정 사항은 조합 조직의 대표자로 구성된 혼합 기관의 회의에서 이루어져야 한다. 특히 노동자의 공동 이해관계, 구제, 은퇴, 의료 보험, 실업, 산재보험 등에 관련된 사항이 그러하다. 그렇기 때문에 조합 조직은 국가의 역할과 유사한 입법적·사법적·행정적 업무를 담당하며, 법을 제정하는 권력이 부여되어야 하는 것이다.

뒤팽은 노조 조직과 활동을 통제하거나 억압할 필요가 없다고 주장했다. 차라리 직업 조직 안으로 기존의 노조 조직을 통합시키는 편이 효율적이라는 것이다. 국가가 조합 조직에 대한 지나친 개입을 할 경우, 가장 중요한 노동의 자유가 억압될 수 있기 때문에 이를 대비해서 노조 조직이 국가와 조합 체제 사이의 균형적인 권력 관계를 유지할 수 있는 매개적 역할을 담당해야 한다는 것이다. 한마디로 뒤팽은 자유로운 노조 활동을 보장하는 조합 체제의 성립을 제안했다.[174]

뒤팽에 따르면 국가란 자연공동체, 즉 가정, 직업, 조국에서 왔기 때문에 인위적 산물이 아니다. 국가는 조합 조직보다 우위권을 두는 법을 제정할 필요가 없다. 대신 국가는 모든 노동자의 연대감에 토대를 둔 조합 조직의 제정이 필요하다. 이를 위해 기존 조직을 이용해서 새로운 노동 공동체의 유대감을 조성하는 구조의 개혁이 필요하다는 것이다.[175]

---

174 *Ibid.*, p.23.
175 *Ibid.*, p.45.

이미 <노동 헌장>이 공포되기 한 달 전부터 페탱은 노조와 조합의 병존 체제를 위한 새로운 조직을 제시했다.

오늘 우리는 합의와 일치를 이루고자 합니다. 같은 기업에서, 다양한 기업의 집단에서 자본가와 노동자는 영원한 계약 관계에 있습니다. 그들은 공평하고 인간적인 조건 안에서 함께 논의할 것이며, 마찬가지로 그들에게 중요한 성공을 위해 모두 참여할 것입니다...혼합 사회 위원회(comité social mixte)가 노조를 대신할 것입니다.[176]

<노동 헌장>의 주춧돌은 혼합 사회 위원회의 성립에 있습니다. 그것은 같은 직업에 관련된 모든 회원들을 통합하는 데 있습니다. 위원회는 오늘날의 직업을 위해, 내일의 조합을 위해, 직장 생활을 이끄는 진정한 주동자가 될 것입니다.[177]

혼합 사회 위원회는 직업 조합의 회원 대표자가 지역별, 도별, 전국별로 선출된다. 이 조직은 전체 직업에 관련된 법을 제정하고 분쟁을 해결할 수 있는 권한을 가진다. 여기에는 자본가와 노동자가 함께 포함되어 있어, 더 이상 계급 투쟁의 관계가 아니라 상호협력의 관계로 조직이 운영된다.

뒤팽의 사상은 혼합 사회 위원회의 성립에 토대가 되었다. 각각 다른 직업 범주의 노조를 조합의 대의제로 통합시킨 혼합 사회 위원회에서는 기본 노조의 대표가 참여할 수 있었다. 그래서 기존의 노조 조직이 정치적·경제적·사회적 대책에 대한 결정권을 갖게 된 것이다. 이로

---

176 P. Pétain, "Message du 2 mai 1943," *Discours aux Français*, pp.188-189.
177 Bibiliothèque historique de la ville de Paris BHVP: Boît 9 les brochures sur la Charte du Travail 1941.

써 <노동 헌장>은 국가의 개입을 축소시키는 동시에 각 직업 조직의 연대감을 강화시키는 조합-노조 조직(corpo-syndicat)을 탄생시켰다.[178]

3) 기업 위원회의 유지

이미 앞에서도 말한 바처럼, <노동 헌장>이 실제적으로 적용될 수 있는 정치적 상황이 아니었다. 점령 상황도 그렇지만 비시 정부의 각료들 사이에 일어난 정치적 내분으로 일관적인 정책을 유지할 수 없었다.

1940년 12월 해임되었던 피에르 라발(Pierre Laval)이 1942년 4월에 다시 정계로 복귀되었을 때 블랭은 비시 정부를 떠날 수밖에 없었다. 그를 대신해서 조합주의 이론가인 위베르 라가르델(Hubert Lagardelle)이 임명되었던 것이다. 그의 행적을 살펴보면, 1914년 이전에는 사회당에 소속되었다가 1926년 조지 발루아(Georges Valois)의 페소(Faisceau)로 이전했다. 그는 로마 주재 프랑스 대사관에서 앙리 드주브넬(Henri de Jouvenel)의 보좌관이 되어 이탈리아식 조합주의에 관심을 갖게 되었다. 비시 정부의 수립 직후부터 페탱의 지지자가 되었고, 결국 1942년 노동부(Ministère du Travail)[179] 장관으로 임명되었다. 그는 <노동 헌장>의 성격이 이탈리아식 조합주의와 다른 성향이 있었기에 다소 불만스러웠지만, 기존 블랭의 측근들을 계속 기용하면서 노조 조직의 기본 구조를

---

178 이 때문에 비시 정부의 각료인 부틸리에와 베르제가 블랭의 초안을 반대했던 것이다. 하지만 노조 조직을 통합시키는 조합 대의제는 국가의 집중 권력을 한정시키는 데 있었기 때문에 당시 독일과 이탈리아에서 실시된 조합 조직의 전체주의적 특징과는 이론적으로 구별된다.

179 비시 정부 시기에 정부의 조직과 명칭이 수시로 변경되어 혼동될 경우가 많다. 1940년 페탱 내각은 블랭을 노동 · 산업생산부 장관으로 임명했고, 1941년 다를랑 내각에서 노동부와 산업생산부가 분리되면서 블랭은 노동부 장관이 되었다. 1942년 라발 정부에서 노동부 장관으로 라가르델이, 산업생산부 정무 장관으로 비슐론이 임명되었다. 1943년 비슐론은 라가르델의 후임으로 노동부 장관직을 맡았다.

유지시켰다. 당시 현실에서는 노조 조직을 없앨 경우 프랑스의 경제적 구조가 급격하게 붕괴될 위험이 있다고 판단했기 때문이다.[180]

라가르델을 이은 장 비슐론(Jean Bichelonne)은 이미 1942년부터 산업 생산부(Ministère de la Production industirelle)의 정무차관으로 일했고, 1943년 11월에 노동부 장관이 되었다. 그는 테크노크라트(technocrate) 출신으로 프랑스 산업 구조의 현대화를 이끄는 주도 세력이었고, 비시 정부가 경제 정책을 실시하는 데 큰 축을 담당했다. 그러나 비슐론의 임기 동안 나치 독일은 강제 징용과 노동을 요구했기 때문에 <노동 헌장>은 점점 더 현실과 괴리되는 법안이 되어 갔다. 비슐론은 나치 독일의 군수생산부 장관인 알베르트 스피어(Albert Speer)와 협력해서 산업 생산력과 노동력을 높일 수 있는 방법을 강구해야 했으므로 지역별, 지방별, 전국별 사회 위원회의 사회적, 경제적 역할을 원활하게 만들 수 없었다. 나치 독일의 강제 노동에 대한 압박이 강해지면서 <노동 헌장>은 실제 효력을 갖지 못하는 법률 문서로서만 명맥을 유지할 뿐이었다.

그럼에도 불구하고 비슐론은 노조 조직을 임시적이라도 유지할 필요가 있다고 보았다. 대신 사회 위원회의 중역위원들이 속하는 삼자의회(conseils tripartites)를 만들었다. 이것은 국가 사회 위원회(Comité Social Nationale)에 의해 선택된 임원들로 구성되었는데 그들 대부분이 노조 조직의 대표자들이다. 그리고 국가 사회 위원회가 완전히 정착되기 전까지 의회 구성원은 노동부 장관에 의해 임명되도록 만들었다. 비슐론은 이 기관을 통해 대체로 기술 전문직에 종사하는 노동자가 노조의 대표자가 되어 엘리트 노동자 중심으로 국가 사회 위원회가 구성되길 원했다. 비슐론과 같은 테크노크라트 출신 비시 협력주의자는 전통

---

[180] Hubert Lagardelle, "Précisions," *Bulletin de la charte du travail*, No.6 (octobre, 1943).

조합주의자와 다르게 노조 조직의 대표자를 포함시키는 국가 사회 위원회의 성립이 필요하다고 보았던 것이다.

1944년 비시 정부의 마지막 시기에 마르셀 데아가 노동부 장관이 되면서 <노동 헌장>은 전체주의 성향으로 변모했다. 그는 국가만이 노동자의 사적, 공적 삶을 지켜줄 수 있기 때문에 국가 경제라는 목적에 맞는 국가 사회 위원회의 활동이 이루어져야 한다고 생각했다. 데아는 국가 사회 위원회 소속 조합 관료 조직을 새롭게 만들어 궁극적으로 <노동 헌장>의 조합-노조 조직의 성격을 없애고 관료 조직으로 만들었다. 그는 <노동 헌장>이 텍스트로 쓰였긴 하나 진정한 노동 혁명은 민족과 국가에 의해 주도되고, 조직되고, 통제되는 것이라고 주장했다.[181] 데아의 의도대로 노조와 조합 조직의 대표자가 혼합되어 있는 국가 사회 위원회가 완전히 정부 기관으로 변화되었고, 이로 인해 해방 이후 <노동 헌장>이 나치 독일의 강제 노동 정책 중 하나로 평가 받게 된다.

해방 이후 1944년 7월 27일 법령으로 <노동 헌장>은 폐지되고 이에 참여했던 자본가와 노동자에 대한 숙청이 있었다. 지역별, 지방별, 전국별 사회 위원회의 구성원이 처벌 대상이 되었고, 비시 정부와 협력해서 노조의 자유를 파괴한 죄목으로 처벌이 내려졌다.

그러나 1945년 2월 22일 법령을 통해 기업 위원회(Comité d'entreprise)는 유지되었다.[182]

---

181 Marcel Déat, *Mémoires politiques* (Paris: Denoël, 1989), p.820.
182 드골은 <노동 헌장>에는 의미가 없지 않지만 비시 정부와 타협한 결과로 이루어진 법령이기에 <노동 헌장>을 폐지할 수밖에 없다고 말했다. Jean-Pierre Le Crom, *Syndicats, nous voilà: Vichy et le corporatisme* (Paris: Atelier, 1995), p.381.

사실 제시한 이 조치들은 사회 위원회를 기업 위원회로 통합시키려는 목적이 있습니다. 물론 비시 정부에 의해 제정된 사회 위원회는 매우 불완전하기 때문에 필수적으로 기금과 형태의 수정이 이루어질 것입니다.[183]

기업 차원에서는 자본가와 노동자가 함께 결정하는 대의 기관의 성립이 법적으로 허용되었다는 의미이다. 1945년 2월 22일과 1946년 5월 16일 법령을 통해 최소 50명 이상의 피고용자를 가진 기업은 11명의 피고용자로 구성된 기업 위원회를 운영할 수 있게 되었다.

기업 위원회에는 대체로 세 부류의 인사로 구성되었다. 첫째, 기업의 사장으로 위원회의 대표를 맡는 자, 둘째, 피고용자에 의해 선출된 개인 대표자 그리고 셋째, 노조의 대표자이다. 사장은 회의를 소집할 수 있는 권한을 가지는 반면, 개인과 노조의 대표자들은 16살 이상이고, 적어도 3개월 동안 성실하게 근무한 자에게 한하여 선거 출마 자격이 주어진다. 초기에는 의무적 시행이 아니었지만 1982년 법령을 통해 모든 기업에 적용되었다. 이를 위해 국가 보조금이 지원되었고[184], 2005년을 전후해서 기업 위원회에 대한 투표율이 60%가 넘을 정도였다.[185] <노동 헌장>은 비시 정부에 의해 제정되었다가 해방 이후 폐지되었으나, 그 핵심 사상은 현재 기업 위원회에 투영되어 있다고 볼 수 있다.

183 "Assemblée consultative provisoire: séance du 12 décembre 1944," *Journal Office* (13 décembre, 1944), p.494 ; Art. L2321-1 du code du travail.
184 Art. L. 432-9 du code du travail (loi du 28 octobre 1982)
185 http://travail-emploi.gouv.fr/IMG/pdf/2008.10-40.3.pdf (검색 일자: 2013.01.03)

2. 산업 현장의 노동 의학

1) <프랑스 인간 문제 연구재단>의 성립

비시 정부는 1941년 11월 17일 법령을 통해 <프랑스 인간 문제 연구재단>(Fondation Française pour l'Étude des problèmes humains)을 세웠다. 이어 1942년 1월 4일 법령을 추가하여 이 재단을 개인적 삶과 공동체 삶에서 파생되는 모든 문제를 연구하는 재단으로 규정했다.[186] 이 연구소를 통해 비시 정부는 민족 혁명의 공감대를 형성할 수 있는 이론적 바탕을 제공하고, 실제 산업 현장과 일상생활에 적용할 수 있는 실천적 정책을 기획하고자 했다. 무엇보다도 새로운 프랑스의 건립을 위해 프랑스인의 신체적, 정신적 개조가 필요하다는 민족 혁명의 핵심에 기여할 수 있는 사회 프로그램이 필요했다.[187]

이를 실행하는 데 있어서 가장 중요한 역할을 담당한 자는 알렉시 카렐(Alexis Carrel)[188]이다. 카렐은 1912년 심장혈관 분야에서 노벨의학

---

[186] Archives Nationales: AN 2 AG 75: Textes officiels concernant la Fondation Française pour l'Étude des problèmes humains (loi du 14 janvier 1942).

[187] *Ibid.*

[188] 프랑스에서 그에 대해 일반적인 평가는 크게 두 가지 측면으로 나누어진다. 하나는 의학 성과이고 다른 하나는 사상의 영향이다. 의학 성과는 혈관 봉합과 내장 이식의 새로운 방법을 개발하여 장기 이식의 길을 열었고 육체에서 떼어 낸 조직을 생체 밖에서 배양하여 살려둘 수 있는 가능성을 연구했으며 이른바 카렐-데이킨 치료법(méthode Dakin-Carrel)을 개발하는 등의 많은 연구 실적을 내었다. 그래서 프랑스인들은 이 점을 높이 평가하고 있으며 의학 분야에서는 그를 존경의 대상으로 삼고 있다.

하지만 그의 사상에 대한 평가는 커다란 차이로 엇갈린다. 그는 의학 성과뿐만이 아니라 인간이란 무엇인가에 대한 자신의 이론, 즉 인간학(Science de l'Homme)을 제시했다. 그는 1935년 불어판, 영어판으로 출판된 『미지의 인간』(*L'homme, cet inconnu*)을 발표했는데 과학의 목적이 물질이 아니라 인간이므로 인간의 물질적, 정신적 면을 종합적으로 이해할 수 있는 새로운 인간학의 필요성을 주장했다. 이것은 당시 의학 분야에서 거의 논의되지 않았던 인간의 육체와 정신의 합일성에 대한 이론이었다. 이 책은 의학 에세이

상을 받은 선구적 업적을 남긴 외과 의사였다. 그에 대해 간단히 소개하자면, 그는 1873년 생푸아 레리옹(Saint-Foy-lès-Lyon)의 부르주아 가정에서 태어나서 예수회에서 고등 교육을 받고 1891년 의과 대학에 들어갔다. 1900년 외과 의사가 되면서 생리학 영역에 관심이 커졌고 이를 실행하는 과정에서 리옹 의대 병원 인사들과의 갈등이 생겨 그만두게 되었다. 이후 단기간 캐나다에 체류한 뒤, 미국 뉴욕(New York)의 록펠러 의학 연구소(Rockefeller Institute for Medical Research)에서 일했다.[189] 그곳에서 그는 퇴임할 때(1939년)까지 연구했고 1912년에는 노벨의학상을 받았다. 1914년 전쟁 때문에 잠시 프랑스로 돌아와 육군 병원에서 상처살균제 방법을 연구, 실행한 후에 미국으로 돌아갔다. 그 덕분인지 1921년 아카데미 프랑세즈의 회원이 되면서 소원했던 프랑스 과학, 의학계 인사들과도 관계가 원만해졌다.

이미 전쟁 직전 제3공화국 정부로부터 카렐은 프랑스에서 연구 활동을 할 것을 제의받았다. 그래서 1940년에 국방부 장관인 라울 도트리(Raoul Dautry)의 제안으로 프랑스로 되돌아왔다. 가르슈(Garches) 지역에

로서 보기 드물게 베스트셀러가 되었으며 이를 통해 카렐의 사상이 대중적으로 알려지는 계기가 되었다. 그 덕분에 카렐은 해박하고 탁월한 프랑스 지성인으로 평가되었다. 그러나 독일 점령 이후 보여준 그의 행적은 1935년의 평가를 완전히 뒤집어 놓았다. 독일의 협력 정부였던 비시 정부가 지원하는 <프랑스 인간 문제 연구재단>에 적극적으로 참여했고 연구소가 나치 독일 정책에 따른 우생학 프로그램을 개발하는 데 주도적인 역할을 담당했다는 사실을 들어서 그는 유대인 인종 학살과 관련 있는 친독협력자이며 우생학자로서 비난받았다. 따라서 카렐은 프랑스 지성을 빛내 노벨의학상 수상자에서 2차 세계대전 나치 독일의 정치 이데올로기를 수용한 비시 협력자라는 극과 극의 평가를 받고 있다. Roland Pfefferkorn, "Aleixs Carrel: vulgarisateur de l'eugénisme et promoteur de l'aristocratie biologique," *Information psychiatrique*, Vol.73 No.2 (février, 1997), p.125 ; 박지현, 「알렉시 카렐(Alexis Carrel)의 인간학, 그 우생학적 의미」, 『프랑스사연구』, 16호 (2008. 2), 139~144쪽.

189 박지현, 『누구를 위한 협력인가 -비시 프랑스와 민족 혁명』, 104쪽.

파스퇴르 연구소와 같은 연구소 건립을 정부로부터 약속 받고 그는 군대의 기술 고문 역할을 담당하기로 했다. 하지만 카렐은 프랑스 관료 주의 체제의 비효율성에 대한 문제점에 부딪치면서 연구소 성립이 불투명해지자 제3공화국 정부에 대해 적대감을 품게 되었고, 결국 프랑스를 떠나게 되었다.

그랬던 카렐이 오히려 비시 정부의 수립 이후 프랑스로 돌아와서 정부의 각료와 접촉하여 인간학 연구소의 필요성을 주장했다.

> 모든 것을 다시 시작해야하는 것은 분명합니다. 다수의 프랑스 인구가 느끼는 정신적 · 지적 · 생리적 감퇴가 심각합니다. 과거의 문제에서 새로운 해결안을 찾아야 할 필요가 있습니다. 그 해결책은 이데올로기가 아닌 과학적 관찰에서 끌어낼 수 있습니다. 그런데 정부가 이러한 해결안을 찾을 수 있는 시간이 없습니다. 따라서 정부 곁에 자율적이며 영속적인 조직체, 그러면서 정부의 원수에게 재량권을 부여하는 연구 기관을 세워야 합니다. 이것은 특히 개인과 인종의 재생, 보호, 진보에 관계되는 문제들을 위한 일입니다. 심리적 이유에서 '인종'(race)이라는 단어를 쓰지 않고 '문제'(problème)라고만 말하는 것이 필요합니다. 이에 '국립 인간 문제 연구재단'(Fondation nationale pour l'étude des problèmes humains)이라는 조직체를 구상하고 있습니다.[190]

비시 정부는 카렐의 인간학이 민족 혁명의 공감대를 형성할 수 있는 이론적, 정책적 토대를 제공할 수 있다고 판단했고, 이에 연구소의 설립을 결정했다. 카렐 스스로가 민족 혁명의 내용을 숙지하지는 않았지만 그의 인간학은 제3공화국 체제를 비판할 수 있는 이론적 근

---

190 *Ibid.*, 108~109쪽.

거를 제시해 주었다. 그것은 개인주의적이며 평등한 사회, 정치 체제를 주장하는 공화주의를 무너뜨리고 권위적인 위계질서 체제를 구축하려는 비시 정부의 기본 노선과 동일선상에 있었기 때문이다. 특히 카렐의 인간학은 신체적 차별성(신체적 불평등성)과 이를 개선하기 위한 새로운 사회 위계질서 체제(régime hiérarchique et social)의 필요성을 주장했기에[191], '자유 · 평등 · 우애'(Liberté, Egalité, Fraternité)라는 슬로건을 내세웠던 제3공화국을 비판하고 '가정 · 노동 · 조국'(Famille, Travail, Patrie)이라는 민족 혁명의 슬로건을 내세운 비시 정부의 이데올로기를 합리화시켰다. 즉 보호적 권위(autorité tutuélaire)가 불평등한 인간에게 현실적 자유를 줄 수 있으며, 위계질서(hiérarchie)가 불평등성을 최대한 줄여줄 수 있기 때문에 새로운 사회는 개인보다 사회 집단인 가정 · 노동 · 민족 공동체를 보호해야 한다는 것이다.

새로운 체제는 위계질서 사회를 이루게 될 것입니다. 그것은 인간의 자연적 평등이라는 거짓된 사상이 아니라 모든 프랑스인들이 노동의 능력을 입증할 수 있도록 부여된 기회의 평등이라는 유용한 사상이 그 기반이 됩니다. 노동과 재능만이 프랑스 조직의 근간이 될 것입니다...패배한 민족이 어떤 탈출구도 없이 고통 받는 1940년의 자유란 무엇을 의미하겠습니까? 현실적으로 실체를 구하기 위해 자유라는 외관상의 승리를 잃어버리게 될 뿐입니다...프랑스를 위해 이 고통스러운 변화를 자유와 권위가 조화를 이룰 수 있는 국면으로 대체시킬 때가 왔습니다.[192]

<프랑스 인간 문제 연구재단>은 보건 · 가족 정무 담당부(Secrétariat

---

191 *Ibid.*, 103~110쪽.
192 P. Pétain, "Message du 10 octobre 1940," *Discours aux Français*, pp.89-90.

d'État à la Famille et à la Santé)[193]의 예산에 책정되어, 보조금 명목으로 매년 한 연구자당 4억 프랑의 연구비를 지원받았다. 카렐은 이 연구소의 이사로서 전반적인 운영 책임을 맡았다. 이사는 적어도 3개의 분과를 책임지고 있는 6명의 연구원으로 구성된 운영 위원회를 만들어 연구 프로그램을 진행시켰다.[194]

2) 사회 노동 정책: 노동 의학

<프랑스 인간 문제 연구재단>은 연구 영역별로 여섯 개의 그룹으로 나누어 프로그램을 진행했다.

첫 번째 그룹은 과학 분야로 생물학, 생리학. 민족학, 물리학, 화학, 지리학, 인류학, 자연과학을, 두 번째 그룹은 대중 분야로 인구 통계학, 주거 환경, 도시 계획, 이주민 집단을, 세 번째 그룹은 육체와 정신 건강 분야로 영양 섭취, 일반 의학, 병리학, 심리학, 유형학, 정신형상 구조학을, 네 번째 그룹은 가정과 직업 분야로 가족, 자녀, 교육, 직업 교육과 취업 지도를, 다섯 번째 그룹은 노동 의학(médecine du travail)을, 여섯 번째 그룹은 경제적, 사회적, 법적 영역으로 지방 경제, 일반 경제학, 사회학, 철학, 종교, 재정, 보험을 연구했다.

이 그룹들은 1942년부터 1944년까지 연구 진행 과정과 성과를 『프랑스 인간 문제 연구재단 회보』(Bulletin Bibliographique de la Fondation Française pour l'Étude des problèmes humains)[195], 『프랑스 인간 문제 연구재

---

193 비시 정부 시기에는 부처명이 자주 변경되고, 행정의 급도 달리 사용되었다. Secrétariat d'État를 정무 담당부(政務擔當部)로 번역하겠다.
194 AN 2 AG 75: Loi du 14 janvier 1942 Art. 4 et Art. 10.
195 Bulletin bibliographique de la Fondation Française pour l'Étude des problèmes humains (Octobre 1942-février 1944).

단 연구지』(*Cahiers de la Fondation Française pour l'Étude des problèmes humains*)[196] 그리고 <프랑스 인간 문제 연구재단>의 자체 발행 연구소의 책자들을 통해서 상세하게 알렸다.

연구 그룹들은 과학과 정신분야의 학제간의 연계성과 종합성을 토대로, 가족, 사회, 민족과 같은 인간의 공동체적 삶이 궁극적으로 행복해 질 수 있는 정책 대안을 제시하는데 그 목적이 있다고 했다.[197] 그래서 <프랑스 인간 문제 연구재단>의 연구 프로그램 중에서 가장 큰 관심의 대상은 노동 문제와 심리 생리학[198]이었다. 노동은 개인의 생활만이 아니라 사회의 생활을 영위하는 가장 기본적인 물질적, 정신적 수단이므로 노동 조건에 대한 실제적 개입이 가능할 수 있는 프로그램 개발이 중요했다.

원래 프랑스에서 노동 의학은 1차 세계대전 시기 국방부 장관인 알베르 토마(Albert Thomas)와 리옹 의대 교수인 에티엔 마르탱(Etienne Martin)의 제안으로 시작되었으며, 1919년 10월 25일 법에 의해 상해자를 위한 의무 진료 팀을 산업 현장에 파견하기 시작했다. 1930년 리옹, 1933년 파리, 1935년 릴(Lille)에 있는 대학 안에 노동 의학이 신설되었다. 카렐 역시 리옹 대학에 있을 때 산업체 사고로 인해 많은 노동자들이 불구가 되거나 사망하자 이를 해결하기 위해 노동 전문의(médecine du travail) 마련을 주장하다가 리옹 의대와 갈등이 커지기도 했었다.

<프랑스 인간 문제 연구재단>에서 노동 의학의 토대는 카렐뿐만이

---

196 *Cahiers de la Fondation Française pour l'Étude des problèmes humains*, Nos.1-4 (Paris: PUF, 1943-1945).

197 Alexis Carrel, "La Science de l'homme," *France: revue de l'État nouveau*, No.5 (décembre, 1942), p.686.

198 Nicolas Chevassus-au-Louis, *Savants sous l'Occupation: enquête sur la vie scientifique française entre 1940 et 1944* (Paris: Seuil, 2004), pp.156-158.

아니라 주요 연구책임자이며 연구원이었던 세 명의 인물에 의해 구축되었다. 카렐의 인간학 개념을 경제학에서 발전시킨 프랑수아 페루(François Perroux), 이를 노동 현장에 적용시킨 앙드레 그로(André Gros)와 자크 메네트리에(Jacques Ménétrier)가 다섯 번째 그룹의 노동 의학 프로젝트에 참여했다. 페루는 1942년 9월에서 1943년 11월까지 연구소에 영입된 새로운 인물로서 카렐의 측근이다. 그는 나중에 자금 문제로 연구소를 떠나게 되었지만 전쟁 후에도 경제학자로 왕성하게 활동했다. 그는 경제적 삶이란 집단적 계약만으로 이루어진 것이 아니라 경제적 활동을 실행하는 인간에 의해 운영된다고 하면서 합리적인 경제학이란 인간의 비합리성을 받아들여야 한다고 했다. 노동자의 삶은 단순한 경제적 삶을 의미하는 것이 아니라, 인간이 자신의 필요와 최상의 만족을 위해 선택하는 인간의 삶을 포함한다는 것이다.[199] 이러한 페루의 경제 인간학은 노동자의 삶의 질을 높이기 위해 노동 현장에서 노동 전문의가 절대적으로 필요하다는 정당성의 근거를 마련해 주었다.

메네트리에 의사와 그로 박사는 전쟁 전부터 실업과 공공 보건에 대한 관심이 컸던 인물들로 <프랑스 인간 문제 연구재단>의 다섯 번째 그룹의 연구 성과인 '노동 의학'을 사회 문화 정책으로 전환시키는데 노력했다. 무엇보다도 1941년 함께 노동 의학에 대한 심포지엄을 열면서 적극적으로 노동 의학을 입법화시켜 기업 내에 의무적으로 설치하도록 비시 정부를 설득하는 데 성공했다.[200]

---

199 그는 1943년에 <인간학과 경제학>이라는 주제로 열린 학술대회에서 인간의 경제적 선택은 합리적이지 않으며 자신이 처한 사회적, 생리적 환경에 따라 다르다고 발표하면서 인간학이 모든 현대 경제 이론을 바꿀 수 있는 경제 혁명의 기초라고 주장했다. François Perroux, *Conférences: science de l'homme et science économique* (Paris: Librairie de Médicis, 1943) ; 박지현, 『누구를 위한 협력인가 ─비시 프랑스와 민족 혁명』, p.111.
200 André Gros et Jacques Ménétriel, *La Médecine du travail* (Paris: Bernard Frères, 1941).

그것(노동 의학)은 주기적인 검사를 계속할 수 있는 체계적인 건강 검진이며 노동자라는 존재로서 모든 순간에 벌어질 수 있는 개인의 병태와 생리적 상태를 종합 평가할 수 있는 방법을 제시해준다. 그것은 직업적, 심리적 특징에 따라 각 개인을 조정하고 감시하며, 통제하고 개선하며 다시 적응시키는데 도움이 될 것이다...(이러한 산업병리학적 건강 검진을 통해) 전문직의 합리적인 고용, 개인에 따른 습관, 개인 능력의 정확한 평가, 다른 직업으로의 빠른 이직과 재적응을 가능케 하여 최소한의 노력으로 최대한의 보상을 얻을 수 있다.[201]

비시 정부는 1941년 10월 31일 노동 의학 보호법(Protection médicale du Travail), 1942년 8월 28일 노동 의학 사회 기관 조직법(Organisation de services médico-sociaux du Travail)을 연이어서 제정했다. 노동 의학 보호법을 통해 비시 정부는 의사 감시관의 역할을 확대하여 각 의대와 공장 의료진의 감독 기관을 만들어 보건 · 가족 정무 담당부에 귀속시켰다. 그래서 노동자의 외적 보호 차원보다 심리적 보호 차원에서 예방책과 위생관리에 대한 전반적인 규칙을 수정해갔다. 또한 거주, 정원, 스포츠 여가, 예술적 취미를 늘려서 노동자의 정신적 안정을 취할 수 있는 의무를 노동 의학 영역 안으로 흡수시켜 노동 현장의 전문의가 이를 관리하게 했다.

노동 전문의는 크게 3가지 역할[202]을 담당했다.

첫째, 노동자의 건강과 노동 현장의 위생에 관련된 것으로, 직접적으로 노동 작업 중에 혹은 위생 상태로 인한 질병 문제를 담당했다.

---

201 *Ibid.*, p.60, 박지현, 『누구를 위한 협력인가 -비시 프랑스와 민족 혁명』, pp.112-113, 재인용.
202 오늘날 노동 의학은 흔히 산업 의학으로 흡수되었으며 그 성격도 산업 병리학, 재해 의학, 보상 의학으로 나누어져 있다.

둘째, 노동 현장과 노동자의 신체적, 심리적 상태를 검진하는 예방적 차원으로 노동자의 노동 상태와 작업 업무의 적합성을 관리하는 역할이었다.

셋째, 기업의 기술진과의 협력 상담을 통해 새로운 기술이나 노동 현장에서 일어날 수 있는 위험성 및 적합한 노동자를 선별하는 역할을 담당했다.

노동 의학 사회 기관 조직법은 노동 전문의가 담당하는 세 번째 역할을 확대하여 노동 전문의와 함께 노동 상담소를 설치할 것을 의무적으로 규정한 법이었다. 노동 상담소는 모든 노동자가 평소 노동 현장에서 당하는 어려움과 가족의 건강 상태로 인해 심리적 압박을 받는 경우 등 상세한 상담을 노동 전문의를 대신해서 도와주는 역할을 했다. 담당자는 노동자의 걱정거리, 슬픔, 아픔의 비밀을 들어주고 때로는 물질적으로 어려운 가족 건강 문제를 사회 보험 체제를 통해서 해결할 수 있는 법적, 행정적 정보까지 구체적으로 알려주고 안내해 주었다.

이러한 노동 의학 제정에 대해 당시 노동부 장관이었던 라가르델이 다음과 같이 말했다.

노동자는 제1단계인 생산자다...그러나 생산자 뒤에는 인간이 있다. 생산을 위한 완벽한 도구가 되거나 능력의 효율성을 높이는 것으로 충분하지 않다...사회적 삶은 엄격히 말해 경제적 삶이다. 노동하는 인간에게는 위생, 의류, 영양에 대한 보완적인 조치가 필요하다. (더구나) 도덕적 삶은 심리적 삶에 달려 있다. 인간은 사회적, 도덕적 삶의 균형과 조화 안에서 완전한 자신의 존재로서 뚜렷해진다.[203]

203 Hubert Lagardelle, "Présentation du Bulletin," *Bulletin des services médicaux et sociaux du travail*, No.1 (septembre-octobre, 1943), p.1, 박지현,『누구를 위한 협력인가 -비시

그의 말은 노동 의학에 대한 정의를 한 카렐에게서 온 것이다.

노동 의학은 노동자의 유일한 자본이며 직업인의 건강을 보호해 주는 조직으로 정의할 수 있다. 그것은 단지 사회적인 차원이 아니라 기술적 차원이기도 하다. 의학 기관은 인간적 요소가 있어야 한다. 노동 의학은 기술자로서가 아니라 기계 앞에 서 있는 인간에 대한 기술자로서...오로지 존재할 뿐이다...노동 의학의 발전은 노동 조직사에서 새로운 시기의 출현을 준비하고 있다...(노동 의학을 통해) 단지 노동자의 능력에 맞는, 공장에서의 효과적인 작업 위치를 결정하는 것만이 아니라, 노동자의 인간적인 측면과 합리적인 유용성을 동반하는 최상의 조건을 각각의 사례에서 찾아야만 한다.[204]

카렐의 정의대로 오늘날 노동 의학은 프랑스에서 정착되어 산업 현장에서 없어서는 안 될 노동자의 보호법이 되었다. 노동 의학은 사회 정책으로 일상생활 안으로 깊숙이 자리 잡게 되었다.

프랑스 노동자의 환경 조건을 개선하는데 많은 기여를 했던 노동 의학은 노동자의 건강에 대한 임상적 연구를 통해 직업병, 산업 재해, 노동 재해를 예방, 치료하여 산업 현장에서 효율적인 노동 효과를 도모했고, 오늘날 산업 의학으로 그 범위가 확장되었다.

그러나 노동 의학을 실시하는 이면의 의도 역시 간과할 수 없다. 정부는 노동자의 건강 상태를 정기적으로 검진하고, 결함이 있는 신체적·심리적 조건을 찾아내 그들에 대한 특별한 관리 및 통제를 할

프랑스와 민족 혁명』, 113-114쪽, 재인용.
204 *Cahiers de la Fondation Française pour l'Étude des problèmes humains*, No.2 (1943), pp.73-74, 박지현, 『누구를 위한 협력인가 –비시 프랑스와 민족 혁명』, 112쪽, 재인용.

수 있다. 또한 개인 차원이 아니라 개인이 속해 있는 가족 공동체의
상황까지도 일일이 감시할 수 있는 조직으로 발전되어, 유전적으로
건강 상태가 약한 노동자와 그의 가족 공동체를 노동 현장에서 자연스
럽게 도태시켜 '자발적 프랑스 인구의 개량'으로까지 이어질 수 있
다.[205] 이러한 사회 노동 정책의 문제점은 공공 병원(hôpital public) 정책
에서도 찾아볼 수 있다.

3. 사회 보건 정책

1) 공공 병원의 성립 과정

원래 공공 병원의 실질적 정착은 제3공화국 시대에 이루어졌다.
1886년에 이르러서 제3공화국의 내무부 아래 사회 복지국(Direction de
l'Assistance publique)[206]이 창설되면서 공공 병원의 역사에서 가장 큰 획
을 긋는 정책이 실시되었다.

첫째, 공공 병원을 통해 사회의 최하 계층이 시민의 권리를 갖는
계층 안으로 포함되기 시작했다. 사회의 최하 계층, 소외 계층(빈자와
병자)은 왕정 체제에서 종교적 자비의 대상이었기 때문에 엄밀히 말해
신민(臣民)에 속하지 않는 자였다.[207] 그러다 프랑스 혁명 이후 여러

---

205 Alexis Carrel, *L'Homme, cet inconnu* (Paris: Plon, 1935), pp.413-414, 이희구 옮김, 『인간,
이 미지의 존재』 (한마음사, 2000), 299~300쪽.
206 일반적으로 assistance publique라는 프랑스어 단어는 빈민 구제로 번역되지만 이 사업은
제3공화국에 이르러서 국가의 사회 보호 정책으로 전환되었기 때문에 사회 복지국으로
의역했다.
207 Jean Imbert, *Le Droit hospitalier de l'Ancien Régime* (Paris: Presses Universitaires de
France, 1993), p.298.

정치 체제의 변화를 겪으면서, 제3공화국에 이르러서야 사회의 최하
계층에게도 시민의 권리, 공중의 권리가 부여되었다. 왜냐하면 공공
병원이 시민 개인의 건강뿐만 아니라 전체 프랑스인의 건강을 지킬
수 있는 곳으로 인식되었기 때문이다.[208]

둘째, 노동자의 질병 예방과 질병 치료를 위한 사회 복지 정책 차원에
서 공공 병원이 발전했다. 공화국은 시민의 권리를 보호해 주어야 하는
의무를 떠맡으면서, 특히 노동자의 권리를 법으로 제정하는 경우가 많
아졌다.[209] 제3공화국 정부는 1889년 아동 학대 보호법, 1893년 의료
무상 원조 관련법, 1898년 산재 사고 배상법, 1905년 노인 장애 복지법,
1913년 출산 휴가법과 다자녀 가구 지원법과 같은 사회 복지법을 제정
했다. 이를 통해 공공 병원의 기능이 확대되는 결과를 가져왔다.[210]

19세기 말 파리의 라리브아지에르 병원(Hôpital Lariboisière)[211]을 살펴
보면 그 변화 과정을 쉽게 이해할 수 있다. 이 병원은 1854년에 세워진
근대 종합 병원으로, 파리 코뮌 사건 때 파괴되었다가 재건되었다. 이
곳에서는 진료 과정 중 반드시 의료 기록 대장을 작성했다. 환자의
이름, 나이, 직업, 주소, 출생지, 가족 상황, 진단 질병의 성격, 입·퇴원
날짜, 진료 과정 등이 상세히 기록되어 있어 오늘날에도 임상 실험
관련 고문서로서 중요한 가치를 지니고 있다. 환자들은 거의 무료로

---

208 Nicolas Dodier et Agnès Camus, "L'Admission des malades: histoire et pragmatique de
l'accueil à l'hôpital," *Annales: histoire, sciences sociales*, 52e année, No.4 (1997), pp.734-
737.

209 *Ibid.*, p.737.

210 Centre de Ressources en Sciences Médico-sociales d'Ile-de-France, *L'Hôpital et son histoire
au musée de l'assistance publique-hôpitaux de Paris*, p.10. http://www.ac-creteil.fr/sms/idf
(검색 일자: 2012.01.05).

211 *Administration générale de l'Assistance publique: notice sur l'hôpital Lariboisière ouvert
à Paris en 1854* (Paris: Dupont, 1863).

진료를 받고 응급 시에, 이 병원을 이용하는 경우가 많았다.[212] 환자는 대개 성인 노동자들이 많았는데 20~39세 노동자 환자는 전체 환자 중 40.03%를, 40~59세는 23.06%를 차지했다.[213] 이 비율은 일반 환자보다 노동자 환자를 중심으로 치료하는 19세기 공공 병원의 성향을 드러내 주며, 동시에 국가의 사회 복지 정책이 공공 병원의 기능 변화를 가져왔다는 사실을 보여준다. 19세기 산업화와 더불어 공공 병원은 국가 주요 노동 인력의 건강을 보호하고 질병을 치료해서 노동력을 재생산할 수 있는 예방과 치료의 공간으로 정착되었다.[214]

프랑스 정부는 1928년 4월 5일 법령을 통해 피고용자가 사회 보험(assurances sociales)을 의무적으로 들도록 했고, 공공 병원의 기본 재원을 지방 행정의 재정 대신 국가의 사회 보험 예산으로 책정했다.[215]

이를 비시 정부가 계승해서 1941년 12월 21일, 1943년 4월 17일 법령을 통해 임금 노동자뿐만 아니라 농민에게까지 사회 보험 제도의 혜택을 확대시켰다. 이에 따라 1941년 12월 21일 법령으로 재산 소유와 관계없이 모든 시민에게 공공 병원의 입원이 권장되면서 공공 병원은 사회 보장 체제에서 공공 의료 시설로서 자리 잡았다.[216] 이 법은 "병원은 모든 이에게 열려진 진료의 공간이며 그렇기 때문에 공공의 기능과 공권력의 개입이 가능하다"고 규정했다. 모든 계층을 불

---

212 Claire Barillé, "Lariboisière: un hôpital pour les travailleurs parisiens, étude sur les publics et les fonctions d'un hôpital moderne en 1887," *Mouvement social*, No.221 (Octobre-Décembre, 2007), p.74.

213 *Ibid.*, p.76.

214 Eric Molinié, *L'Hôpital public en France: bilan et perspectives* (Paris: Journaux officiels, 21 juin, 2005), p.7-9.

215 *Ibid.*, p.9. 보험 대상의 확대로 입원비의 증감이 계속되자, 1939년 프랑스 정부는 지방 행정의 재정을 공공 병원의 재원에 다시 포함시킨 적도 있다.

216 E. Molinié, *L'Hôpital public en France*, pp.10-11.

문하고 가난한 자에게도 입원할 공공 권리를 부여한다는 의미였지만 점령이라는 상황 아래서 실제로 모든 시민에게 적용될 수 있는 법안은 아니었다.

2) 의료 보험 제도

공공 병원을 모든 프랑스인의 공공 권리로 개방시키는 일은 사회 보험 제도의 변화와 맞물려 있다. 임금 노동자에게만 적용되었던 의료 보험의 대상이 확대되었기 때문이다. 경제적, 정치적 위기는 임금 노동자뿐만 아니라, 농민, 무자산가, 가내수공업자, 소매상인 등을 생활고로 시달리게 만들었다. 질병으로 다수 인구의 생산력이 낮아지는 추세가 이어지면서 사회 보험 제도의 방향성이 달라지기 시작한 것이다. 결국 그 대상이 임금 노동자에서 전체 시민으로 확대되었다. 이미 제3공화국부터 사회 보험 제도가 국가 공공사업으로 시작되었지만, 시민 전체를 대상으로 한 실시는 비시 정부의 정책에서 이루어졌다. 독일 점령과 협력 정부의 성립이라는 역설적인 상황 아래서, 오늘날 프랑스 사회 보험 제도의 성격을 결정짓는 법적 장치가 마련된 것이다.[217]

프랑스 제3공화국은 1928년과 1930년 법령들을 통해 사회 보험 제도의 토대를 마련했다. 이 법령은 임금 노동자의 의무 가입 및 보험 조직의 자유 선택을 보장했으며, 이를 계기로 공단 기금 운영과 노조 조직 운동을 연동시켜 의료 보험료까지 포함시키는 사회 보험 제도의 토대가 마련되기 시작했다.[218] 1935년 10월 28일 법령으로 국가는 임금 노동자의 보험 납입금을 책임지기 시작했으며, 점차로 시도별 차원의

---

217 *Informations sociales* (août, 1943).
218 *Voix du peuple* (mai, 1932), p.378.

기금 통합 체제를 통해 사회 보험 제도의 재정을 일원화시켜 나아갔다. 그러다 인민전선 정부의 성립 이후 경제적 위기가 계속 되면서, 당시 수상인 레옹 블룅(Léon Blum)에 의해 사회 보장 제도에 대한 입법안 상정이 잠정적으로 중지되었다. 그는 재정 확보에 대한 어려움 때문에 그와 같은 결정을 내렸다.[219]

하지만 비시 정부의 성립 이후, 사회 보험 제도의 대상이 임금 노동자가 아니라 시민 전체로 확대될 수밖에 없었던 이유가 있다. 전쟁 패배로 인한 전쟁 포로의 문제가 그것이다. 대부분의 가장들은 전쟁 군인이었고, 패배로 인해 포로수용소에 감금되어 있었기 때문에 남겨진 가족의 생계 문제가 가장 시급했다. 때문에 1941년 12월 18일 공문을 통해 사회 보험 기금이 가족 수당 기금으로 전환되었다. 비시 정부는 가족 정책과 연계를 가진 사회 보험 제도를 실시해야만 했고, 사회 보험 기금과 기존 지역 사회 기금을 통합할 수 있는 방안을 강구했다. 비시 정부의 가족 정책이 사회 보험 혜택의 대상까지도 확대시키는 계기가 되었다. 1941년 11월 27일 법령을 통해 혜택 대상이 포로수용소에 가장을 둔 가족뿐만이 아니라 농민 가족으로 보다 확대되었다.

이러한 사회 보험 제도의 변화는 국가의 보건 정책에도 영향을 미쳤다. 이미 20세기 초부터 국가 보건 정책은 가족 건강을 지키는 데 주요한 목적을 두었다. 건강한 자녀의 출산과 양육은 국가 노동력의 토대였기 때문에, 아동과 청년의 건강이 국가 차원의 보건 정책을 통해 관리되는 추세였다.

---

219 Claude Kahn et Jean Landais, *Les Nantais et le Front populaire* (Nante: Université permanente de Nantes, 1997), p.120.

가족법과 연관된 사회 보험 제도의 변화는 가족의 노동력과 건강을 모두 지킬 수 있는 의료 보험 제도의 수정을 가져올 수밖에 없었고, 비시 정부는 이를 단계적으로 실시했다.[220]

세 가지 단계를 통해 비시 정부의 의료 보험 제도가 만들어졌다. 첫째, 1941년 11월 18일 법령을 통해 국립 사회 보건 활동 연구소를 설립하여 전문적인 사회 의료 활동이 이루어졌다. 1942년 1월 6일 법령은 모든 산업, 농업 노동자가 사회 보험 혜택의 대상이 되었고, 그에 따라 의료 보험의 혜택을 받기 시작했다. 물론 점령 상황이라 예산 문제를 내세운 일부 각료의 반대가 있었지만, 제3공화국의 1938년 6월 14일 법령이 부분적으로 상업 종사 판매원에게도 의료 혜택을 확대시켰기 때문에[221] 법안 처리 과정에서 큰 문제가 되지 않았다. 그뿐만 아니라 비시 정부가 민족 혁명을 이루기 위해 가정 공동체를 보호해야 한다는 슬로건을 내세웠기 때문에 의료 보험 대상을 프랑스 전체 가정에 확대시키려는 법안에 반대할 실질적 명분이 없었던 것이다. 1941년 <노동 헌장>까지 제정한 마당에 의료 보험 제도의 확대는 비시 정부의 기본 정책 노선과 맞물려 굳이 이를 반대할 이유가 없었다.

둘째, 산업 현장에 의무적인 보건 전문의를 배치하여 실제적으로 의료 혜택이 국가 차원으로 확대될 수 있는 토대를 마련했다. 1942년 8월 28일 노동 의학 사회 기관 조직법을 제정해서 250명 이상의 직원을 가진 모든 기업체에 의무적으로 노동 전문의를 두어 노동자의 건강을 국가 차원에서 관리하기 시작했다. 앞에서 언급한 노동 의학의 성립을

---

220 앞에서 설명했던 기업의 노동 전문의가 비시 정부에 의해 설치될 수 있었던 것도 이와 같은 사회 보장 제도의 흐름에서 이루어진 것이다.

221 Philippe-Jean Hesse, "Les Assurances sociales," Philippe-Jean Hesse et Jean-Pierre Le Crom (éds.), *La Protection sociale sous le régime de Vichy* (Renne: Presses Universitaires de Renne, 2001), p.53.

말한다. 이를 통해 비시 정부는 노동자의 가족 건강까지도 통제하고 관리했다. 노동 의학이 전면적으로 실시되었기에 의료 보험 제도의 대상이 전체 시민으로 확대되는 법적 토대가 마련되었다. 비시 정부는 1941년 12월 18일 학교에도 공문을 보내 아동 전문의를 두고 건강 상태를 검진하도록 하였다. 따라서 산업 현장과 학교 현장에서 국가에 의한 가족 보건 정책이 일원화되면서 의료 혜택 대상이 점차 확대될 수밖에 없었다.

셋째, 가족법의 변화를 통해 병원의 공공 기능이 법적으로 명시되었다. 1941년 9월 2일 가족법의 실행으로 모든 임산부의 공공 병원 입원이 의무화되었다. 이전까지 개인 병원을 선호했던 부르주아식 일반 관행을 없애고 가족법의 일환으로 공공 병원의 이용 대상을 확대시킨 것이다. 1941년 12월 21일 법령을 공표하여 병원의 문이 모든 프랑스 시민에게 열리게 되었고, 1943년 4월 17일 법령에서 프랑스 병원이란 사회 공중위생의 의무를 수행하는 공공 병원을 의미하며, 이 조직은 국가 기관의 관할 아래 있다고 규정했다. 이러한 변화는 곧 병원 및 의사 조직을 국가 기관 체제 안으로 흡수하고, 기존의 복잡한 의료 보험 수당 체계를 국가 의료 보험 체제로 단순화시키는 데 기여했다.[222]

무엇보다 1941과 1943년 법령들의 특징은 병원의 국유화를 통해 사회 보험 체제를 확립시켰다는 점에 있다. 먼저 병원을 운영하는 행정

---

[222] 의료 보험 수당 체제는 기본적으로 도별 차원이나 사적 차원의 가입 여부에 따라서 지급되었다. 사적 차원의 보험 가입 조직은 공제 조합을 비롯해서 노동 노조, 혹은 종파 조직과 연결되었기에 수당 조직체가 복잡하게 얽혀져 있었다. 병원이 공공의 기능을 담당하면서 조합, 노조, 사기업과 연결된 기존의 의료 보험 수당 조직체가 국가 기관으로 통합되는 계기가 되었다. P.-J. Hesse, "Les Assurances sociales," p.50.

위원회의 인원 구성이 변화되었다. 7명의 위원 구성은 종전대로 유지되었지만, 의장은 시장이고, 나머지 6명은 도지사에 의해 임명되었다. 6명은 시의회의 추천인 2명, 도의회의 추천 의사 1명, 사회 보험 대표 1명, 도의 행정관 2명으로 구성된다. 이러한 인적 구성으로 기존에 영향력을 행사했던 시의원이나 의사보다 시장의 우위권이 커지게 되었고, 보험 대표자의 영향력이 공적으로 허용되었다. 이는 병원 조직이 국가의 통제 아래 운영된다는 뜻이며, 의사의 정치적, 사회적 영향력까지도 공권력 아래에서 관리하겠다는 비시 정부의 의도였다.[223] 실제로 대학 병원을 국가 관할 기관(공공 병원)으로 만들어 이곳에 의사를 상주시키고, 국가는 이들에 대한 수당을 지급하는 체제를 만들었던 것이다. 1941년 공공 병원의 전환이 오늘날 프랑스 의료 사회 체제를 확립시키는 계기가 된 것은 부인할 수 없는 사실이다.

그러나 여기에 유대인 출신의 프랑스 시민은 해당되지 않았다. 이 시기는 인종 개량화를 내세워 차별과 학살이 자행되었던 때이다. 1941년 11월 17일 비시 정부에 의해 세워진 <프랑스 인간 문제 연구재단>에서는 카렐과 같은 프랑스 의사 집단이 공공 병원의 기능을 통해 우성 집단과 열성 집단을 분류하고자 했다. 법 그대로 병원은 누구에게나 열려진 치료의 공간이 아니었다. 반유대주의가 극심했던 비시 정부 시기에서 공공 병원은 폐쇄적인 공간일 수밖에 없었다. 비시 정부의 공공 병원 정책에는 우생 사상에서 비롯된 인종 차별 정책이 암묵적으로 내재해 있었기 때문이다. 프랑스 국적과 시민권을 가진 유대인을 프랑스 민족의 유전적 질을 떨어뜨리는 인종으로 분류시켰던 비시 정

---

223 Philippe Vichard, "La Loi hospitalière du 21 décembre 1941 origines, conséquences," *Histoire des sciences médicales*, Tome.41 No.1 (2007), p.62.

부가 모든 시민이 평등하게 이용할 수 있는 공공병원에 관한 법령을 제정했다는 사실 자체가 역설적이다.[224]

3) 오늘날 공공 병원의 영리화 문제

2차 세계대전 직후, 1945년 10월 4일 법령은 사회 보장 체제의 유효성을 재확인시켰고, 사회 보장 제도(Sécurité sociale)[225]를 통해 건강 보험 비용을 충당하고 사회 보험의 혜택 대상을 확대시켜 환급금을 수령하게 했다. 프랑스 정부는 1945년 사회 보장 제도를 전 국민에게 확대했고, 완전 고용을 보장하는 새로운 경제 조직의 틀 안에서 단일 행정 기구에 의한 사회적 보호를 합리화했다. 또한 국가 조직만이 아니라 공권력의 특권을 부여받은 민간 기구(경영주와 노동 조합 조직의 참여 기구)도 사회 보장 제도를 도입, 운영하도록 했다.[226]

또한 사회 보장 제도와 함께 의료 보험 제도로 전체 국민의 80~85%가 혜택을 받는데, 국가는 개인 의료비 지출의 약 75%를 지원해 주고, 의료 보험의 재정은 일반적으로 고용주와 고용인이 분담해서 부담하게 했다. 25% 의료비는 개인 부담이고 공제 조합이나 민영 보험 회사의 의료 보충 보험(Mutuelle de santé)을 통해 추가적으로 보장받을 수 있다.[227] 이것은 국민 전체가 의무적으로 국가 의료 보험 제도에 가입

---

224 박지현, 「프랑스 공화국의 공공 병원에 대한 역사적 고찰」, 『서양사론』, 112호 (2012. 3), 182~183쪽.
225 프랑스 사회 보장 제도(Sécurité sociale)에 관련해서 다음 저서를 참조하길 바란다. Henry C. Galant, *Histoire politique de la sécurité sociale français 1945-1952* (Paris: Armand Colin, 1955) ; Jean-Jacques Dupeyroux, *Sécurité sociale* (Paris: Dalloz, 1965) ; Jean-Jacques Dupeyroux, *Droit de la sécurité sociale* (17e édition), édité par Michel Borgetto et Robert Lafore (Paris: Dalloz, 2011).
226 François-Xavier Merrien, *L'État-providence* (Paris: Presses universitaires de France, 1997), 심창학 · 강봉화 옮김, 『복지국가』 (한길사, 2000), 46~48쪽.

하지만 공제 조합이나 민영 보험 회사의 가입은 자유로이 선택하도록 규정한 것이다. 사회 보장 제도 아래서 국가는 시민에게 소득에 따라서 의료 보험료를 납입하도록 하여 재정을 보충하고, 시민의 소득에 따라 치료 및 입원비를 100% 면제에서부터 75%까지 보조해 준 것이다.

의료 보험 제도는 제5공화국의 사회 보장 제도의 변화와 더불어 1958년 10월 31일 법령을 시작으로 현재까지 계속 수정, 보완되어 왔다.[228] 여기서 현대 프랑스의 공공 병원 체제를 이해하기 위해서는 세 가지 법령에 주목할 필요가 있다.

첫째, 현대 프랑스 공공 병원 체제를 만드는 데 초석이 된 1958년 12월 30일 법령이다. 이것은 일명 드브레 개혁(réforme Debré)이라고 불리는 법인데, 의대나 약대가 있는 모든 대학은 교육과 의료 서비스를 동시에 이행할 수 있는 대학 병원 체제로 전환되었다. 이미 모든 의과 대학은 국가 기관이기 때문에 모든 대학 병원도 당연히 공공 종합 병원이 되는 것이다. 오늘날 프랑스 공공 병원을 대체로 대학 종합 병원으로 인식하는 이유가 바로 이 법령에 있다.[229]

둘째, 대학 병원 이외의 공공 병원의 형태를 구축한 1986년 1월 6일 법령이다. 이 법은 응급 의료 지원 서비스(Services d'aide médicale urgente: SAMU)라 부르는 것으로, 시·도별 대학 병원 부속 혹은 별도 공공 기관에 속하는 응급 병원을 창설케 했다. 응급 병원은 응급 전화 센터를 이용해 24시간 긴급 출동과 응급 처치가 가능한 곳으로, 환자 누구나, 언제, 어디서나 치료의 권리를 보장받을 수 있는 국가 의료 기관이

---

227 한희진, 「프랑스 의료제도는 진화하고 있는가」, 파트릭 펠루, 『환자를 위한 나라는 없다』 (프로네시스, 2008), 365~366쪽.
228 Centre de Ressources, *L'Hôpital et son histoire au musée de l'assistance publique-hôpitaux de Paris*, pp.17-18 ; E. Molinié, *L'Hôpital public en France*, pp.11-25.
229 E. Molinié, *L'Hôpital public en France*, pp.11-12.

다.[230] 1994년 12월 12일 법령을 통해 경찰 구조 센터와 소방서 센터와 연동이 되도록 응급 의료 지원 서비스가 구축되었고, 1997년 5월 30일 법령을 통해 응급 의료 지원 서비스에 소속된 응급 처치 이동 센터 (Service mobile d'urgence et de réanimation: SMUR)가 추가로 설립되었다.[231] 이로서 대학 병원과 함께 응급 병원 체제가 현대 프랑스 공공 병원의 주요 기능을 담당하게 되었다.

셋째, 1970년 12월 31일 법령으로 환자의 자유 선택에 따라서 개인 병원의 이용도 가능해졌다. 프랑스 정부는 공공 종합 병원 서비스 이외에도 사설 종합 병원의 설립을 허가했고, 환자의 자유 선택에 따라서 공립과 사설, 두 종류의 병원을 이용할 수 있도록 했다.[232] 사설 종합 병원은 부족한 수입을 충당하기 위해 상당한 액수의 추가 수가를 요구할 수 있는 반면, 공공 종합 병원은 추가 수가가 불가능했기 때문에 대부분의 환자가 저렴한 비용에 양질의 의료 시설을 받을 수 있는 공공 종합 병원을 선호했다.[233] 프랑스 의료 체제가 공공과 사설 종합 병원이라는 이중 구조에 토대를 둔 근거가 바로 이 법령에 있다.

그러나 인구의 변화, 고령화와 출산율 저하로 인해 의료 보험비의 지출은 많아지고, 이를 충당할 인력의 재원은 작아지는 현상이 지속적으로 나타나면서 의료 보험의 재정 적자 문제가 심각해지기 시작했다. 2007년부터 프랑스 정부는 종합 병원의 예산 확보 방식을 각 병원에 맡긴다는 기본 밑그림을 그리기 시작했다. 모든 종합 병원이 국가 운영 보조금 대신 고부가가치의 의료 서비스를 통해 얻은 수익으로 예산을

---

230 *Ibid.*, pp.17-18.
231 *Ibid.*, p.18.
232 *Ibid.*, pp.13-14.
233 한희진, 「프랑스 의료제도는 진화하고 있는가」, p.369.

자체적으로 확보하고 재정 적자도 해결해야 한다는 방침이 세워졌다.[234] 이 때문에 미래의 공공 병원은 영리 목적의 사설 병원처럼 진료수가가 높은 의료 서비스에 중점을 둘 수밖에 없으며, 의료 현장에서 환자를 선별, 선택해서 진료하는 상황이 이루어진 것이다. 따라서 상대적으로 환자 수가 적은 공공 병원은 축소되거나, 진료 수가가 낮은 진료 과목은 아무런 지원도 받을 수 없는 실정이 되었다. 공공 병원의 영리화 현상은 20세기 후반부터 시장주의 의료 서비스 체제가 본격적으로 구축되어가는 경향과 맞물려 공공 병원의 목적과 기능이 약화되어 왔다.

오늘날 자본주의 시장의 확대는 공공 병원의 개념을 변화시키고 있다. 21세기 들어 공공 병원에 대한 국가적 지원은 점차로 줄어들고, 사설 병원의 활성화가 이루어지고 있다. 사설 병원의 기능이 커질 경우 공공성 대신 소수의 엘리트를 보호하기 위한 우생 사상이 강조될 수 있다. 자본주의 논리에 영합하는 사설 병원은 결과적으로 다수가 아닌 소수, 경제력을 가진 엘리트의 종(種)을 보호해 주는 방향으로 선회하게 될 것이다. 현재 프랑스 인구에서 이민자의 수가 높은 증가 추세를 보이는 반면, 사설 병원의 기능은 강화되고, 공공 병원에 대한 국가 지원은 줄어들고 있다.

특히 프랑스 사회에서 반복되는 이민자 소요 사태는 기존 공공 병원의 정책이 그대로 유지될 수 없을 만큼 위급한 상황임을 입증해 준다. 사회적 혜택으로부터 소외된 그들에게 공공 병원의 예산 삭감은 심각한 위협으로 다가올 수 있으며, 그들에 대한 공공연한 차별은 공공 병원보다 사설 병원에서 이루어지기 쉽다. 국가적 차원에서 사설 병원

---

234 *Ibid.*, p.376.

의 기능을 강화시키는 것은 이민자들의 가정, 노동, 건강 모두를 약화 시킬 수 있다. 또한 겉으로는 시장주의 의료 개혁의 문제를 내세우지만 현실에서는 이민자 문제를 방패삼아 인종 차별주의를 합법화시키려는 새로운 의료 우생학(eugénisme médical)의 탄생도 우려된다. 일반 시민들 은 이 점을 인식하지 못한 채, 이민자에 대한 차별을 유도하는 사회 정책을 지지할 수도 있다.[235]

이러한 우려가 현실로 드러나지 않기를 바라지만, 현재 프랑스 사회 의 움직임을 볼 때 프랑스 공공 병원의 기능 약화는 단순히 시장주의 의료 개혁의 문제로만 국한시킬 수 없는 일이다.

---

[235] 박지현, 「프랑스 공화국의 공공 병원에 대한 역사적 고찰」, 184~185쪽.

제4장
비시 정부의 교육 정책

제4장
비시 정부의 교육 정책

비시 정부가 해야 할 필요불가결한 과업 가운데, 민족 교육의 개혁보다 더 중요한 것은 없습니다...학교의 훈련은 가정의 훈련을 돕는 것입니다. 따라서 (그것만이) 인간을 육성하고 강한 민족을 만듭니다...내일의 프랑스 학교는 인간의 개성, 가정, 사회, 조국을 존중하도록 가르칠 것입니다... 프랑스 학교는 무엇보다 민족적 (성격)입니다. 왜냐하면 프랑스인에게 프랑스라는 공동의 이익보다 더 높은 가치는 없기 때문입니다.

- 필립 페탱의 기고문(1940년 8월 15일) 중에서[236] -

---

236 P. Pétain, "L'éducation nationale," *Discours aux Français*, pp.350-351.

1. 반공화주의와 공교육

비시 정부가 반공화주의(antirépublicanisme)의 입장을 공식적으로 표명한 것은 1940년 헌법에서 찾아볼 수 있다. 1940년 7월 11일자 『관보』(*Journal officiel*)[237]는 프랑스 공화국 대신에 '프랑스국'(État français)이라는 국가명의 사용을 공식 선포하였다. 1789년 프랑스 혁명 정신(자유·평등·우애)의 토대로 세워진 프랑스 공화국을 버리고, 비시 정부는 민족 혁명(노동·가정·조국)이라는 정치 이념을 내세워 새로운 국가 체제를 만들고자 하였다.

'프랑스국(國)'의 헌법은 의회의 권한을 페탱 원수에게 집중시켜, 제3공화국의 1884년 헌법 내용을 폐지시켰다. 그 내용은 "정부의 공화정 형태는 개정안의 대상이 될 수 없다"는 것인데, '프랑스국'의 헌법 성립 자체가 프랑스 공화국의 폐지를 의미한다.

> 프랑스 공화국의 대통령은 의회가 승인한 다음의 헌법을 선포한다.[238]
> 단일조항: 의회는 모든 권력을 프랑스 공화국의 정부에게 준다. 이는 페탱 원수의 권위와 승인 하에 이루어졌으며, 하나 혹은 다수의 조항을 통해 프랑스국의 새로운 헌법을 선포할 목적으로 이루어진 것이다. (새) 헌법은 노동, 가정, 조국의 권리를 보장해 주어야 할 것이다.

---

237 *Journal Officiel* (11 juillet, 1940), p.4513.
238 페탱은 보르도(Bordeaux)에서 제3공화국의 폴 레노(Paul Reynaud) 수상을 계승하여 1940년 7월 1일 자유 지역의 비시에서 비시 정부를 구성하였다. 1940년 7월 10일 제3공화국의 상원과 하원 의원을 소집하여 전권을 페탱에게 부여하는 헌법 개정을 위한 법적 절차를 밟았다. 569명 중 찬성 472명, 반대 80명, 기권 17명으로 의회는 제3공화국을 폐지하고 새로운 헌법을 제정하여 그 다음날 7월 11일 '프랑스국'을 선포하였다. 박지현, 「비시 프랑스, 프랑스 공화정의 두 얼굴?」, 211쪽.

1940년 7월 10일 헌법 제정을 통해 우리는 프랑스의 원수 필립 페탱이 프랑스국 원수(Chef de l'État français)로서의 임무를 맡았음을 선언하며, 그로 인해 1875년 2월 25일 제정한 헌법 제2조항을 폐기함을 선언한다.[239]

여기서 1875년 2월 25일 법이란 일명 '발롱 개정안'(Amendement Wallon)을 말한다. 이것은 "공화국의 대통령은 의회의 상·하원 의원 절대다수의 투표로 선출되며, 임기는 7년이며, 재선할 수 있다"고 명기한 내용이다. 이를 삭제시킴으로써, 프랑스 공화국의 대통령이 '프랑스국의 원수'로 대체된 것이다.

제2조항: 상원과 하원 의원들은 새로운 체제가 이루어질 때까지 휴회한다. 앞으로 프랑스국 원수의 소환 이외에는 모일 수 없다.
제3조항: 1875년 7월 16일 헌법의 제1조항을 폐지한다.[240]

1875년 7월 16일 헌법의 제1조항은 "상원과 하원의원들은 매년 1월 두 번째 화요일에 모인다. 단 공화국의 대통령이 이보다 앞선 소환할 경우는 제외한다. 상·하원은 매년 적어도 5개월 동안의 회기를 가져야만 한다"는 내용이다. 이를 폐기한다는 것은 프랑스 공화국의 주요한 성격인 의회의 역할을 축소, 폐지시켜 프랑스국의 원수 아래로 두는 권위적인 위계질서 체제를 구축한다는 데 그 목적이 있다. 따라서 프랑스국의 헌법은 제3공화국의 헌법의 주요 내용을 폐지하는 반공화주의에 토대를 두고 있음이 분명하다.

---

239 *Journal Officiel* (12 juillet, 1940), p.4517.
240 *Journal Officiel* (12 juillet, 1940), p.4518.

헌법의 반공화주의는 프랑스국의 원수, 페탱의 연설문에서도 그대로 드러난다. 1940년 6월 17에서 1941년 6월 17일까지 발표된 연설문은 프랑스 공화국의 이념인 1789년 인권선언문을 비판하면서 새로운 이념을 위한 혁명의 필요성을 주장했다.

새로운 체제는 사회 계급 제도가 될 것입니다. 이 체제는 더 이상 인간의 자연권, 평등이라는 거짓된 이념에 토대를 두지 않을 것입니다. 하지만 모든 프랑스인들이 (조국에) 헌신할 수 있는 능력을 입증할 기회의 평등이라는 필연적인 이념에 기반을 둘 것입니다. 오직 노동과 재능은 프랑스 계급 제도의 원리가 될 것입니다...개별의 이해관계에 따른 제휴에 맞서기 위해, 국가와 개인의 자유를 보호하기 위해 권위는 필요합니다...혁명은 법과 법령으로 갑자기 이루어지지 않습니다. 민족이 이를 이해하고 바랄 때 그리고 필연적인 혁신의 길에서 민중이 정부를 동반할 때만 혁명은 성취됩니다.[241]

페탱은 프랑스 공화국 이념의 토대인 1789년 인권선언문을 정면으로 부정하면서, 이를 토대로 형성된 제3공화국의 정치, 사회, 경제 체제를 비판했다. 페탱이 원하는 새로운 혁명은 공동체 권리에 입각해서 반의회, 반자본, 반노조, 반개인주의를 추구하는 권위적인 체제인 것이다. 1941년 <공동체 권리 선언문>(Principes de la Communauté)을 발표하면서, 그는 민족 혁명이라는 프랑스국의 새로운 이념을 정의했다.

인간의 기본 권리란 태어남과 동시에 얻게 되는 자연의 이치입니다... 이 권리는 인간을 둘러싼 공동체, 즉 인간을 키우는 가정, 인간을 부양하

---

241 P. Pétain, "Principes de la Communauté," *Discours aux Français*, p.363.

는 직업, 인간을 보호하는 민족에 의해 보장받을 수 있습니다.[242]

본질적인 의미 가운데 하나인 첫 번째 (공동체) 원리는 민족 혁명에 있습니다...민족 혁명은 다시 태어난다는 의지이며, 그것은 걱정과 후회의 날들로부터 우리 본성을 바로 찾을 수 있는 의지인 것입니다.[243]

이처럼 프랑스국의 공식적인 입장을 보여줄 수 있는 헌법과 페탱의 연설문이 1789년 프랑스 혁명의 이념 및 제3공화국을 비판하는 성향을 띠기 때문에, 비시 정부의 성격은 반혁명(contre-révolution), 반동(réaction), 왕정주의(royalisme), 독재권력(dictature)으로 평가 받는다.

그런데 이와 같은 비시 정부의 반공화주의 양상이 뚜렷하게 나타나는 영역은 공교육(éducation publique)이다. 1940년 7월 10일 헌법 제정의 궁극적인 동기가 프랑스 공화국의 공교육에 대한 반감에서 출발했으며, 교육부 개혁은 차치하더라도 청소년부 신설에 관심을 두었던 이유도 반공화주의에서 비롯되었다. 1940년 8월과 12월 공교육과 관련된 페탱의 다음 담화문 내용을 살펴보면 알 수 있다.

나의 친구, 청년들이여! 특권처럼 자부했던 개인주의는 우리를 위험에 빠트리는 불행의 기원입니다. 우리는 재건하고자 하며 모든 것을 재건하는 데 필요한 서막은 파괴자 개인주의를 제거하는 일입니다. (개인주의는) 관계를 깨뜨리거나 느슨하게 만드는 가정의 파괴자, 나태할 권리를 주장하게 하는 노동의 파괴자, 단결이 필요할 때 결집력을 동요시키는 조국의 파괴자...집단에 통합되는 것과 집단 생명에 대한 의미를 얻지

---

242 P. Pétain, "Message du 10 octobre 1940," *Discours aux Français*, pp.89-90, p.93.
243 P. Pétain, "Discours du 8 juillet 1941," *Discours aux Français*, p.151. 이 부분은 의역했음을 밝힌다.

못하는 자는 '봉사'를 모릅니다. 다시 말해 인간과 시민에 대한 의무를 채울 줄 모르는 것입니다. 우정, 신뢰, 헌신 없이 사회는 없습니다…그래서 함께 일하고, 함께 생각하고, 함께 여가를 가질 수 있도록 배웁시다. 한마디로 집단의 정신을 당신들 사이에서 키우십시오. 그래야 (청년들이) 새로운 프랑스 질서를 이루는 단단한 토양을 준비할 것입니다. 그 정신은 서로를 강하게 연결시켜주고 민족 부흥이라는 거대한 작업에 과감하게 맞서도록 할 것입니다.[244]

페탱은 프랑스 공화국의 공교육이 개인주의를 양산함으로써 전쟁의 패배를 가져오는 궁극적인 원인으로 보았고, 이를 개혁하지 않은 제3공화국의 공교육을 비판했다.

비시 정부의 공교육 정책은 세 가지로 요약될 수 있다. 그것은 가톨릭 교육, 민족 교육, 엘리트 교육이다. "신 없는 학교"를 만든 1882년 3월 28일의 법을 개정하여, 초등 교육 과정에서부터 종교 교육(enseignement religieux)을 실시할 수 있도록 했다.[245] 1941년 2월 23일 교육부와 청소년부 보좌관으로 임명된 역사가 제롬 카르코피노(Jérôme Carcopino)는 종교 과목을 수업 시간에 정규적으로 가르치도록 했다.[246]

그러나 흥미로운 사실은 가톨릭 교육을 도입하는 궁극적인 목적이 민족 교육을 실시하는 데 있었다는 점이다. 비시 정부는 개인이 가정·사회·조국이라는 집단의 보호 없이 존재할 수 없기 때문에, 개인의 권리보다 공동체에 대한 의무를 먼저 가르치는 것을 공교육의 최우선으로 삼았다. 그리고 그 의무를 가르치는 수단으로 그리스도교 교육을

---

244 P. Pétain, "Message du 29 décembre 1940," *Discours aux Français*, pp.105-106.
245 Aline Coutrot et François-Georges Dreyfus, *Les Forces religieuses dans la France contemporaine* (Paris: Aarmand Colin, 1966), p.104.
246 *Journal Officiel* (12 mars, 1941), p.1117.

154

실시했다. 공동체에 대한 그리스도교의 희생정신은 제3공화국에서 문제되었던 애국주의와 개인주의 사이의 문제를 해결할 수 있는 열쇠라고 보았던 것이다. 가톨릭 교육을 도입한 비시 정부의 공교육은 프랑스 정체성(identité française)을 갖출 수 있는 민족 교육과 연결되는 것으로, 머지않아 외국인, 유대인, 소수자와 구별하려는 차별 교육으로까지 이어진다. 당시 세르쥬 쟌느레(Serge Jeanneret)는 이러한 교육 정책을 '민족주의 교리 교육'(catéchisme nationaliste)이라고 말한 바 있다.[247] 이것은 공화주의 공교육에서 부족했던 시민 정신을 프랑스 고유의 민족 문화적 토양에 근간한 프랑스 정체성 안으로 통합시켜 한낱 시민이 아니라 민족 시민을 육성하겠다는 의미이다. 다시 말해 "프랑스 사람이라면 그리스도교인이 되어야 (진정한) 프랑스인이다"[248]라는 슬로건, 이는 가톨릭 교육과 민족 교육이 하나로 묶여진 공교육 프로그램을 추구한다는 의미이다.

장 미셸 바로(Jean-Michel Barreau)는 비시 정부의 공교육 정책이 "비시 이전의 비시"(Vichy avant Vichy)에서부터 시작되었음을 밝히고 있다. 그에 따르면 비시 정부의 공교육 정책은 페탱, 모라스, 레옹 베라르(Léon Bérard), 앙리 마시스(Henri Massis)와 같은 우파 진영에서 꾸준히 주장되어왔던 내용이다. 그들뿐만이 아니라 여러 지식인들의 클럽, 예를 들어 퓌스텔 드쿨랑쥬 서클(Cercle Fustel de Coulanges), 전국 공교육 회원 연맹(Union Nataionale des Membres de l'Enseignement Public: UNMEP), 초등 교사 협동조합 연맹(Union Corporative des Instituteurs)에 의해서도 공감되었던

---

247 Sege Jeanneret, *L'École et l'esprit civique* (Paris: Flammarion, 1943), p.27.
248 Aimé Souché, *La Leçon de morale au cours moyen* (Paris: Ancienne maison F. Nathan, 1942), p.318, Yves Déloye, *École et citoyenneté l'individualisme républicain de Jules Perry à Vichy controverses* (Paris: Presses de la Fondation Nationale des Sciences Politiques, 1994), p.371, 재인용.

내용이라는 것이다.[249] 이는 비시 정부의 공교육 정책에는 제3공화국에서 시도된 민족 교육과 시민 교육 사이의 조화를 이루려는 정책이 고스란히 반영되어 있다는 의미이다.

2. 공교육과 가톨릭 교육의 절충안: 민족 교육

비시 정부의 수반인 필립 페탱 자체가 친(親)가톨릭 성향을 가졌기 때문에 그의 가톨릭계 측근 인사들이 비시 정부의 내각에 등용되었다. 가톨릭교회의 일부 성직자들도 스스로를 페탱주의자(Pétainisme)라 지칭하면서 비시 정부를 공개적으로 지지했다. 비시 정부 역시 가톨릭교회에 대해 우호적 정책을 실시했다. 특히 비시 정부는 가톨릭교회의 요구를 수용하여 제3공화국의 정교 분리(政敎分離, séparation des Églises et de l'État) 입장에서 벗어난 일련의 법안들을 제정했는데, 대표적으로 1940년 9월 4일 법령을 들 수 있다. 이 법령은 가톨릭교회에 대한 제3공화국의 정책과는 정반대되는 내용이다.[250]

제3공화국의 정부는 세속 교육(enseignement laïque), 의무 교육(enseignement obligatoire), 무상 교육(enseignement gratuit)을 강조한 페리법(loi de Ferry)[251]을 제정했고, 그 연장선상에서 1901년 7월 1일 법령을 마련했다. 이 법령의 제14조[252]를 통해, 프랑스 정부는 정교 분리의 원칙에

---

249 *Ibid.*, pp.157-161.
250 박지현, 「비시 정부와 가톨릭교회의 라이시테(1940-1941)」, 김응종·민유기 외 지음, 『프랑스의 종교와 세속화의 역사』(충남대학교출판문화원, 2013), 269쪽.
251 Loi du 28 Mars 1882.
252 1901년 법령의 제14조 내용은 다음과 같다. "제14조: 허가받지 못한 종교 단체에 소속된 자가 직접 또는 명의를 대여하여 교육기관의 설립을 이끌거나 가르치는 것을 금한다."

따라서 종교 교육의 기능을 전면적으로 금지시켰다. 이로 인해 가톨릭 교회는 프랑스 사회에서 차지했던 교육 기관의 위상을 공식적으로 잃게 되었고, 이후 이를 복원하기 위한 가톨릭교회의 노력은 계속되어 왔다.

가톨릭교회는 1940년 비시 정부의 성립을 복원의 기회로 삼았고, 비시 정부는 같은 해 9월 4일 법령을 실시해 가톨릭교회의 교육 활동을 부분적으로 허용했다. 이처럼 비시 정부는 제3공화국의 정교 분리 입장이 들어간 1901년 법령의 제14조를 폐지함으로써, 반공화적, 친가톨릭적 성격을 드러냈다.

그런데 1940년 9월 4일 법령은 비시 정부의 붕괴 이후에도 폐지되지 않고 존속되었다. 샤를 드골의 임시 정부가 마련한 1944년 8월 9일 법령[253]에서도 이 법령은 폐지되지 않았다. 당시 법령에서 드골은 국가의 중립(neutralité d'État)을 토대로 둔 세속(laïcité)[254]의 구현이 필요하며, 국가의 중립이 실현된 사회는 공화국의 모든 시민이 출신, 인종,

---

Loi du 1er juillet 1901 relative au contrat d'association Art.14.

253 Ordonnance du 9 août 1944 relative au rétablissement de la légalité républicaine sur le territoire continental.

254 laïcité에 대한 프랑스 사전의 의미와 대표적 문구는 다음과 같다. "시민 사회와 종교 사회를 분리하는 원칙이다. 국가는 종교적 권력을, 교회는 정치적 권력을 행사하지 않는다. <라이시테, 다시 말해 모든 종교들 간의 중립적 국가이다>(르낭 Renan)." Paul Robert, "Laïcité," Le Petit Robert 1 (Paris: Dictionnaires Le Robert, 1984), p. 1066.
그러나 시대에 따라 laïcité의 뜻이 사전의 정의처럼 고정되지 않고 다양하기 때문에 세속성, 비종교성, 중립성 등의 번역이 오히려 혼동을 가져올 수 있다. 이런 이유로 한국 프랑스사학회의 학술 대회 <프랑스의 열정: 공화국과 공화주의>에서나 최근 프랑스 문화 관련 저서들에서도 독특한 프랑스 문화의 키워드로서 laïcité를 원음으로 표기하고 있다. 신행선, 「공화국 학교와 라이시테 -여성교육의 필요성과 여성의 역할」, 『프랑스의 열정: 공화국과 공화주의』 (아카넷, 2011), 186~206쪽 ; 오영주, 「신의 왕국에서 인간의 사회로」, 서울대학교 불어문화권연구소, 『프랑스 하나 그리고 여럿』 (강, 2004), 20~21쪽. 본문에서는 laïcité를 세속으로 번역하겠다. 종교적 중립이라는 뜻으로 쓰일 경우는 이를 설명하도록 하겠다.

종교의 차별 없이 법 앞에서 평등한 삶을 누리도록 보장해 줄 수 있는 체제라고 선언했다.[255] 그것은 제3공화국의 정교 분리 입장으로 돌아가서 프랑스 사회의 공교육을 강화시키겠다는 의지의 표현이었다. 그러나 공화국으로 복귀된 시점에서 드골의 임시 정부뿐만 아니라 제4·5공화국에서도 비시 정부의 1940년 9월 4일 법령은 폐지되지 않았다.[256] 이 법령의 존재는 오늘날 사립학교에서 종교 교육이 합법적으로 이루어질 수 있는 법적 토대가 되었다. 그렇다면 비시 정부 아래 가톨릭교회의 특권을 법령으로 제정했던 과정은 어떠했을까?

1) 비시 정부에 대한 가톨릭교회의 태도

1940년 6월 17일 페탱의 휴전 선언 이후, 7월 11일 비시 정부가 성립되자, 가톨릭교회의 프랑스 주교단은 즉각적인 공식 입장을 표명할 수 없을 정도로 당황스러워했다. 게다가 점령 지역과 자유 지역으로 분리되면서 주교단의 전체 회의가 소집되기 어려운 상황이라서 비시 정부에 대한 공식적 입장을 표명할 수 없었다.

이 상황에서 리옹(Lyon) 대주교인 추기경 게를리에(Pierre Gerlier)가 먼저 행동을 취했다. 그는 1940년 7월 9일 파리로 올라와 파리 대주교 추기경 쉬아르(Emmanuel Suhard)를 만났다.[257] 가장 큰 사안은 포로수용

---

255 Ordonnance du 9 août 1944.
256 Guy Haarscher, *La laïcité* (Paris: Presses universitaires de France, 2005), p.33.
257 프랑스 주교단에는 네 명의 추기경이 있었다. 게를리에, 쉬아르를 포함해서 릴(Lille)대주교인 아실 리에나르(Achille Liénart)와 아카데미 회원인 추기경 알프레드 보드리야르(Alfred Baudrillart)이다. 리에나르 추기경은 회동하려 했으나 점령 지역에서 빠져나오기가 어려워서 7월 25일에서야 쉬아르 추기경과 만날 수 있었다. 보드리야르는 전쟁 전부터 직접 교구를 담당하지 않았기 때문에 사실상 이 회동에 차지하는 역할이 크지 않았다. 더구나 그는 이미 파리 협력자들과 친분을 유지했고 이점에 대해 쉬아르는 경계심을 가지고 있었다. Michèle Conintet et Jean-Paul Cointet, *Dictionnaire historique de la France*

소에 갇혀 있는 2,800명 신부들의 문제였다. 둘째, 나치 독일군의 침입으로 일어날 강압적 상황에 어떻게 대처할 것인가의 사안이었다. 점령 지역의 교구들, 특히 프랑스와 독일 접경 지대인 알자스 지역의 상황을 염려했다. 셋째, 비시 정부와 급히 논의해서 종교 교육의 문제를 해결해야 하는 사안이었다. 마지막으로, 점령과 자유 지역으로 나누어진 프랑스 상황 때문에 가톨릭교회가 통일적인 입장을 견지해야 하며, 이를 위해 두 지역의 악시옹 가톨릭(Action catholique)도 공동의 노선 아래 활동이 이루어져야 한다는 문제였다.

그러나 이 사안들 이전에 급선무는 비시 정부에 대한 프랑스 주교단의 공식 입장 표명이었다. 페탱 주변 인물들에 대해 호감을 갖지 못했던 쉬아르 추기경은 게를리에 추기경에 비해 비시 정부의 성립에 좀 더 유보적인 태도를 취했다. 반면 게를리에 추기경은 비시 정부에 대한 신뢰감을 가졌고 새로운 헌법에 대한 기대감을 감추지 않았다.

게를리에 추기경은 1940년 7월 16일 비시(Vichy)의 오텔 뒤 파크(Hôtel du Parc)에서 페탱을 만났고, 이 자리에서 그는 비시 정부의 민족 혁명이 성공하기 위해서는 가톨릭 운동을 사회 개혁 프로그램으로 전환시킬 필요가 있음을 전달받았다. 하지만 페탱은 가톨릭교회의 사회적 역할이 크지만 정치적 영역과는 별개임을 분명히 밝혔다. 그는 비시 정부가 기대하는 가톨릭교회의 역할을 교육의 영역으로 한정시키고자 했다. 게를리에 추기경 역시 비시 정부의 '프랑스의 재건'(reconstruction de la France)이 그리스도교화를 위한 사회의 재건이 아니라는 점에 동의했다. 추기경은 이를 1940년 10월 26일 미사 강론 중에 분명히 밝혔다.

sous l'Occupation, p.65, p.341, p.659.

정의와 사랑 안에서 평화로운 세상을 만들려는 것처럼 조국을 재건하기 위해 모든 노력이 필요하며 모두가 이것이 시급하다는 점을 알고 있습니다. 그러나 가장 중요한 의무는 국가 안에 살면서[258] 그리스도 왕에게 돌려드리는 일입니다. 그리스도 왕 없이 프랑스 (비시 정부)는 재건할 수 없을 것입니다. 프랑스의 그리스도교 전통은 세속적 토대의 하나이기 때문입니다.[259]

게를리에 추기경이 바라는 프랑스 국가란 다른 종교보다 프랑스의 전통인 가톨릭교회의 특권을 우선시하는 세속 국가(État laïque)이다. 추기경은 1940년 11월 19일 페탱이 참석한 미사에서 자신을 페탱주의자라고 지칭하면서, 자신이 바라는 세속 국가로서의 비시 정부가 가톨릭교회의 숙원(교육 참여의 문제)을 해결해 주리라는 속내를 내비쳤다.

어제, 눈물로 글썽해진 우리 눈앞에서 대중과 깃발들이 당당히 벨쿠르 광장을 행렬하는 동안, 불행이 영광을 무너뜨리기는커녕, 갑절로 우리를 성스럽게 한 것을 알아챘는지요? 장군님, 군중들의 무수히 울려 퍼지는 함성이 오직 두 갈래 외침으로 융해되었다는 것을 주목하셨는지요? '페탱 만세', '프랑스 만세' 이 두 외침이라고요? 천만에요. 오늘날 프랑스는 바로 페탱입니다. 상처 입은 조국을 일으켜 세우기 위해 장군님, 프랑스 전체가 당신의 뒤에 있습니다.[260]

---

258 직역하면 '국가적 삶'이지만 '국가 안에 살면서'로 의역했다.

259 Jacques Duquesne, *Les Catholiques français sous l'Occupation* (Paris: B. Grasset, 1966), p.41.

260 Jean-Louis Clément, *Les Évêques au temps de Vichy, loyalisme sans inféodation: les relations entre l'Église et l'État de 1940 à 1944* (Paris: Beauchesne, 1999), p.38.

하지만 비시 정부의 성립 이후, 한 달 동안 가톨릭교회 프랑스 주교단의 공식 발표는 없었다. 다만 게를리에 추기경처럼 주교, 성직자들의 개별적 입장들이 표명되었을 뿐이다. 물론 점령 지역과 자유 지역이라는 분리가 각 교구의 고립성을 가져왔기 때문일 수도 있지만 실상 교구 내에서 비시 정부를 인정하는 사안에 대한 반대 의견이 있었다. 일부 주교들이[261] 비시 정부에 대해서 어느 정도의 거리감을 두어야 한다는 움직임을 보였기 때문이다. 1941년 1월 15일, 점령 지역의 추기경과 주교들이 파리대교구에 모여서 교황에게 보낸 편지 내용의 일부를 공식 발표문으로 채택했다. 1941년 2월 6일 자유 지역의 리옹대교구가 먼저 이를 공식적으로 발표했다.[262]

완전한 종교적 계획에 애착을 갖기로 한 이상, 모든 정치 혹은 정당의 음모를 피해 (비시 정부의) 계획이 오직 영혼의 정신적 행복과 역경의 위로에 적합한 것이길 원한다.
우리는 프랑스 정부의 기성정권(既成政權, pouvoir établi)[263]을 향한 완

---

261 *Ibid.*, pp.29-33.
262 물론 게를리에 추기경이 리옹 대교구의 공식 발표를 주도했다.
263 프랑스 주교단은 비시 정부의 합법성에 대해서 상당히 조심스럽고 유보적인 태도를 보였다. 특히 비시 정부를 프랑스 정부의 정통성을 계승한 "기성 정권(pouvoir établi)"으로 표현하는 데 논란이 있었기 때문이다. 물론 랭스(Reims), 렌(Rennes), 아미앵(Amiens), 아라스(Arras), 에브뢰(Evreux), 낭트(Nantes), 낭시(Nancy), 느베르(Nevers), 푸아티에(Poitiers), 라로셸(La Rochelle), 생디(Saint-Die) 등 많은 교구 주교들이 비시 정부를 조국의 이름 아래 성립된 합법적 정권으로 선언했다. 하지만 추기경 주교 회의(Assemblee des cardinaux et archevéques)에서 최종적으로 채택된 1941년 7월 25일 공식 발표문에는 "국가 원수에 대한 존경"이나 "기성 정권에 대한 진실하며 완전한 충성심"이라는 표현이 삭제되었다. 이것은 당시 다를랑 내각에 대한 일종의 경계심이었다고 한다. 그 이후 1942년 11월 나치 독일군의 점령으로 교회 내부가 협력과 레지스탕스로 분열되면서 더 이상 통일적인 가톨릭교회의 공식 입장 표명이 어려워졌다. 때문에 프랑스 가톨릭교회가 비시 정부를 공식적으로 인정한 것인지, 아니면 추기경과 주교들의 개별적 의견으

전한 충성심을 사회, 시민 영역에서 가르치고자 한다. 그래서 신자들이 이 정신을 지켜나가길 기대한다.

우리는 고통 받고 결핍 속에 있는 민중들과 점점 가까워지고 그들의 고통을 나누고, 그들에게 밝은 신앙심을 가르치기를 원한다.

우리는 (강제적) 복종이 아니라 기성 정권에 대해 진실하며 완전한 충성심을 보이길 원한다.

우리는 국가 원수를 존경한다. 그리고 우리는 간곡하게 모든 프랑스의 단결이 이루어지기를 요구한다. 단결, 이것은 항상 힘의 원리이다.

우리는 신자들이 '가정, 노동, 조국'이라는 세 가지 영역을 통해 (프랑스) 재건을 시도하는 작품의 한쪽에 자리하길 격려한다. 그것은 강하고 하나로 결집된 프랑스를 실현하는 일이다.[264]

이처럼 비시 정부에 대한 입장 표명의 문제로 회동한 프랑스 추기경과 주교들의 공식 입장은 세 가지로 요약된다. 첫째, 가톨릭교회의 역할을 정치적 영역이 아닌 사회적 영역에 국한시키고, 시민 교육 안에서 종교 교육을 담당하겠다는 입장이다. 둘째, 비시 정부와 페탱에 대한 교회의 충성심을 내세워 가톨릭교회가 국가의 법에 복종하는 그리스도교인의 삶을 권고하고, 세속적 사회를 인정하는 입장이다. 셋째, 조국 아래 하나로 결집된 프랑스를 위한 종교 교육이 민족적 차원에서 이행될 필요가 있다는 입장이다.

주목할 사항은 세 가지 입장 모두가 비시 정부가 내세운 세속 교육의 기치인 '그리스도교 교육, 민족 교육, 엘리트 교육'에 해당된다.[265] 페탱

로 돌려야 하는지에 대한 논란이 일어났다. J.-L. Clément, *Les Évêques au temps de Vichy*, pp.68-73 ; J. Duquesne, *Les Catholiques français sous l'Occupation*, pp.51-52.

264 J. Duquesne, *Les Catholiques français sous l'Occupation*, pp.50-51.

265 박지현, 「비시 프랑스, 프랑스 공화정의 두 얼굴?」, 237쪽.

은 가톨릭교회의 교육은 인정하지만 세속 교육 안에서 종교 교육을 종속시키려는 의도이고, 프랑스 추기경과 주교는 세속화된 프랑스 사회를 인정하고 가톨릭 시민 교육 차원에서 종교 교육을 맡겠다는 의도이다. 프랑스 추기경과 주교는 시민의 권리와 의무로 형성된 세속 사회와 세속 교육을 수용하여 시민의 권리 차원에서 종교 교육을 담당하고자 했다.

그렇기 때문에 가톨릭교회의 종교 교육을 허용한 1940년 9월 4일 법령의 제정이 단순히 비시 정부의 친가톨릭적 특징에서 비롯되었다고 단정하기는 어렵다. 만약 가톨릭교회가 국가적 삶에서, 민족적 삶에서 종교 교육이 이루어져야 한다는 비시 정부의 세속 교육에 동의하지 않았다면 1940년 법령의 제정이 쉽게 이루어질 수 없었을 것이기 때문이다.

2) 공교육의 재탄생: 종교 교육과 민족 교육

가톨릭교회의 종교 교육 문제는 게를리에와 쉬아르 추기경 사이에서나 게를리에 추기경과 페탱 사이에서 주요한 사안이었지만, 제3공화국 말기에 이미 거론된 적이 있었다.[266] 1938년 7월 랭스(Reims) 대성당의 복원 사업이 완성된 것을 축하하는 대미사에 알베르 르브룅(Albert Lebrun)이 공화국의 대통령 자격으로 참여하여 정치적, 사회적으로 공화국과 가톨릭교회 사이의 화해가 이루어졌다. 1905년 정교 분리법을 제정했던 반교권주의적인 사회 분위기를 고려한다면 1930년대 후반 양 진영의 친밀한 관계는 상상할 수도 없는 일이었다.

---

[266] Michèle Cointet, *L'Église sous Vichy 1940-1945* (Paris: Perrin, 1998), p.98.

또한 가톨릭교회 진영에서도 공화국의 협력자로서 화해의 분위기를 조성했다. 파리 대주교 베르디에(Jean Verdier) 추기경은 비록 프랑스 공화국이 반교권주의 성격에 토대를 둔 체제이지만, 민족 공동의 유산을 보호하고 외부의 침입에 대항하려는 민족 통합을 위해서라면 가톨릭교회는 공화국의 편이 되어줄 수 있다고 말했을 정도였다.[267] 또한 달라디에(Daladier) 내각에서 샹페티에 드리브(Champetier de Ribes) 장관은 민주주의를 신봉하는 가톨릭 신자였는데, 당시 프랑스의 정치 대표를 교황 비오 12세와 접견하도록 주선했다. 비공개 면담을 통해 비오 12세는 프랑스 공립학교에서 종교 교육의 실행이 가능한지, 이를 위한 행정적 방안이 있는지를 직접적으로 논의할 기회를 가졌다.[268] 그만큼 가톨릭교회의 숙원은 1905년 정교 분리법으로 금지되었던 종교 교육을 재개하려는 일이었다.

이 때문에 비시 정부의 수립 직후부터 프랑스 주교단에서 파견한 게를리에 추기경과 같은 가톨릭 인사들이 페탱과의 면담을 통해 정치적 물밑 작업을 시도한 것이다. 비시 정부는 1940년 9월 4일 법령[269]을 제정하여 가톨릭교회의 숙원을 풀어주게 된다.

하지만 가톨릭교회는 이 법령에 만족하지 않았고, 1940년 12월 비시 정부의 교육부 정무차관[270] 자크 슈발리에(Jacques Chevalier)에게 사립학

267 J. Duquesne, *Les Catholiques français sous l'Occupation*, p.87.
268 *Ibid.*
269 이 법령으로 제3공화국이 정교 분리의 원칙 아래 제정된 두 가지 주요 법령이 폐지되었다. 하나는 1901년 7월 1일 법령의 제14조, 즉 허가받지 않는 종교 기관이나 관련 인사들은 교육 활동을 할 수 없다는 조항이, 다른 하나는 1904년 7월 7일 법령, 즉 모든 종교의 교육을 금지한다는 조항이 삭제되었다.
270 공식 명칭은 정무 차관(Secretaire d'État)이다. 교육부는 비시 정부 시기에 장관과 정무차관의 명칭이 혼용되는 경향이 있다. 비시 정부 시기 장·차관급 6명이 임명되었는데 알베르 리보(Albert Rivaud, 1940.6.16.~7.12), 에밀 미로(Émile Mireaux, 1940.7.12.~9.6), 아벨 보나르(Abel Bonnard, 1942.4.18.~1944.8.20)는 장관이고, 조르주 리페르(Georges

교의 초등부에 대한 재정적 지원을 요청했다. 슈발리에는 페탱과 친분을 가진 열렬한 가톨릭 신자이며 그르노블 대학(Université de Grenoble) 인문대 학장 출신으로, 전쟁 전부터 공교육에서 가톨릭 교육의 필요성을 변호했던 인물이다. 그는 가톨릭교회의 요청을 긍정적으로 검토했으나, 실상 사립학교의 재정은 항상 학부모회와 주교에 의해 유지되었기 때문에 갑자기 국가 예산으로 전환시키는 일은 어려운 문제였다.[271] 1905년의 정교 분리법을 통해 국가 예산에서 종교 교육뿐만이 아니라 가톨릭 사립학교에 대해 직접적인 재정을 지원할 수 없도록 만들었기 때문이다. 흥미롭게도 비시 정부조차 사립학교의 재정 지원 금지법을 제3공화국처럼 계속 유지시켰다. 대신 비시 정부는 가톨릭교회의 요구를 간접적인 국고 예산으로 지원해 주기로 했다. 가족법에 근거해서 각 시의 예산을 통해 사립학교를 다니는 가족의 자녀들에게 혜택을 주는 우회적인 방식으로 재정이 지원되었다. 1941년 1월 6일 법령이 제정되어 사립학교의 초등부에서 식당, 조명, 난방, 가구와 같은 간접 경비가 지원되었다.[272]

친가톨릭 정책을 추진한 슈발리에는 취임 전부터 "(그동안 프랑스는) 신 없는 학교로 살았다. 세속 학교가, 즉 신앙 없는 학교가 되었으나 다시 갱생할 것이다"[273]라고 말하였다. 그는 종교 교육이 사립학교뿐만 아니라 공립학교에서도 도덕 교육의 일환으로 실시되어야 한다는 생각을 가졌고 실제로 '슈발리에 법안'을 상정했다.

Ripert, 1940.9.6.~12.13), 자크 슈발리에(Jacques Chevalier, 1940.12.13.~1941.2.23), 제롬 카르코피노(Jérôme Carcopino, 1941.2.23~1942.4.18)는 정무차관이다.

271 René Rémond, *L'Invention de la laïcité: de 1789 à demain* (Paris: Bayard, 2005), p.96.
272 J. Duquesne, *Les Catholiques français sous l'Occupation*, pp.93-94.
273 M. Cointet, *L'Église sous Vichy*, p.120.

슈발리에 법안은 비시 정부 안팎으로 거센 논란을 가져왔다. 이 법안은 가톨릭 교리 교육(catéchisme)의 부활이나 다름없었기 때문이다. 슈발리에는 종교 질서를 다시 부활하자는 의미가 아니라 국가의 도덕적 토대를 위해서 가톨릭 교리를 실시하려는 것임을 밝혔지만 법안의 적용 과정에서 교권주의적 성격이 강해질 수밖에 없는 일이었다. 물론 가톨릭교회 입장에서는 절호의 기회였기에, 게를리에 추기경이 1941년 1월 14일 페탱을 다시 만나 이 개혁의 중요성을 말했고, 쉬아르 추기경조차 수사 라데냑(Abbé Radenac)을 파견해서 지역 차원에서라도 교리 교육이 실행될 수 있도록 비시 정부의 인사들을 설득하도록 했다.[274]

　　이 같은 가톨릭교회의 움직임에 대해 점령 지역의 파리 협력자는 비시 정부의 교권주의[275]에 대해 비판의 목소리를 내기 시작했고, 파장이 커지자 프랑스 주재 독일 대사인 아베츠도 이 소식을 듣게 되었다. 그 결과 아베츠는 직접 페탱에게 교육부 정무차관 자리에 아베 보나르(Abel Bonnard)라는 친독주의자를 앉힐 것을 추천했다.[276] 그러나 페탱은 이를 단호히 거부하고, 슈발리에를 해임하고 대신 제롬 카르코피노(Jérôme Carcopino)를 임명했다. 그는 고대 로마 전공 역사가이며 파리 대학의 학장이었고 누구보다 공화주의 성격에 정통했던 자이다. 더구나 그는 페탱뿐만 아니라 프랑스 주교들과의 인적 교류가 깊었기 때문에 슈발리에 법안의 논란을 종결시키는 데 적임자였다.[277]

---

274 M. Cointet, *L'Église sous Vichy*, p.120.

275 *Ibid.*, p.121. 『뢰브르』 잡지에서는 프랑스 대학을 교회의 부분으로 만드는 슈발리에 법의 무지를 비판했고, 초·중등학교조차 이러한 교리 교육이 이루어져서는 안 된다고 강조했다. 『레누보탕』 (*Les Nouveaux Temps*) 잡지에서는 세속법에서 있을 수 없는 상황이라고 언급했다.

276 J. Duquesne, *Les Catholiques français sous l'Occupation*, pp.90-91.

정무 장관 카르코피노는 우선 쉬아르 추기경과 특별 대담을 통해 양 진영의 타협점을 찾고자 했다. 추기경은 국가의 교육 틀 안에서 성직자가 교육을 할 수 있는 권리를 요구했지만 카르코피노는 종교 교육을 다시 부활시키는 일 자체가 불가능하다고 말했다. 그는 교리 교육은 공립학교에서 이루어질 수 없다고 분명히 밝혔다.[278] 대신 그는 사립학교에 대한 재정 지원만큼은 고려해보겠다고 약속했다.[279]

카르코피노는 비시 정부로 돌아와서 내각 인사들, 다를랑(François Darlan) 제독, 재정부 장관 부틸리에, 내무부 장관 피에르 퓌슈(Pierre Pucheu)와 함께 공립학교의 종교 교육 문제를 논의했다. 모두 공립학교에서 가톨릭 교리 교육의 금지에 대해서는 이견이 없었다. 대신 카르코피노는 고등 교육 체제, 특히 대학 교육에서는 종교 교육을 통해 국가나 민족에 대한 희생정신을 주입, 강화시킬 필요가 있다고 주장했다. 이미 사립학교에서 그리스도교 문명(civilisation chrétienne)과 조국(patrie)이라는 교육 기치를 이행하는 데 기여했던 종교 교육의 중요성을 상기시켰다.[280]

카르코피노는 1941년 3월 10일, 1941년 8월 15일 법령을 통해 세속 교육[281]을 개정했다. 먼저 성직자가 초·중등 도덕 교과 내용을 가르칠

---

277 Pierre Gilotto, *Histoire de la Jeunesse sous Vichy* (Paris: Perrin, 1991), p.113.

278 M. Cointet, *L'Église sous Vichy*, p.131.

279 *Ibid.*

280 Stéphanie Corcy-Debray, *Jérôme Carcopino, un historien à Vichy* (Paris: Harmattan, 2001), pp.382-387.

281 세속 교육에 대한 제3공화국과 비시 정부 사이의 입장 차이가 있다. 제3공화국에서 세속 교육(enseignement laïque)은 국가 주도형 공교육(enseignement publique)과 같은 의미로 정의되었다. 1905년 정교 분리법에 근거해서 모든 공립학교나 사립학교에서 종교 교육을 배제시키고, 교회가 아닌 국가 주도형으로 이루어지는 교육 체제가 제3공화국의 세속 교육이었다. 반면 비시 정부에서 세속 교육은 국가 주도형인 공교육의 틀을 깨지 않으면서, 부분적으로 종교 교육을 허용하는 법령을 제정했다. 공립학교나 사립학교에서 일정

수 없다는 조항을 만들어 공교육에 대한 성직자의 개입을 전반적으로 금지시켰다. 그 대신 종교 과목은 방과 후의 자율 수업으로 편성되었고, 대학 교육 안에 종교 교육이 필수 정규 수강 과정으로 포함되었다. 또한 카르코피노가 쉬아르 추기경에게 약속한 대로, 1941년 10월 17일 법령의 제정으로 사립학교에 대한 국가 보조금이 지원되었다.[282]

어째서 비시 정부는 슈발리에 대신 카르코피노의 법안을 선호했던 것인가? 비시 정부는 프랑스 공화국의 공교육이 개인주의를 양산함으로써 전쟁의 패배를 가져오는 궁극적인 원인이라고 판단했고, 이를 개혁하지 않은 제3공화국의 공교육을 비판했다. 개인주의 대신 집단정신을 육성할 수 있는 교육의 개혁을 위해서 비시 정부는 공교육 안에서 종교 교육을 실시하고자 했다. 하지만 비시 정부는 슈발리에 법안처럼 종교 교육을 위주로 하는 공교육을 원하지 않았기 때문에 국가적 삶을 위해 종교 교육을 수단화하는 교육 개정법을 절충안으로 제시한 카르코피노[283]를 선택했다고 볼 수 있다. 카르코피노의 개정안이 비시 정부가 추구하는 교육의 방향과 일치했던 것이다.

한 종교 교육을 실시하지만 교회가 아닌 국가 주도형 교육 체제를 유지시키는 것이 비시 정부의 세속 교육이었다. 비록 세속 교육에 대한 제3공화국과 비시 정부 간의 차이는 있지만, 교회가 아닌 국가 주도형 교육의 틀을 유지시키려는 공통점을 가지고 있다. 비시 정부가 종교 교육을 실시했어도 여전히 국가 주도형 공교육의 틀을 유지했기 때문에 세속 교육이라는 단어를 썼다.

282 J. Duquesne, *Les Catholiques français sous l'Occupation*, pp.92-93.

283 카르코피노는 고등 사범 학교(École Normal Supérieure) 출신이며 그 학교의 총장이었기에 엘리트 교육의 필요성과 특수성을 절감한 사람이다. 그는 자유와 민주주의를 열망하는 정치가였으나 기회의 균등이라는 개념이 무상 교육으로 적용되는 점에 반감을 가졌다. 또한 가톨릭 종교 교육이란 신앙보다 정신적 가치를 심어주는 차원이기에 조국의 통합을 위해 그리스도교 문화를 배우는 수단으로 인식했다. S. Corcy-Debray, *Jérôme Carcopino*, p.374

따라서 비시 정부나 카르코피노는 가톨릭교회의 종교 교육 관련 법령이 필요하다고 인식했지만, 궁극적 목적이 종교 교육을 통해 신앙의 사회를 건설하기 위한 것도 아니며, 공교육의 틀을 파괴하려는 것도 아니다. 그것은 '민족 교육·가톨릭 교육·엘리트 교육'으로 구성되는 세속 교육을 완성시키는 데 있다. 개인은 가정·사회·조국이라는 집단의 보호 없이 존재할 수 없기 때문에, 개인의 권리보다 공동체에 대한 의무를 먼저 가르치는 것이 공교육의 최우선이어야 하며, 그 의무를 가르치는 수단이 그리스도교 교육이어야 한다고 보았다. 그리고 국가 공동체는 프랑스 민족 공동체에서 양성된 엘리트에 의해 주도되어야 하며, 위기에 처한 민족 공동체의 운명을 대비하기 위해 엘리트 교육이 이루어져야 한다는 것이다.[284]

프랑스 주교단도 비시 정부가 내세운 세속 교육의 궁극적 목적, 즉 민족의 재건을 위한 종교 교육의 역할에 대해선 큰 이견이 없었다.[285] 게를리에 추기경과 페탱의 면담 내용에서 드러났지만, 1941년 7월 주교단의 회의에서도 각 주요 교구 주교에 의해 언급된 바 있다. 프랑스 주교단은 교육을 담당하는 비시 정부의 인사와 성직자들 사이에 긴밀한 교류가 가장 필요한 시기이며 서로 간의 신뢰를 기대한다고 밝혔다.[286] 이미 1940년 보르도 주교 모리스 펠탱(Maurice Feltin)[287]을 비롯해서 지역 교구 주교들은 민족 합일에 대한 노력 없이 가톨릭 정신이 프랑스 사회에 다시 자리 잡기 힘들다고 의견의 일치를 보았다. 그들은 가톨릭교회의 정치적 활동보다 청년들을 교육시키고, 각 가정을 돌보

---

284 박지현, 「비시 프랑스, 프랑스 공화정의 두 얼굴?」, 237쪽.
285 J.-L. Clément, *Les Évêques au temps de Vichy*, pp.86-88.
286 J. Duquesne, *Les Catholiques français sous l'Occupation*, p.100.
287 J.-L. Clément, *Les Évêques au temps de Vichy*, p.93.

며, 사회 질서 안에서 진정한 가톨릭 정신이 자리할 수 있는 교육적 · 사회적 역할을 강조했다.[288] 이러한 가톨릭교회 주교들의 의견은 슈발리에 법안의 성립이 이루어지지 않았음에도 불구하고, 카르코피노의 제안을 타협적으로 받아들일 수 있는 요인으로 작용했다.

따라서 비시 정부와 가톨릭교회는 민족 재건이라는 틀과 공교육의 틀 안에서 서로의 절충안을 마련했다고 볼 수 있다. 비시 정부는 민족 재건을 위해 가톨릭교회의 종교 교육을 실시한 것이고, 가톨릭교회 역시 동일한 목적으로 공교육의 틀 안에서 가톨릭교회의 특권을 유지시키고자 했던 것이다. 이 점에서 비시 정부의 '공교육'(세속 교육)은 민족 교육과 종교 교육의 절충안으로 탄생되었다고 할 수 있다.

3) 민족 정체성을 위한 세속 교육과 반유대주의

민족 재건을 위한 비시 정부의 세속 교육은 1941년에서 1944년 사이에 실시된 시민 · 도덕 교육(éduction civique et morale)에 그대로 반영되었다. 이와 관련해서 15종의 초 · 중등 교과서가 출간되었는데, 민족 정체성에 대한 정의와 필요성에 대한 내용이 주를 이루고 있었다. 시민의 권리와 의무를 정의하기 이전에, 또한 이를 정치적, 사회적 행동으로 이행하기 이전에, 먼저 조국애를 가진 민족이 무엇인지를 깊게 느낄 수 있어야 한다는 취지 아래 교과서가 출간된 것이다. 특히 교과서에 에르네스트 르낭(Ernest Renan)의 『민족이란 무엇인가』(Qu'est-ce qu'une Nation?)[289]라는 텍스트를 수록해서 필수적으로 읽도록 했는데 이는 프랑스 청년에게 시민 정체성(identité civique)보다 민족 정체성(identité nationale)을 우선적으

---

288 L'Aquitaine (9 août 1940), p.248, L'Aquitaine (25 octobre 1940), p.319, J.-L. Clément, Les Évêques au temps de Vichy, pp.27-28, 재인용.

289 Ernest Renan, Qu'est-ce qu'une Nation? (Paris: C. Lévy, 1882).

로 심어주려는 교육적 의도에서 비롯되었다.[290] 거의 모든 교과서 저자
는 교과서의 서언에서 시민 도덕 교육의 목적이 '좋은 시민(bon citoyen)'
보다 우선 '좋은 프랑스인'(bon français)을 만드는 데 있다고 밝혔다.

운명과 과거를 통해 이루어진 장엄한 우리 민족, 그리고 정의와 자유에
대한 우리 민족의 이상은 매우 오랜 역사에 새겨져 있다. 우리 민족은
조국애가 있는 자들로 부흥했고, 그들을 (소중히) 생각하며, 타인 (혹은
타민족)을 위해 복종하지도, 일하지도 않을 것이며, 이 점을 잃어버리길
원하지 않는다.[291]
민족, 그것은 특히 역사이기도 하며 전통이고, 미덕이고, 유산이다. 오
랜 세기 동안 민중의 삶 속에서 생각, 감정, 연대 정신의 공동체가 만들어
졌다. 그것을 민족정신(esprit national)이라 부른다.[292]

시민 정체성과 민족 정체성은 국가-민족(État-nation)이라는 범주에서
중요한 개념으로, 학교는 이 정체성을 만들어가는 중요한 수단이다.[293]
국가-민족의 시민 문화를 어떻게 고르게 형성시킬 수 있는지, 시민과
민족 정체성의 공간을 어떻게 다르게 규정시킬 수 있는지, 그리고 국가
권력이 행사하는 정치 영역에서 두 공간을 어떻게 이용할 수 있는지,
이 모든 것이 학교 교육을 통해 해결해야 하는 국가의 주요 사안인
것이다.[294] 국가는 시민 교육의 장치를 통해 시민과 외국인을, 민족
교육의 장치를 통해 시민 문화와 외국 이주 문화를 분리시키는 경계선

---

290 Y. Déloye, *École et Citoyenneté*, p.365.
291 Marc Chocquet, *Éducation morale et civique: les devoirs du jeune Français* (Paris,
    Limoges, Nancy: Charles-Lavauzelle, 1942), p. 5.
292 *Ibid.*, pp. 7-8.
293 Y. Déloye, *École et Citoyenneté*, p.23.
294 *Ibid.*, pp.112-124.

을 만들기 시작했다. 그렇기 때문에 국가·민족이라는 정치 체제가 계속 존속하기 위해서는 시민 정체성뿐만 아니라 민족 정체성이 동시에 필요한 것이다.[295]

비시 정부의 경우 세속 교육 과정은 민족 정체성과 불가분의 관계에 있다. 제3공화국의 교과 내용이 시민 정체성을 강조했다면, 비시 정부 시기의 교과 내용은 민족 정체성을 내세웠다고 볼 수 있다. 두 시기 모두 타종교에 비해 가톨릭교회의 특권을 인정하지만, 비시 정부는 민족 정체성의 형성을 위해 가톨릭교회의 교육(또는 그리스도교 교육)을 통합시킨 경우라고 할 수 있다.

가장 강력한 프랑스 공동체의 유대 관계는 정신적 유산이다. 이 유산은 아주 오랜 전부터 위대한 고전 작가(의 존재와 작품)과 함께 교육과 일상 문화를 통해 전달된 사상, 감정, 애정이 복합적으로 합일되어 만들어진 것이다. 이 유산에는 기사도의 자비와 용기가, 그리고 가톨릭 창시자, 십자군과 선교사의 그리스도 정신이 담겨져 있다.[296]

각 프랑스인은 모든 공동체의 삶이 필요하다는 믿음의 토양을 일구는 개인적 노력을 기울여야만 한다. 각 프랑스인은 일말의 프랑스 정신을, 그리고 프랑스를 만든 모든 세대를 합치는 사슬고리를 가진 보관자임을 느껴야만 한다.[297]

그리스도인이 아닌 프랑스인이 될 수 있는지에 대한 문제는 더 이상 논의되지 않는다. (물론) 우리 조국의 분위기에서 오랜 세대를 걸쳐 살아 온 비(非)그리스도인 가정에도 프랑스의 정신과 가슴은 있다. 그러나 그

---

295 *Ibid.*, pp.24-25.
296 *La Morale au certificat d'études primaires* (Paris: Éditions École et collège, 1942), p.29.
297 Pierre Sauvage, *Dix entretiens de morale civique* (Paris: Action populaire, Édition Spes, 1942), pp.28-29.

172

리스도의 교리에 어느 정도 동화되고 그 훈련을 적어도 받아들이는 분위기가 아니라면 그들은 숨 쉬지 못한다. 더구나 프랑스 정신을 낳은 그리스도 정신이 그들에게 새겨지지 않고서는 순수한 프랑스 정신을 갖는 것 자체가 불가능하다. 그래서 우리는 주저 없이 다음 교육을 진전시킬 수 있다. 즉, 그리스도인이라야 프랑스인이 되는 것이다. 프랑스인에게 역사가 남긴 흔적의 길에서 프랑스 문명을 복원시킬 수 있는 가장 좋은 개혁은 그리스도 정신에 의해서이다.[298]

인용에서 밝힌 바와 같이, 미래의 프랑스 시민은 그리스도 정신(희생 정신)을 토대로 민족적 삶을 구현해야 하며, 이는 비시 정부 시기 세속 교육의 목적이라 할 수 있다.

그러나 비시 정부가 민족 정체성을 강조하더라도 이 세속 교육의 문제점은 외국인, 비그리스도인, 기타 소수자를 정치적, 사회적, 문화적 영역에서 배제시키는 차별 정책을 낳았다는 데 있다.

1941년 카르코피노는 새로운 교육법을 통과시키면서 7월 11일 고등 사범 학교에 유대인의 입학을 금지시켰다.[299] 그해는 비시 정부가 유대인에 대한 억압 정책을 본격적으로 진행하던 시기이다. 1941년 3월 23일 <전국 유대인 문제 위원회>(Commissariat général aux questions juives)가 조직되면서, 5월 14일 프랑스 주재 외국 유대인들이 체포되었다. 그 이후 반유대주의(antisémitisme)를 선전하는 비시 정부의 정책이 심화되었고, 6월 2일 자유 지역 주재 유대인 조사법이 실시되었으며, 6월 30일 점령 지역에서 유대인 대검거가 본격적으로 시작되었다. 마침내

---

298 Paul Foulquié, *Cours de morale pour les élèves de l'enseignement primaire supérieurs*, 1er année (Paris: Éditions École et collège, 1941), p.192.

299 S. Corcy-Debray, *Jérôme Carcopino*, p.182.

1942년 7월 16~17일 벨 디브 급습(Rafle du Vel' d'Hive) 사건[300]이 일어나 12,000명의 성인과 4,501명 아동이 체포되었다.[301]

그런데 비시 정부의 반유대주의 정책에 대해 프랑스 추기경과 주교들은 즉각적인 거부 움직임을 보이지 않았다. 1941년 프랑스 추기경 주교 의회에 상정된 유대인 문제 관련 서류를 살펴보면, "유대인 문제는 예외적인 법이 아닐지라도 (유대인의) 기존 위상은 모든 외국인과 같은 위치에서 다루는 듯하다"고 기술되어 있다. 그만큼 가톨릭교회가 유대인의 문제에 대해서는 '민족'이라는 범주 안에서 다루지 않는 경향이 있다. 그래서인지 주교 회의에서는 프랑스 유대인 집단을 서로 다르게 호칭했는데, 예를 들어 게리 대주교(Mgr. Guerry)는 프랑스 유대인을 시민으로, 리에나르 대주교(Mgr. Liénart)는 외국인으로 표현했다.[302]

1941년 6월 2일 유대인 관련 법령에 대한 논의가 계속되었지만 정통 교리파와 세속 종교화를 내세운 각기 다른 주교들 사이의 의견 차이로 공식적 입장이 표명되지 않았다. 세속 종교화를 주장하는 일부 주교들은 "그리스도 안에서는 유대인도, 그리스인도, 노예도, 자유인도, 여자도, 남자도 없다"며 반유대주의 정책을 거부했다. 반면 정통 교리파,

---

300 1942년 7월 16일 나치 독일과 협력해서 비시 정부의 승인 아래 프랑스 경찰과 헌병이 파리에 체류하고 있는 외국인이나 무국적자인 유대인들을 체포한 사건이다. 벨 디브(Vel' d'Hive)는 원래 '겨울의 벨로드롬 경기장'(Velodrome d'hiver)을 말하는 데, 이를 줄인 말이다. 큰 규모의 경기장인 그곳에 파리 각 구에서 체포된 유대인들이 함께 수용되었다. 그 다음 날 7월 17일, 아동들을 포함해서 13,000명이 넘는 유대인이 체포, 수용되었다. Maurice Rajsfus, *La Rafle du Vél' d'Hiv* (Paris: Presses universitaires de France, 2002).
301 Limore Yagil, *Chrétiens et Juifs sous Vichy(1940-1944): sauvetage et désobéissance civile* (Paris: Cerf, 2005), p.765.
302 Catherine Masson-Gadenne, *Le Cardinal Liénart, évêque de Lille 1928-1968, un grand pasteur* (Thèse de doctorat Université Charles-de-Gaulle Lille III, 1997), p.262, J.-L. Clément, *Les Évêques au temps de Vichy*, p.129, 재인용.

친비시파인 주교들은 가톨릭 정신은 성체 성사에 있으며, 이를 복원하는 일환으로 엄격한 인종 법안에 찬성했다.[303]

1941년 유대인 관련 법안이 통과되었을 때 바티칸의 교황 대사인 레옹 베라르(Leon Bérard)는 이와 관련한 어떤 공식적 입장 표현도 없었고, 이 "불운한 법(malecontreuse loi)"을 재고하기 위한 교황청의 개입조차 요청하지도 않았다고 바티칸 보고서에 나타나 있다.[304] 이미 1940년 프랑스 교황 대사는 나치 독일의 협력 정부로서 비시 정부가 유대인의 정책을 진행시킬 것이라고 교황 비오 12세에게 보고한 바 있었다.[305] 사실 교황은 교황 대사의 보고서, 특히 베라르의 보고서에서 밝힌 유대인 법령의 문제점에 대해 직접적으로 승인을 하거나 해결안을 제시하지 않았다. 다만 각국의 교황 대사들이 이를 해결하기 위해 게를리에 추기경의 개입을 요청했을 뿐이다.[306]

그러다 1942년 7월 벨 디브 급습 이후에서야 점령 지역의 프랑스 주교단은 비인간적인 유대인 체포에 항의하기 시작했다. 쉬아르 추기경[307]의 개입이 이루어지면서 주교단의 항의서는 페탱과 라발에게 전달되었다. 그 이후 자유 지역에서도 개인적 차원에서 주교와 성직자의 항의가 있었다. 특히 툴루즈(Toulouse) 교구의 살리에쥬(Jules-Géraud Saliège)나 리옹 대교구의 게를리에 추기경 등은 주도적으로 1942년 8월과

---

303 *Ibid.*, pp.133-134.

304 Pierre Blet, *Pie XII et la Seconde Guerre mondiale d'après les archives du Vatican* (Paris: Perrin, Tempus, 2005), p.263.

305 *Ibid.*, p.262.

306 *Ibid.*, p.265. 폴란드, 체코, 우크라이나에서도 유대인 문제가 이미 시작되었기 때문에 각국의 교황 대사에게는 심각한 문제로 대두되었다.

307 쉬아르 추기경은 비시 정부의 정책에 따라서 각기 다른 반응을 보였는데, 가톨릭 진영의 레지스탕스 활동이 활발해진 시기인 1944년 2월 7일에 오히려 레지스탕스 단체를 폭력을 수반한 테러리스트로 규정했다. 그만큼 가톨릭교회의 성직자들이 비시 정부의 시기에 상당히 혼란스러워 했고 다양한 태도를 보였음을 짐작할 수 있다.

9월에 유대인 문제를 규탄했다. 살리에주가 말하길, "그리스도의 윤리가 있다. 의무를 부과하고 권리를 인식하는 인간의 도덕이 있다. 이 의무와 권리는 기본적 인권에 속한다. 그것은 신에게서 왔다. 누구도 이를 없앨 수 없다...유대인은 남자이고 여자이다. (어느 누구도) 그들의 적이 되라고 하지 않는다."[308]

이를 계기로 프랑스 주교단은 비시 정부의 반유대주의를 찬성 혹은 반대하는 진영으로 나누어졌다. 1942년 11월 독일이 프랑스를 완전 점령하면서, 프랑스 주교단과 성직자들은 각자의 개인적 선택에 따라 정치적 노선을 결정했고 비시 정부와 협력하거나, 레지스탕스 활동에 참여하거나 혹은 침묵했다.[309] 1942년 친독주의자, 라발이 총리로 복귀하면서 비시 정부의 반유대주의 정책은 심화되었고 1943년 2월 16일 법령으로 의무 노동국(강제 노동국)이 설치되어 강제 노동이 모든 프랑스인에게 적용되었을 때, 프랑스 추기경과 주교들은 즉각적인 공식 입장조차 표명할 수 없을 만큼 분열되었다.

결국 비시 정부 시기 '민족 정체성'은 실제 정책에서 유대인 차별, 억압, 학살이라는 현실로 반영되었고, 이 정체성을 함께 공감했던 가톨릭교회는 닥친 현실 앞에서 유대인 문제를 해결하기보다는 오히려 침묵하거나 갈라졌다.

*

오늘날 프랑스에서는 매년 가톨릭 청년들이 파리 노트르담 대성당

---

308 C. Masson-Gadenne, *Le Cardinal Liénart, évêque de Lille 1928-1968, un grand pasteur*, p.215, J.-L. Clément, *Les Évêques au temps de Vichy*, p.134, 재인용.
309 M. Cointet, *L'Église sous Vichy*, pp.300-303.

(Cathédrale Notre-Dame de Paris)에 모여 샤르트르 대성당(Cathédrale Notre-Dame de Chartres)까지 도보 순례를 한다. 이 종교 문화 행사는 공영뿐만 아니라 민영 방송에서도 항상 뉴스거리로 등장하곤 한다. 방송은 간략한 사실만을 전달하지만, 가톨릭 공동체가 프랑스의 전통 공동체이며, 가톨릭 정신은 국가와 민족 공동체에 여전히 기여한다는 속뜻이 담겨 있다. 이는 1940년 비시 정부의 교육 정신과도 상통한다. 오늘날에도 가톨릭교회의 활동이 프랑스 사회에서 차지하는 사회적 이목과 관심은 타종교에 비해 여전히 크다.[310]

비시 정부는 인간 교육의 목적을 민족의 정신과 문화적 가치를 가르치는 데 두었기 때문에 가톨릭 교육과 민족 교육이 절충된 새로운 공교육론을 탄생시켰다. 이러한 특징이 2차 세계대전 이후 프랑스 사회에 자리하면서, 가톨릭 종교를 절충한 민족 교육이 사립 교육의 한 부분을 차지하게 되었다.

이처럼 비시 정부는 가톨릭 종교를 보편적인 개념이 아닌 프랑스 민족 종교로서, 혹은 프랑스 문화의 정신적 토대로서 수용했기 때문에 가톨릭 종교 교육을 허용한 1940년 법령이 오늘날까지 존속될 수 있었던 것이다.

그러나 이 법령의 존재는 비시 정부의 반유대주의 정책처럼 현재 프랑스 민족에 해당되지 않는 외국인, 이민자, 이주자, 타종교인을 차별, 억압할 수 있는 정책의 기저가 될 수 있다. 현재 프랑스 사회의 뜨거운 감자, 마그렙(magrébe) 출신인의 차별이나 이슬람과의 갈등이 민족 정체성을 강조하는 프랑스 세속 교육의 특징에서 비롯되었다는 점을 상기할 필요가 있다.[311] 카톨릭 종교 교육이 포함된 세속 교육은

---

310 박지현, 「비시 정부와 가톨릭교회의 라이시테(1940~1941)」, 296쪽.

타종교, 타문화에 대한 배타성으로 이어지고 있기 때문이다.

제3공화국에서도 이미 존재했었지만 정교 분리라는 교육의 이념에 매어 있어서 배타성이 비교적 덜 드러났을 뿐이고, 독일 점령이라는 4년의 짧은 기간엔 훨씬 두드러지게 나타났다고 할 수 있다. 1940년 9월 4일 법령은 1944년 임시 정부의 헌법에서도, 1958년 제5공화국의 헌법에서도 폐지되지 않았다.

3. 민족 혁명과 청소년 교육 정책[312]

비시 정부가 공교육 틀을 유지했다는 사실은 청소년 정책에서도 찾아볼 수 있다. 이미 이 정책은 제3공화국 말기 인민전선 정부에 의해서도 시도된 바 있었다. 1936년부터 1939년까지 교육부 장관인 장 제(Jean Zay)와 보건부 소속 레오 라그랑주(Léo Lagrange)가 청소년을 위한 교육 정책의 필요성을 주장했고, 이를 위한 특수 기관을 설치하고자 했다. 제3공화국 1938년 6월 17일 법을 통해 청소년 문화 정책이 실시되었다.[313] 하지만 아직 국가 교육 기관으로 확립된 것은 아니었다.

이후 비시 정부는 청소년 교육 정책을 통해 민족 혁명이라는 정치 이데올로기를 확산시키려는 의도를 가졌다. 기존 청소년 담당 기관을 교육부 산하로 이동시켜 청소년부를 공식적으로 창설했고, 기존의 청

---

311 *Ibid.*
312 이 제목의 전체 내용은 다음 논문을 수정해서 쓴 글이다. 박지현, 「비시정부와 청소년 교육 문화 정책」, 『프랑스사연구』, 29호 (2013. 8), 165~188쪽.
313 이 시기의 전반적인 내용은 다음 저서를 참조하길 바란다. Pascal Ory, *La Belle illusion: culture et politique sous le signe du Front populaire 1935-1938* (Paris: Plon, 1994).

소년 문화 공동체를 국가 행정 기구에서 본격적으로 관리하도록 만들었다. 1940년 조르주 라미랑(Georges Lamirand)이 교육부 소속 청소년 총사무국(Secrétariat Général à la Jeunesse)을 맡게 되면서 단일 학교(école unique) · 민족 학교(école nationale)를 만들기 위한 일련의 교육 정책이 실시되기 시작했다.

어째서 비시 정부는 청소년(Jeunesse)[314] 교육 정책을 국가적 차원에서 다루려고 했는가 그 이유가 민족 교육론과 어떤 관련성이 있는 것일까? 우선 기존의 청소년 교육 문화 단체들이 비시 정부 이전부터 존재했음에도 불구하고, 새로운 청소년 교육 단체의 창설이 필요했던 당시의 상황을 살펴볼 필요가 있다.

----

[314] 'Jeunesse'를 청년, 혹은 청소년으로 번역할 수 있다. 본고에서는 청년을 포함한 청소년으로 사용하고자 한다.

한국의 국립국어원 표준국어대사전에 따르면, '청소년'이란 첫째, 청년과 소년을 아울러 이르는 말이고, 둘째, 청소년 기본법에서 9세 이상 24세 이하인 사람을 이르는 말이며, 셋째, 청소년 보호법에서 19세 미만인 사람을 이르는 말이다. 청년이란 신체적 · 정신적으로 한창 성장하거나 무르익은 시기에 있는 사람이며, 나이가 20대 정도인 남자를 이르나 때로 그 시기에 있는 여자를 포함해서 이르기도 한다고 정의되어 있다. http://stdweb2.korean.go.kr/search/List_dic.jsp (검색 일자: 2013.04.10.).

반면, 프랑스어사전에서 'jeunesse' 용어는 첫째, 유년과 성년 사이를 이르는 말이고, 둘째는 한국어사전의 청년에 대한 정의와 같다. 다만 법률 정의에서 법적으로 미성년자를 의미한다. 그들은 18세 미만이며, 대체로 부모(부모 중 하나, 혹은 법적 대리인)의 보호 아래 있는 자들이다. A. Rey et J. Rey-Debove, "Jeunesse," *Le Petit Robert* (Paris: Dictionnaires Le Robert, 1984), p.1047.

현재 프랑스 청소년 대중 교육 협회 체육부(Ministère des sports, de la jeunesse de l'éducation populaire et de la vie associative)의 관리 교육 대상으로 중학교(collège), 고등학교(lycée), 고등 교육(enseignement superieur), 그리고 기술 견습(apprentisage)과 체험 입사(alternance) 기관에 속해 있는 자들을 말한다. 프랑스어와 프랑스 법적 정의에 따라 jeunesse를 청년보다 청소년으로 번역하고자 한다. Décret No.2012-782 du 24 mai 2012 relatif aux attributions du ministre des sports, de la jeunesse, de l'éducation populaire et de la vie associative.

1) 독일 점령과 청소년법

1940년 6월 17일 페탱이 담화문을 통해 휴전을 제의했고, 그 이후 7월 11일 비시 정부가 성립되었다. 7월 15일부터 법령이 제정되기 시작했고, 7월 한 달 사이에 32개의 새로운 법령이 마련되었다. 경제와 정치 체제에 관련된 법령들이 대부분을 차지하는 가운데 유일하게 청소년 관련법(1940년 7월 30일 법)[315]이 만들어졌다. 이것은 1940년 6월 8일과 9일 사이에 입대한 신병 청소년들에게 군사 의무를 면제시키고, 대신 비시 정부의 청소년 단체 조직으로 편입시키는 법안이었다.

하지만 비시 정부는 처음부터 청소년 단체를 조직하려는 구체적인 계획을 갖고 있지 않았다. 독일 점령이라는 상황 자체가 비시 정부의 관심을 청소년에게 돌리도록 만든 것이다. 나치 독일 군대(Wehrmacht)가 프랑스 북쪽 지역(점령 지역)을 점령하자, 많은 프랑스인들이 남쪽 지역(자유 지역)으로 피난을 가게 되었다. 릴(Lille)이나 칼레(Calais) 지역, 그리고 알자스(Alsace) 등과 같은 북동쪽 지역으로부터 상당수의 청소년들이 피난 행렬 속에 있었다. 그들은 나치 독일의 군대로 징병당할 수 있다는 두려움과 공포심을 가졌기 때문에 빠른 속도로 남하했다. 그들 중에는 1940년 8월과 9월 전쟁터에 투입되었던 갓 18세 병사들도 10만 명 있었다.[316] 독일의 점령으로 프랑스 어린 병사들은 갈 곳을 잃었고, 당장 생계 문제를 해결해야 하는 상황에 처해 있었다.

페탱의 측근이면서 친독주의자인 조셉 라포르트 뒤테일(Joseph La Porte du Theil)[317] 장군은 페탱의 동의를 얻어 7월초부터 청소년 피난민

---

315 "Loi du 30 juillet 1940 relative au séjour dans des groupements de jeunesse des jeunes gens incorporés les 8 et 9 juin 1940," *Journal Officiel* (1er août, 1940), p.4605
316 Antoine Huan, France Chantepie, Jean-René Oheix, *Les Chantiers de la Jeunesse 1940-1944* (Nante: Opéra, 1998), pp.11-12.
317 이후로 뒤테일로 표기하겠다.

들을 시민 조직(organisation civile)으로 전환하려는 계획을 하였다. 임시적으로 자유 지역의 클레르몽페랑(Clermont-Ferrand)에서 지방의 남녀 고등학생, 그리고 군인 청년들을 모아서 교육 기능을 갖춘 청소년 단체를 조직하기 시작했다. 그는 자발적 의지를 가진 1500여 명 청소년에게 도덕·시민 교육뿐만 아니라 기술 교육을 시키는 청소년 교육 담당 기관을 만들고자 했다.[318]

(현재) 동요하는 모든 사회 계층의 프랑스 청소년에게 청소년 단체 조직을 통해 도덕적이며 남성적인 보충 교육을 받게 할 작정이다. (이 보충 교육은) 자질을 가진 자는 지도자로, 나머지 모든 자들은 건강하고 정직한 사람으로, 그리고 이들이 같은 민족 신념에 공감하도록 만드는 데 있다.[319]

이처럼 1940년 7월 30일 법은 전쟁 상황으로 청소년 단체가 필요했기 때문에 제정되었다. 비록 정규 교육 기관은 아닐지언정, 국가 지원과 주도 아래 전국 청소년 조직을 신속히 구성하는 법적 토대가 되었다.[320]

---

318 *Ibid.*, p.12.
319 Note du 9 juillet 1940, État-major du général de la Porte du Theil, dactylographié, paragraphe II, A. Huan, F. Chantepie, J.-R. Oheix, *Les Chantiers de la Jeunesse 1940-1944*, p.15, 재인용.
320 1941년 비시 정부가 공식적으로 청소년 작업소(Chantiers de Jeunesse)를 창설했다. "Loi du 18 janvier 1941 Création du Commissariat général des Chantiers de la Jeunesse: Commissariats régionaux, personnels," *Journal Officiel* (8 février, 1941), p.618.

2) 민족 혁명과 청소년 교육 정책

페탱은 프랑스 전 분야에 걸친 전반적인 계획안을 1940년 10월 9일 수요일 담화문[321]을 통해 공식적으로 발표했다. 이 담화 내용은 페탱만의 생각으로 이루어진 것이 아니라 8월 이후부터 진행된 내각 회의의 결과물이었다. 1940년 8월 10일부터 10월 6일까지 내각을 14개 분야[322]로 나누어 비시 정부의 이념과 이에 따른 구체적인 정책 방향을 논의하고 결정했다. 이 과정에서 청소년 정책이 함께 실시되었다.

첫 번째 논의 내용(1940년 8월 10~31일)은 헌법 내용[323]을 대외적으로 알리는 데 있었다. 이 헌법 내용의 기본 원칙인 권위(autorité)를 토대로 비시 체제를 알리는 상징적 단어가 필요했고, 이를 '민족 쇄신'(rénovation nationale)으로 표현했다.[324] 페탱의 담화문에서는 이 단어가 '민족 혁명'으로 대체되었고, 그 이후 민족 혁명이란 권위를 바탕으로 정치적, 사회적 위계질서를 구축하려는 비시 체제(régime de Vichy)를 상징하게 되었다.

이 혁명을 위한 전반적인 청소년 교육 정책은 세 가지 방향으로 이루어졌다. 첫째, 교사 협회보다 교육부 소속 지도자의 권위를 우선하는

---

321 Ministère de l'intérieur, "Une Allocution radiodiffusée du Maréchal Pétain (9 octobre 1940)," *Informations générales*, No.7 (15 octobre, 1940), pp.1-4. 다음 날 10일 목요일 저녁 신문사 보도 자료로도 발표되었다. Ministère de l'intérieur, "Le message du Maréchal Pétain (10 octobre 1940)," *Informations générales*, No.7 (15 octobre, 1940), pp.5-11.
322 논의 항목은 다음과 같다. 1.프랑스인의 생활에 대한 총체적인 양상 2.국외 관계 3.정치와 행정 4.법 5.직업 사회의 삶 6.노동과 생산 7.농업과 식량 공급 8.상업과 재정 9.수송, 공공사업과 재건 사업 10.식민지 정책 11.공교육 12.미술 13.프랑스 신문 14.국내 라디오 방송 France: Ministère de l'intérieur, Secrétariat d'État à l'intérieur, Bureau d'études juridiques et de documentation générale, *Informations générales* (Vichy: Ministère de l'intérieur, 1940-1944).
323 *Journal Officiel* (11 juillet, 1940), p.4513.
324 Ministère de l'intérieur, *Informations générales*, No.1 (8 septembre, 1940), p.1.

행정 체계가 확립되었다. 둘째, 권위적 정치 체제가 반영되도록 교과서가 수정되었다. 셋째, 청소년·가족부(Ministère de la Famille et de la Jeunesse) 소속 아래 전국 스포츠 교육 총위원회(Commissariat Général à l'Éducation Générale et Sportive: CGEGS)가 창설되었다. 이 총위원회는 스포츠 교육에 대한 전문가의 등급을 분류하고, 군대 징집으로 사용되었던 운동장을 민간 교육 시설의 기능으로 복구시켜 스포츠 사회 단체 조직을 다시 활성화시키는 역할을 담당했다.[325] 그뿐만 아니라 정규 학교 활동에 편성될 체육 교과 프로그램을 개발하는 일까지 맡게 되었다.[326]

이처럼 교육 정책과 청소년 스포츠 정책은 비시 체제의 권위적 특징이 즉각적으로 반영되는 분야로 부각되었다. 신체적, 정신적 능력을 향상시킬 수 있는 스포츠 교육은 권위적 사회를 이끌 청소년의 자질(명령, 규칙, 단체정신, ordre, discipline, esprit d'équipe)을 육성하는 데 합당한 교과 과정이라고 비시 정부는 판단했다. 당시 내각의 장관들은 청소년을 비시 체제에 가장 복종할 수 있는 주요 대상으로 여기기 시작했고, 이와 관련된 일련의 교육 정책에 대한 개정이 필요하다고 보았다.[327]

두 번째 논의 내용(1940년 9월 1일~7일)은 전쟁과 점령으로 인해 불안하고 혼란스러운 프랑스인에게 비시 정부가 점령 지역을 제외한 프랑스 자유 지역과 북부 아프리카 식민지를 유지할 능력이 있음을 보여주는 데 있었다.[328] 이를 설득하는 가장 좋은 방법은 피난민과 자유 지역민이 생계 문제를 해결할 수 있는 일자리를 공급하는 것이었다. 이를 해결하기 위해 노동·산업생산부가 3개의 총사무국[329]으로 나누어졌

---

325 *Ibid.*, pp.17-18.
326 *Ibid.*, p.18.
327 Paul Baudouin, *Neuf mois au gouvernment: avril-décembre 1940* (Paris: La Table Ronde, 1948), pp.214-215.
328 Ministère de l'intérieur, *Informations générales*, No.2 (10 sept. 1940), pp.1-22.

다. 사실 나치 독일 군대에 조달해야 하는 물자 때문에 단행된 개편이었지만, 당시 프랑스인에게 실상을 감출 수 있는 최적의 선전용 행정 조치였던 것이다.

이 선전용 조치는 기존 행정 부처들의 재편과 임명으로 이어졌다. 각 부처(ministère)가 정무 담당부(secrétariat d'État)[330]로 명칭이 변경되었고, 그에 대한 부처 간의 통폐합이 이루어졌다. 청소년 관련 국가 행정 기관이 교육 정무 담당부 소속으로 전환되었다. 기존 가족 청소년부 산하의 청소년 총사무국(Secrétariat Général à la Jeunesse: SGJ)은 교육 · 청소년 정무 담당부(Secrétariat d'État à l'Instruction Publique et à la Jeunesse)로 변경되었다.[331]

---

329 *Ibid.*, p.6. 즉 원료 에너지 총사무국(Secrétariat Général à l'Énergie et aux Matières premières), 무역 산업 총사무국(Secrétariat Général à l'Industrie et au Commerce), 노동 총사무국(Secrétariat Général au Travail)이 설치되었다.
330 시기별 부처 개편에 따른 교육부의 이름 변화는 아래 표와 같다.

교육부 개편 시기와 유지 기간	교육부 이름
1940. 6. 16~7. 12.	교육부(Ministère de l'Éducation nationale)
1940. 7. 12~9. 6.	교육 · 미술부 (Ministère de l'Instruction publique et des Beaux-Arts)
1940. 9. 6~12. 13.	교육 · 청소년 정무 담당부 (Secrétariat d'État de l'Instruction publique et de la Jeunesse)
1940. 12. 13~1941. 2. 23.	교육부(Ministère de l'Éducation nationale) *청소년 총사무국 창설(Secrétaire Général à la Jeunesse)
1941. 2. 25~1942. 4. 18.	교육 · 청소년 정무 담당부 (Secrétariat d'État à l'Éducation Nationale et de la Jeunesse)
1942. 4. 18~1944. 8. 20.	교육부(Ministère de l'Éducation nationale) <교육부 산하 아래 청소년 행정 담당 기관> *청소년 총사무국(Secrétaire Général à la Jeunesse) *청소년 작업소 총위원회 (Commissaire Général des Chantiers de Jeunesse)

앞선 밝혔듯이, 이 글에서는 ministère, secrétariat d'État, secrétariat général를 각각 부(部), 정무 담당부(政務擔當部), 총사무국(總事務局)으로 번역한다. 또한 Ministère de l'Instruction publique는 Ministère d'Éducation nationale의 기능이기 때문에 이를 교육부로 번역하겠다.

반면 기존에 청소년 정책을 담당했던 가족 청소년부는 해체되었다. 종래 보건부와 가족부가 내무 정무 담당부(Secrétariat d'État à l'Intérieur)의 소속 아래 보건·가족 총사무국(Secrétariat Général à la Famille et à la Santé)으로 변경되었다.

청소년 기관이 교육 정무 담당부 소속으로 전환되었다는 사실만으로도 비시 정부가 청소년 교육 정책을 통해 정치 체제의 이미지를 확립하려는 계획을 시도했음을 알 수 있다. 청소년 정책은 더 이상 가족 정책의 일환으로 다루어질 사안이 아니었다. 비시 정부는 청소년을 국가 체제를 유지하는 주요 대상으로 삼았고, 교육부 산하에서 이를 관리하고자 했다.[332]

세 번째 논의 내용(1940년 9월 16일~10월 6일)은 국가의 권위와 정부 활동이 프랑스인의 생활 안에 반영될 수 있도록 기본 정치 원리를 제시해 주는 데 있었다. 비시 정부는 대내적, 대외적 차원에서 이 원리를 설명했다. 우선 페탱은 9월 15일 『두 세계의 잡지』(Revue des Deux Mondes)에서 비시 정부의 정치 이념을 논했다.[333] 요약하자면, 그는 현재 프랑스 상황에서 강한 정부가 필요하기 때문에 비시 정부는 개인이나 집단

---

[331] Ministère de l'intérieur, *Informations générales*, No.2 (10 septembre, 1940), p.4-5. 9월 6일에 기존의 전국 스포츠 교육 총위원회(CGEGS)는 교육·청소년 담당부에 소속되었고, 이를 맡고 있었던 장 보로트라(Jean Borotra)가 연임했다. 27일에 청소년 총사무국은 라미랑이 맡게 되었다.

[332] 이러한 비시 정부의 입장은 1940년 8월 15일 페탱의 글에서도 찾아볼 수 있다. "내일의 프랑스 학교는 인격, 가족, 사회, 그리고 조국을 존중하도록 가르칠 것이다. 프랑스 학교는 더 이상 중립적이지 않다...프랑스 학교는 우선 민족적일 것이다...(또한) 교육의 목적은 모든 프랑스인을 노동의 맛과 수고의 열의를 가진 인간으로 만드는 데 있다. 이와 같은 인간의 덕목을 모두 완전히 복구하는 것, 그것이 우리에게 놓인 가장 큰 사안이다. 스포츠 청소년을 육성하는 것은 이 사안의 부분을 책임지는 일이다." Philippe Pétain, "Éducation nationale," *Revue des Deux Mondes* (15 août, 1940).

[333] Ministère de l'intérieur, *Informations générales*, No.4 (24 septembre, 1940), pp.22-25.

이해관계를 배제하고 민족을 위한 정치 체제가 되어야함을 강조했다. 이를 위해서는 비시 정부는 개인(individu)의 자유, 평등, 우애 대신 가족(famille)의 자유, 평등, 우애를 중시하겠다고 했다. 개인 대신 가족이 사회의 기본 조직이며, 가족의 구성원인 청소년은 곧 사회 노동(travail)의 중심이며, 이것이 조국(patrie)을 이루는 근간이라는 것이다.[334]

하지만 이와 같은 정치 이념에는 비시 체제의 가장 본질적인 기본 원칙을 숨기려는 목적도 있었다. 오히려 외무부 장관 폴 보두앵(Paul Baudouin)은 9월 19일 미국 언론협회가 주최한 만찬에서 이를 명확히 밝혀주는 발언을 했다. "공공의 가치를 기념하는 건축물에 자유, 평등, 우애라는 단어를 새기는 것으로 충분하지 않다. 우선 모든 사회 재건의 전제 조건에는 두 가지 원칙이 활용되어야 한다. 즉 노동에 대한 모두의 권리, 모두에게 해당되는 노동의 의무이다. 두 원칙은 도덕적 규칙이며, 페탱 원수가 프랑스인에게 먼저 줄 수 있는 진정한 평등이다."[335] 그는 프랑스인에게 자유 · 평등 · 우애의 가치보다 훨씬 중요한 기본 원칙은 노동의 권리와 의무라고 말한 것이다. 그의 언급은 당시 프랑스 정치와 사회의 정황과 관련이 있었다. 나치 독일과의 협력 때문에 군사적 징병 및 노동력의 조달이 있어야 했으며, 전쟁과 점령 이후 일반인부터 청년까지 실업 상태가 지속되고 있었기 때문에 비시 정부가 해결해야 하는 총체적인 문제는 '노동'이었다.[336]

민족 혁명이 신속하게 파급될 수 있는 방법으로, 비시 정부는 교육 정책과 교과서의 개정을 서둘렀다. 9월 24일 법령에 따라 교육 · 청소년 담당부가 설치되었고, 정무 담당 장관으로 조르주 리페르(Georges

334 P. Pétain, "Éducation nationale," *Revue des Deux Mondes* (15 août, 1940), pp.113-114.
335 Ministère de l'intérieur, *Informations générales*, No.4 (24 septembre, 1940), pp.3-4.
336 P. Giolitto, *Histoire de la Jeunesse sous Vichy*, pp.506-507.

Ripert)가 임명되었다. 그는 세 가지의 교육 개편을 시도했다. 첫째, 초등 교육과 학위 수료증 시험 조직을 개정했다. 그것은 교과 내용의 개편을 예고한 것이며, 주요 내용은 국가에 대한 의무, 전체 이익과 법에 대한 존중, 봉사 정신의 확대, 민족 감정과 애국심의 고취 등을 강조하는 데 있었다. 특히 지역사와 민족사라는 교과 내용을 보충하여 국가와 조국에 대한 의식을 심어주고자 했다.[337] 둘째, 초등 교육의 이원화를 가져오는 초등 사범 학교를 폐지시켰다. 셋째, 중고등학교에서 선택에 따라 고전(라틴어, 그리스어)과 현대 교육(과학 기술 지식)을 제한적으로 실시했던 교과 과정을 의무적으로 확대 실시하여 서로 다른 영역의 지식을 습득할 수 있도록 개편했다.[338]

이 개정안은 1902년 교육 개정 이래 프랑스 교육의 평등성 문제를 해결하는 데 있었다. 프랑스 역사가 앙투안 프로(Antoine Prost)에 따르면, 중등 교육에서 사회 계층의 차이가 컸는데 그 원인이 초등 교육에서 비롯되었다는 것이다. 오늘날에는 초등 교육이 단일 체제가 되어 무상 교육의 수혜를 받지만, 당시 초등 교육은 엄밀히 말해서 두 가지 차원으로 이루어졌다. 하나는 쥘 페리가 말한 대로 일반인 누구나 무상 교육을 받은 초등 교육이 있었고, 다른 하나는 페리의 법 이전부터 엘리트 교육 기관인 중고등부 자체에서 운영하는 초등 교육이 존재했다.[339] 초등 사범 학교와 일반 초등학교 출신 사이의 학습 능력 차이가

---

337 Ministère de l'intérieur, *Informations générales*, No.4 (24 septembre, 1940), pp.25-27.
338 *Ibid.*, pp.21-22.
339 프랑스 초등 교육에서 공교육, 무상 교육, 의무 교육이 이루어질 때까지 수많은 변화를 겪었다. 1808년 프랑스 제국 대학이 마련되었을 때 공교육이 초등 교육까지 확대되지 못했다. 1816년 대학이 교사 자격증 제도를 만들면서 국가가 초등 교사를 통제하고자 했으나, 재정적 지원이 부족했다. 1833년 학교 설립의 의무법이 실시되면서, 프랑스 정부는 본격적으로 초등 교육에 개입하기 시작하였다. 처음부터 국가의 영향력이 약했던 탓에, 사립학교 중고등부에서 엘리트 초등 교육을 자체적으로 운영하였고, 공교육의

그대로 중고등부로, 더 나아가 사회계층의 차이로 이어졌던 것이다. 초등 사범 학교 졸업생은 중학교 마지막 학년, 혹은 고등학교로 편입되었다. 이들은 대체로 고전과 현대 교육을 받았기 때문에 대학 입시 유형도 일반 학생들과 다른 선택을 했다. 평등 교육 체제였지만 사회의 특권층이 형성될 수 있는 교육 환경이었던 것이다.[340] 이 점은 이미 제3공화국에서부터 비판받아 왔으며,[341] 1936년 장 제 장관이 청소년 정책에 관심이 컸던 이유가 바로 청소년 교육의 평등성을 실현하려는 데 있었다.[342]

비시 정부는 청소년에 대한 높은 관심 속에 기존 제3공화국에서 있었던 엘리트와 대중 교육에 대한 갈등을 해소시켜 프랑스인의 지지를 가져올 수 있었다. 그래서 페탱이 지방 각 도시의 초등학교를 방문하여 대중적 이미지를 확립했던 것도 사실이다.

그러나 비시 정부는 엘리트 교육을 포기하지 않았고 오히려 특수 엘리트 교육 기관으로서 에콜 뒤리아주(École d'Uriage)를 창설했으며, 학교에서 유대인 학생 차별 정책을 강화했다.[343] 따라서 당시 비시 정

초등 교육과 함께 공존해왔다. 이와 같은 이중적 행정 조직에 대해 제3공화국은 폐지하지 못했고, 오히려 비시 정부 시기에 공교육 체제로 통합되었다. 이는 비시 정부가 국가 주도형 공교육에 바탕으로 교육 정책을 실시했음을 알려준다. 쥘 페리법 이전의 초등 교육 행정 조직의 변모에 대해서는 다음 논문을 참조하길 바란다. Jung-In Kim, Le 'Bon maître' du XIXe siècle: cinq générations d'instituteurs et d'institutrices d'après les dossiers de récompenses honorifiques 1818-1902 (Thèse de doctorat, Université Paris IV, 2013).

340 Antoine Prost, Éducation, Société et Politiques: une histoire de l'enseignement en France de 1945 à nos jours (Paris: Seuil, 1997), pp.84-88.

341 제3공화국의 정치가 페르디낭 뷔송(Ferdinand Buisson)은 평등이란 두 청소년층인 엘리트와 대중 사이에서는 존재하지 않는다고 말했다. 또한 초등학교 교장, 폴 라피(Paul Lapie)는 같은 초등 교육 안에 다른 교과 과정이 존재한다고 비판했다. Paul Lapie, Pédagogie française (Paris: Alcan, 1920), pp.240-241.

342 A. Prost, Éducation, Société et Politiques, p.85.

343 Loi du 3 octobre 1940 portant statut des Juifs.

부가 정치 이념의 확립을 통해 청소년 교육 정책에 대해 대중 교육화를 지향했지만, 전체적인 교육제도에서는 엘리트 교육과 차별 교육 정책을 함께 실시했다는 사실을 인지할 필요가 있다.

이와 같은 내각의 논의 내용은 1940년 10월 9일 수요일 페탱의 담화문에 집약되어 있다. 아래의 마지막 문장은 비시 정부의 정치 이념을 선전하는 데 청소년 정책이 필요했음을 암시해 주고 있다.

남녀 프랑스인(Français, Française)들이여, 남녀 청소년들이여(jeunes gens et jeunes filles), 나의 말을 듣고 있는 자들이여, 전쟁으로 잔인하게 상처받은 자들을, 그리고 혹독한 겨울에서 새로이 어려운 시련을 겪고 있는 자들을 도와주십시오.[344]

이제까지 담화문에서 청소년을 연설 대상으로 삼은 적은 거의 없었다. 민족 혁명이라는 정치 이념을 발표하는 중요한 담화문에서 페탱이 청소년이라는 호칭을 공식적으로 언급한 것은 우연한 일이 아니다. 비시 정부의 초기 내각부터 정치 체제의 정당성 및 대중의 지지도를 확보하기 위해선 청소년 정책을 부각시켜야만 했고, 청소년 담당 기관의 행정 급을 변경하고, 소속부도 가족부에서 교육부로 이동시켰다. 그러므로 페탱이 담화문에서 민족 혁명을 위해 청소년이 필요하며, 혁명을 담당해 줄 것을 그들에게 호소할 수 있었던 것이다.

담화문의 의도는 교육부 소속 청소년 총사무국[345]에 그대로 반영되

---

344 Ministère de l'intérieur, "Une Allocution radiodiffusée du Maréchal Pétain (9 octobre 1940)," *Informations générales*, No.7 (15 octobre, 1940), p.4.
345 원래 교육부에 두 청소년 국가 행정 기구가 있었다. 청소년 총사무국과 기존의 전국 스포츠 교육 총위원회이다. 후자는 교육부 관련 법령에 따라 초·고등학교 교과 과정에 체육 시간을 필수 과목으로 개편하는 과정에서 성립되었다. 이와 관련된 구체적인 내용

었고, 이 기관은 본격적으로 민족 혁명의 전도사로 나서게 된다. 비시 정부도 이 기관에 적극적인 재정 지원을 아끼지 않았다.[346] 이전까지만 해도 예산 책정에서 거의 배제되었거나 지원금이 미미했던 상황과 비교해 본다면, 이는 커다란 변화이며, 이것만으로도 비시 정부가 청소년 교육 정책을 중요하게 다루기 시작했음을 알 수 있다.[347]

3) 청소년 총사무국과 청소년 단체 창설

(1) 단일 청소년 조직의 설립을 위한 청소년 총사무국

청소년 총사무국은 민족 혁명이라는 정치 이념 아래 14살부터 21살까지 청소년을 단합시키는 데 궁극적인 목적이 있었다. 이를 위해 기존 청소년 단체들에게 두 가지의 기본 방침이 적용되었다. 첫째, 기존의 청소년 단체들을 인정하고 그들의 자치적 운영을 지원하지만, 행정 위계질서는 엄격히 지켜야 한다는 것이다. 둘째, 청소년 총사무국이 관장하는 체육 교육(éducation physique)과 시민 교육(éducation civique)에 적극적으로 참여해야 한다는 것이다. 프랑스 민족 재건에 참여하는 모든 프랑스 청소년 단체는 미래에 단일 조직(organisation unique)으로 통합될 예정이기에, 청소년 대상의 체육 교육과 시민 교육을 통해 이를 점진적으로 준비하고자 했다.[348]

은 다음 저서를 참조하길 바란다. Jean-Louis Gay-Lescot, *Sport et éducation sous Vichy 1940-1944* (Lyon: Presses universitaires de Lyon, 1991).

346 P. Giolitto, *Histoire de la Jeunesse sous Vichy*, p. 447.

347 1943년 교육부 재정은 6,347,487천 프랑이었고, 청소년 총사무국의 예산은 788,309천 프랑이었다. 교육부 예산의 12%를 차지한 것인데, 이전과 비교해서 청소년 총사무국에 대한 예산 지원이 커졌다. P. Giolitto, *Histoire de la Jeunesse sous Vichy*, p.447.

348 Antoine Prost, "Jeunesse et société dans la France de l'entre-deux-guerres," *Vingtième Siècle, revue d'histoire*, No.13 (janvier-mars, 1987), pp.35-43.

따라서 청소년 총사무국은 기존 청소년 단체의 현황을 파악할 필요가 있었다. 전쟁 이전 주요 청소년 단체 조직으로, 프랑스 보이스카우트 운동(scoutisme français), 프랑스 가톨릭 청소년 연맹(Association Catholique de la Jeunesse Française: ACJF, 1886년 창설), 그리고 청소년 농민 연맹(Jeunesse Paysanne, 1935년 창설)이 언급되었다.[349]

이 가운데서 프랑스 보이스카우트 운동은 민족 혁명을 이끌 청소년 지도자를 육성시킬 만한 가장 합당한 교육 방법을 갖고 있었다. 이 운동은 '시민 학교'로 부를 정도로 공동체의 시민으로서 가져야 할 책임감을 키우면서도, 그리스도교 신앙심 대신에 프랑스 민족의 전통 덕목을 육성시키는 곳이었다. 사실 보이스카우트 운동의 지도자들이 비시 정부의 지원 아래 청소년 작업소(Chantiers de Jeunesse)와 프랑스 동반자(Compagnons de France)[350]를 세웠기 때문에 청소년 총사무국에서는 다른 단체와 달리 개선 사항 없이 그대로 비시 정부의 청소년 단체로 승인해 주었다.[351]

반면 프랑스 가톨릭 청소년 연맹, 청소년 농민 연맹을 비롯한 그외 청소년 단체들, 가톨릭 청소년 농민 연맹(Jeunesse Agricole Catholique: JAC), 기독교 청소년 노동 연맹(Jeunesse Ouvrière Chrétienne: JOC), 기독교 청소년 대학생 연맹(Jeunesse Étudiante Chrétienne: JEC), 기독교 청소년 독립 연맹(Jeunesse Indépendante Chrétienne: JIC)의 경우는 달랐다. 가톨릭

---

349 AN 2AG/654: Rapports entre le Secrétariat général à la Jeunesse et les mouvements de jeunesse.

350 각각 뒤테일 장군과 앙리 다베르나스(Henry Dhavernas)에 의해 세워졌다. 본고에서는 Chantiers de France를 '청소년 작업소'로, Compagnons de France를 '프랑스 동반자'로 번역하고자 한다. 전자는 직업 노동을 배우는 곳을, 후자는 같은 또래의 같은 직업 무리를 의미하기 때문이다.

351 AN 2AG/654: Rapports entre le Secrétariat Général à la Jeunesse et les mouvements de Jeunesse.

정신에서부터 공화주의, 조합주의, 노조주의, 사회주의 등과 같은 다양한 정치 이데올로기 색깔이 포함되어 있기 때문에, 청소년 총사무국은 민족 혁명을 수행하는 데 적합한 단체의 개편을 요구했다.

그러나 이 단체들은 청소년 총사무국의 정치적 의도에 대해 상당한 두려움을 가졌기 때문에 쉽게 청소년 총사무국 소속이 될 수 없었다. 각 단체의 대표자들은 단일 조직을 유도하는 청소년 총사무국의 의도를 파악하고, 이것이 파시스트 체제를 성립하려는 전조라고 느꼈기 때문이다.352 특히 기존 가톨릭 청소년 단체들의 저항은 비시 정부나 청소년 총사무국을 당혹시켰다.353 물론 단일 학교를 만들기 위해 흩어져 있는 민간 청소년 단체를 국가 청년 조직으로 전환시키려는 것, 그것이 비시 정부가 청소년 총사무국에 요청한 주요 업무였다. 하지만 담당 장관인 라미랑은 페탱주의자이며 가톨릭 신자였기 때문에, 파시스트 체제의 단일 청년 조직과는 거리를 둔 편이었다.354 그는 가톨릭계 청소년 단체들을 흡수하여 민족 혁명에 대한 청소년의 시민 교육을 실시하려는 목적이 있었기에, 기존 청소년 단체들을 통제하면서도 균등하게 재정 지원을 해줄 방법을 모색하고 있었다.355

그러나 이 문제는 청소년 총사무국의 담당 장관들 사이의 갈등으로까지 번지게 되었다. 1941년 1월 카르코피노가 교육부와 청소년 총사

---

352 *Ibid.*
353 기독교 청소년 대학생 연맹(JEC)만은 자발적으로 청소년 총사무국의 소속으로 들어갔다. 이에 대한 구체적 내용은 다음 저서를 참조하길 바란다. Alain-René Michel, *La JEC 1938-1944 face au nazisme et à Vichy* (Villeneuve-d'Ascq: Presses Universitaires de Lille, 1988).
354 Rémi Baudouï, "Du rôle social de la jeunesse dans la Révolution nationale. Georges Lamirand, secrétaire général à la Jeunesse, 7 septembre 1940-23 mars 1943," Jean-William Dereymez (éd.), *Être jeune en France 1939-1945* (Paris: Harmattan, 2001), pp.141-143.
355 Pierre Giolitto, "Vichy initiateur d'une politique de la jeunesse," Jean-William Dereymez (éd.), *Être jeune en France 1939-1945* (Paris: Harmattan, 2001), p.135.

무국을 동시에 맡으면서, 청소년 총사무국이 교육부의 대학교와 중고등학교에 개입하는 것을 금지시켰다.[356] 카르코피노는 교육제도에서 종교 교육을 허용했지만 교회의 교권을 회복시키는 것을 금지했던 장관이다. 그렇기 때문에 파시스트 성향의 단일 청소년 조직 문제에 대해선 반대하는 입장이었다.

급기야 1942년 3월 3일과 5일 페탱이 청소년 조직에 대한 원칙을 공개적으로 정의했다. "단일 청소년 조직이란 국가를 정의하는 시민과 조국이라는 공통 부분을 가진 모든 청소년 단체 사이에서 존재해야만 한다." "청소년은 개인의 소유물이 아니다...그것은 국가의 청소년과 관련된 것이다. 우리 청소년들은 민족적이어야만 한다...그러나 국가 청소년(jeunesse d'État)을 창설하는 문제에 대해서는 아는 바가 없다."[357]

이처럼 비시 정부가 친나치주의도, 파시스트 체제도 아닌 복합적인 정치 성격을 지녔기 때문에, 단일 청소년 조직에 대한 정의도 명확하게 제시될 수 없었다.[358] 비시 정부의 체제에 대한 애매모호한 성격이 그대로 청소년 총사무국의 정책에도 반영된 것이다. 결과적으로 청소년 총사무국의 행정적 권위는 청년 단체 조직 사이에서 떨어졌고, 그 때문에 기존 청소년 단체 조직에 대한 통제조차 어려워지는 상황이었다. 1943년 4월 친나치주의자 아벨 보나르가 교육부 장관이 되면서 청소년 총사무국의 담당 장관도 그의 측근인 모리스 가이(Maurice Gaït)로 바뀌게 되었다.

---

356 S. Corcy-Debray, *Jérôme Carcopino*, pp.83-87.

357 AN II AG 650: Message du chef de l'État en date du 5 mars 1942, R. Baudouï, "Du rôle social de la jeunesse dans la Révolution nationale," p.143, 재인용.

358 비시 정부의 민족 혁명에 대한 다양한 성격은 다음 저서를 참조하길 바란다. 박지현, 『누구를 위한 협력인가 -비시 프랑스와 민족 혁명』 (책세상, 2004).

(2) 비시 정부의 공식 청소년 교육 단체: 청소년 작업소와 프랑스 동반자

청소년 작업소는 1940년 6월 프랑스 청소년의 동요에서 비롯되었다. 자유 지역과 아프리카 북부 식민지에서 군사 훈련 중이었던 청소년들이 6월 휴전을 선포한 페탱의 연설문에 동요하기 시작했고, 점차로 점령 지역의 젊은 군인들까지 이에 가담하기 시작했다. 북쪽 점령 지역에서 남쪽 지역으로 내려오는 피난민 행렬 사이에서 그들은 사회적으로 고립되어 있었다. 비시 정부는 자발적으로 모여진 청소년 집단을 국가 차원에서 관리할 필요성을 느꼈고, 군사 기능을 제외한 교육의 기능을 가진 청소년 단체의 유형으로 설립할 것을 결정했다.

이 단체의 설립자는 뒤테일 장군으로, 1940년 6월 자유 지역의 청소년 작업소를 먼저 설치했다. 그는 프랑스 보이스카우트 운동의 지도자 출신으로, 이미 1928년부터 15만 명의 청소년들과 숲 속에서 훈련을 함께 한 적이 많았다. 그는 이 단체의 교육 방법을 통해 조국애, 동료애, 도덕심, 신체 단련과 노동이라는 덕목을 심어 주고자 했다.[359]

뒤테일 장군의 계획안은 1940년 7월 31일에 통과되어, 당시 내무부 장관인 마르셀 페루통(Marcel Peyrouton)이 '청소년 작업소'로 명명했다. 1941년 1월 18일 청소년 작업소의 실습을 의무 사항으로 제정하는 법령이 발효되었고, 1941년 7월과 11월, 그리고 1942년 3월에 18만 7,000명의 청소년들이 참여하기 시작했다.[360] 1940년에서부터 1944년까지 40만 명의 청소년들이 이 단체를 거쳐 갔다.[361]

---

359 Ministère des affaires étrangères, *Informations générales*, No.28 (11 Mars, 1941), pp.52-53.
360 Benigno Cacérès, *Histoire de l'Éducation populaire* (Paris: Seuil, 1964), p.123.
361 역사가 페쿠에 따르면, 실제적으로 청소년들은 이 단체에 대해 호감을 갖지 못했고, 오히려 무용한 단체로 여겼다고 한다. 이제까지 청소년 운동 연구가 비시 정부에 의해 작성된 문서와 수치로 이루어졌기 때문에 앞으로 청소년들의 수용 태도에 대한 보다 객관적인 연구가 필요할 것이다. Christophe Pécout, "Les jeunes et la politique de Vichy.

이 단체의 역할이란 첫째, 청소년의 정신과 신체를 단련시키는 일이고, 둘째, 민족 혁명의 정치 이념을 선전할 수 있는 지도자를 육성시키는 일이고, 셋째, 국가에 노동력을 제공하는 일이었다.[362] 이 조직은 프랑스 보이스카우트의 교육 방법을 도입해서 민족 혁명의 공동체 이념을 실현시키고자 했다. 특히 페탱이 청소년 대상의 담화문[363]에서 강조했던 단체정신과 희생정신을 육성하기 위해 집단 스포츠 교육과 노동 교육을 강조했다.

사실 이 단체만큼 충실하게 민족 혁명이라는 정치 이념에 따라 청소년의 정신과 육체를 훈련시키는 곳도 없었지만, 이 단체의 실질적 교육 목적은 겉으로 드러난 것과 달랐다. 우선 민족 혁명의 이념에 충실한 페탱의 대표적인 청소년 교육 단체였으나, 스포츠 교육을 통한 준(準)군사 능력을 키워 비시 정부의 잠재적인 군사 임무를 맡았다. 준군사 능력 때문에 나치 독일의 감시 체제가 심해졌으며, 프랑스 독일 대사인 아베츠는 불쾌감까지 가졌을 정도였다.[364] 작업소 설립 초기에 청소년 유대인의 가입 허용이 곧 금지되었고, 이후 이 단체는 반유대주의를 표방하면서도 반독일주의 입장을 고수했다.

노동 교육은 비시 정부의 본질적 성격, 즉 협력 정부의 정치적 노선과 관련되어 있다. 1942년 겨울부터 비시 정부는 노동 의무국(강제 노동국, Service du Travail obligatoire: STO)을 통해 적어도 30만 명의 프랑스 노동자와 숙련공을 독일로 보내야 했다. 1943년 4월 5일 청소년의 징용이 벌어지는 상황에서 비시 정부는 청소년 작업소의 회원들을 독일로

Le cas des Chantiers de la Jeunesse," *Histoire@Politique. Politique, culture, société*, No.4 (janvier-avril, 2008), p.1

362 *Ibid.*
363 P. Pétain, "Message du 29 décembre 1940," *Discours aux Français*, pp.104-106.
364 O. Abetz, *Pétain et les Allemands*, pp.85-86.

보내고자 했다. 뒤테일 장군이 이를 격하게 거부하자, 라발은 그를 해임시키고 1944년 1월 친독주의자 에밀 베르만(Émile Bermand)을 새로운 청소년 작업소의 담당 총사무관으로 임용했다. 1943년 4월부터 청소년 작업소365가 해체되기 시작했고, 뒤테일 장군의 해임 이후에 청소년 작업소는 1944년 6월 독일군에 의해, 7월 5일 알제리 프랑스 정부에 의해, 12월에 임시 정부에 의해 세 차례에 걸쳐 붕괴되었다.366

따라서 청소년 작업소는 비시 정부의 이데올로기나 정치 노선을 반영했지만, 나치 독일식의 단일 청소년 조직을 원하지 않았다는 사실만은 분명하다.

프랑스 동반자는 1940년 패배 이후 형성된 첫 번째 청소년 운동이다. 1940년 6월 패배의 충격으로 7월 말에 랑당(Randan) 숲에서 청소년들이 모였고, 프랑스 보이스카우트 출신인 앙리 다베르나스가 이 모임을 비시 정부의 공식 청소년 단체로 만들었다. 그의 친구인 당시 외무부 장관 보두앵 역시 이를 적극적으로 지원해 주었다.367

그들 대부분이 피난민 혹은 수용자였기 때문에, 프랑스 동반자는 지방 수용소(camps-écoles provinciaux)와 같은 형태였고, 크게 두 가지 유형으로 나누어졌다. 하나는 자치 동지 조합(Compagnonnage autonome)이고, 다른 하나는 사범 동지 조합(Compagnonnage normal)이었다. 전자는 가족과 직업을 잃어버린 청소년 그룹으로, 프랑스 동반자에서 안정감

---

365 당시 라발 수상은 1943년 4월 17일 청소년 작업소 · 노동 의무국 고등회의(Conseil superieur du Service du Travail obligatoire et des Chantiers de la jeunesse)를 제정하여 청소년 작업소를 징용과 징병의 대상으로 삼았다. Secrétariat d'État aux affaires étrangères, *Informations générales*, No.139 (27 avril, 1943), p.150.

366 Wilfred Douglas Halls, *Les Jeunes et la politique de Vichy* (Paris: Syros alternatives, 1988), p.314.

367 Ministère de l'intérieur, *Informations générales*, No.2 (10 septembre, 1940), pp.16-17.

을 찾았으며, 지도자에 대한 절대적인 복종을 중시했던 모임의 유형이었다. 후자는 청소년 지도자 그룹으로, 프랑스 동반자를 민족 혁명에 적합한 단체로 만드는 데 주력했던 모임의 유형이다.[368]

두 유형의 청소년들은 농촌과 도시 시설 작업에 고용되어 노동 교육을 현장 실습으로 대체하고, 민족 혁명에 대한 시민 교육을 받았다. 청소년 작업소와 마찬가지로, 프랑스 동반자는 민족 혁명의 이념을 교육하고, 이를 대중적으로 알리는 역할을 맡았다.[369] 1941년 9월 5일 페탱은 프랑스 동반자의 제1회 창립 기념식 날에 "나한테 그대들은 언제나 민족 혁명의 선구자"[370]라고 밝힐 정도로, 비시 정부의 공식 청소년 단체로서 청소년 동지에 대한 정부의 신뢰가 높은 편이었다.

하지만 청소년 작업소와 달리, 프랑스 동반자의 시민 교육 내용을 주목할 필요가 있다. "우리가 원하는 혁명은 자유의 혁명이다. 과거의 프랑스 혁명은 모든 해방의 혁명이었다. 그런 연유로 우리는 그 뒤를 잇고자 한다."[371] "우리가 생각하는 세계관은 특수 집단의 이해보다 공동체의 이익을 우선하는 데 있다."[372] "(프랑스 동반자) 운동, 그 기원은 민족적 성격에서 비롯되었다. 그것은 이데올로기에서 나온 것이 아니다."[373]

이 내용은 프랑스 동반자가 비시 정부 소속이지만, 프랑스 민족 공동체보다 국가 체제가 우선될 수 없다는 의미이다. 프랑스 동반자의

---

368 "Éducation ouvrière ou éducation nationale," *Compagnons*, No.154 (2 février, 1943).
369 A. Cruiziat, "Positions Compagnons - Unité dans la diversité," *Le Chef Compagnon* (15 décembre, 1940).
370 P. Pétain, "Message du 5 septembre 1940," *Discours aux Français*, p.183.
371 Limore Yagil, *L'Homme nouveau et la Révolution nationale de Vichy 1940-1944* (Villeneuve-d'Ascq: Presses universitaires du Septentrion, 1997), p.70.
372 *Ibid.*, p.71.
373 *Ibid.*, p.73.

지도자들은 시민 교육을 통해 청소년들을 국가의 청소년이 아니라 프랑스 민족 공동체의 연대감(solidarité)을 가진 사람으로 만들고자 했다. 비시 정부의 선전용 내용보다 자체 시민 교육 프로그램을 통해 시민의 권리가 국가가 아닌 공동체에서 비롯되었다는 점을 강조한 것이다.[374] 그래서 프랑스 동반자는 청소년 총사무국이 요구했던 단일 청소년 조직과 거리를 두었고,[375] 1942년 라발의 복귀 이후 부정적인 태도를 표명했다.

프랑스 동반자는 1942년 나치 독일이 자유 지역을 점령하면서 점차 해체되기 시작했다. 1943년 2월 노동 의무국이 창설되면서, 청소년의 징병이 프랑스 동반자에서도 이루어질 것이라는 소문이 무성했다. 결과적으로 일부는 독일로 징용, 징병되었고, 다른 일부는 레지스탕스 조직으로 유입되면서, 1944년 1월 와해되었다.

이처럼 비시 정부의 두 공식 청소년 단체, '청소년 작업소'와 '프랑스 동반자'는 기존 청소년 단체보다 민족 혁명에 대한 적극적인 수용 태도를 보인 반면, 단일 청소년 조직에 대해서는 부정적인 입장이었다. 청소년 총사무국이 이를 강요하기보다 다원주의 입장을 취했기 때문일 수 있지만, 기존 청소년 단체와 마찬가지로 비시 정부의 공식 청소년 단체도 국가보다 민족 공동체를 중시하는 태도를 볼 수 있었다.

하지만 여기서 한 가지 검토해야 할 청소년 단체가 있다. 그것은 '청소년 프랑스'(Jeune France)와 그 문화 정책에 관한 것이다.

---

[374] *Compagnons* (2 mai, 1942).
[375] 가톨릭 진영에서조차 프랑스 동반자가 전체주의 성격의 청소년 단체로 변질될까봐 내심 걱정할 정도로, 당시 프랑스 동반자의 사회적 영향력이 컸다. W. D. Halls, *Les Jeunes et la politique de Vichy*, p.281.

(3) 청소년 프랑스와 문화 정책

'청소년 프랑스'는 1940년 11월 청소년 총사무국의 지원 아래 창설
되어, 1942년 3월에 폐지된 국가 청소년 문화 기관이었다. 이 기관은
국가 차원에서 설립한 자율적 청소년 문화 공동체로서, 각 지역의
문화 보급을 도모했다. 이 프로그램은 예술과 문화 분야에서 프랑스
전통을 전파하기 위해 지역마다 연극, 음악, 도서관, 전시회, 학술대회,
축제와 같은 행사에 균등한 기회를 주어 '단일 청소년 문화'를 만들고
자 했다.[376]

피에르 셰페르(Pierre Schaeffer)가 이 기관의 창설자이며, 젊은 이공과
대학 출신으로, 라디오-청소년(Radio-Jeunesse) 방송을 진행하는 라디오
전문 기술자였다. 그는 당시 청소년 총사무국 정무 담당 장관인 라미랑
과 깊은 친분 관계가 있어서 라디오-청소년 방송을 계속 진행할 수
있었다. 이를 기회 삼아, 그는 '청소년 프랑스'라는 청소년 문화 단체를
창설했던 것이다. 자유 지역은 자신이 맡고, 점령 지역은 젊은 소설가
폴 플라망(Paul Flamand)이, 북부 아프리카 지역은 영화인 로제 렌하르트
(Roger Leenhardt)가 담당했다.[377]

청소년 프랑스의 정신적 지주는 엠마뉴엘 무니에(Emmanuel Mounier)
였다. 그는 1930년대 비순응주의자에 속하는 인물로서, 현재까지 이어
져 오는 잡지 『정신』의 당시 편집장이었다. 1941년 그는 비시 정부의
내각 및 청소년 단체의 지도자에게 청소년 프랑스의 필요성을 설득하
고자 아래와 같은 내용의 홍보지를 만들었다.

---

376 박지현, 『누구를 위한 협력인가 -비시 프랑스와 민족 혁명』, 151쪽.
377 Véronique Chabrol, "L'Ambition de Jeune France," Jean-Pierre Rioux(dir.), *La Vie
culturelle sous Vichy* (Bruxelles: Complexe, 1987), pp.163-173.

1940년 11월 11일 다음날, 라디오-청소년 방송은 계속해서 7일 동안 페탱의 중요한 메시지를 해설했다. 그래서 민족 혁명의 과제들이 프랑스의 청년에게...반복되었다...공동체 정신과 공동체의 의미에 대한 모델을 우리 (청소년 프랑스)가 제시하고자 했다. 젊은 시인, 작가, 작곡가, 배우, 음악인 등이 진정한 팀을 이루었다...우리는 청소년 프랑스를 통해 동지들과 뒤섞여 공동의 목소리로, 그리고 개인의 목소리로 페탱 원수의 부름에 응답했다. 우리의 응답은 배운 것이 아니라 우리의 정신과 마음에서 우러나온 것이다.[378]

무니에는 교육이란 교육 정책이 아니라 표현 활동이라고 정의했다. 진정한 민족정신을 되찾는 일은 교육 정책보다 청소년 문화 정책에 그 열쇠가 있다고 주장했다.

청소년 프랑스의 모든 표현 활동은 정보를 제공하고, 무상인 동시에 교육적인 방향이어야 한다. 또한 모든 교육은 행동, 신체, 정신, 마음에 대한 교육이어야 한다....청소년 프랑스의 기능 자체는 하나의 공통된 삶, 공통된 양식, 공통된 관심들을 통해 사사로운 범주들[379]을 사라지게 하는데 있다.[380]

이것은 곧 단일 청소년 문화를 양성하겠다는 뜻이다. 같은 정신, 같은 스포츠, 같은 예술적 심미안으로 구성된 문화의 총체적인 기획안에서 새로운 정치 이념은 강화될 수밖에 없다. "프랑스 대중의 문화적

---

378 Marc Fumaroli, *L'État culturel: essai sur une religion moderne* (Paris: Fallois, 1992), 박형섭 옮김, 『문화국가: 문화라는 현대의 종교에 관하여』 (경성대학교출판부, 2004), 107쪽.
379 '사사로운 범주들'이란 엘리트 교육을 받은 계층 간의 의사소통 양식을 의미한다.
380 M. Fumaroli, 박형섭 옮김, 『문화국가: 문화라는 현대의 종교에 관하여』, 113쪽.

갱신을 책임지는 일, 문화원의 조직망을 구성하는 일이 청소년 프랑스가 해야 할 몫이다."**381** 바로 그것은 청소년 총사무국에서 기대했던 역할이었다.

청소년 총사무국은 이 기관을 지원하면서 두 가지 목적을 이루고자 했다. 첫째, 청소년 문화 정책을 통해 청소년이 민족 혁명을 쉽게 수용하도록 만드는 데 있었다. 둘째, 단일 청소년 조직을 만들기 위한 기본적 토대를 형성하고, 이를 활용하는 데 있었다. 단일 문화에서 자란 프랑스 청소년의 정체성이 청소년 프랑스를 통해 강화될 필요가 있다고 판단했기 때문이었다. 그렇기 때문에 단일 청소년 조직의 설립을 위한 청소년 총사무국의 정책이 완전히 실패했다고 단언하기는 어려운 일이다.

*

비시 정부가 청소년 담당의 국가 행정 기관을 정식으로 발족시키면서, 전형적인 정치 이념과 교육의 공식 관계가 이루어졌다. 민족 혁명과 청소년 교육·문화 정책 사이의 관계는 예견된 사실이었다. 그럼에도 불구하고, 청소년 정책에는 또 다른 차원의 공식이 존재한다.

먼저 공교육의 공식이다. 현대 국가에서 정치 체제의 변화가 있어도 교육 제도는 곧 국가의 권력이다. 상반된 정치 체제일지언정, 제3공화국과 비시 정부 사이의 연결 고리가 공교육의 공식인 셈이다. 국가 주도형의 공교육 틀은 제3공화국에서부터 비시 정부를 거쳐, 오늘날 제5공화국까지 유지되고 있기 때문이다.

---

381 *Ibid.*

다른 하나는 대중 교육의 공식이다. 1936년 인민전선 정부 이후 국가 차원의 대중 교육이 본격적으로 시작되었다. 19세기의 유산으로 제3공화국의 교육 제도는 엘리트 교육과 대중 교육으로 이미 나누어졌다. 이 교육 수준의 격차를 줄이고자 인민전선 정부의 교육 개혁이 시도되었지만, 성공하지 못했다. 대신 장 제 장관에 의해 청소년 문화 정책이 마련되었다. 이 정책이 대중 교육 차원에만 머문 것은 아니다. 장 제 장관은 계급, 문화, 도시, 지역 등으로 갈라진 프랑스인을 위해, 국가 주도형 문화 정책을 통한 공통의 문화를 창출하려는 궁극적인 목적이 있었다.[382] 비록 나치 독일의 점령이라는 배경 때문에 비시 정부가 청소년 정책에 비상한 관심을 두었지만, 교육, 문화 차원에서 청소년 정책은 필수 영역이었다.

결과적으로 비시 정부가 공교육과 대중 교육의 공식을 풀어나가면서, 프랑스 공화국의 정치, 교육, 문화 정책이 유기적으로 결합될 수 있는 계기가 되었다고 할 수 있다. 오히려 제3공화국의 공교육과 청소년 정책이 당시 프랑스인의 삶을 완전히 장악하지 못했던 반면, 점령이라는 특수한 상황의 비시 정부에서는 그 결속 관계가 훨씬 단단해졌다고 볼 수 있다. 따라서 비시 정부의 청소년 정책은 교육 주도형에서 문화 주도형으로 전환하는 시점의 매개 역할을 담당했으며, 앞으로 프랑스 현대 국가의 정치와 교육의 관점에서 이를 지속적으로 연구할 필요가 있다.

---

[382] 이 부분에 대해서는 다음 저서를 참고하길 바란다. Olivier Loubes, *Jean Zay: l'inconnu de la République* (Paris: Armand Colin, 2012), pp.95-134.

인간은 역사의 주체이다. 우리 인간이 살아있는 한, 역사는 단절이 아니라 연속성을 가질 수밖에 없다. 프랑스인들이 비시 정부에 대한 기억을 지우고 잊어버리고 싶어도, 그들은 그 기억을 가지고 다음의 역사를 만들어간다. 비시 정부의 역사가 단죄되었다고 해도, 결국 역사는 연속선상에서 이루어질 수밖에 없는 것이다.

이 때문에 오늘날 프랑스인들은 '잃어버린 역사'를 찾아야 하는 현실에 서 있다.

첫째로, 숙청 이후 협력 지식인의 사상적 토대가 사라지지 않고 여전히 현재 프랑스 사회에 존재하고 있기 때문에 지적 갈등의 근원을 찾기 위해선 비시 정부로 거슬러 올라갈 수밖에 없다.

둘째로, 프랑스의 사회 공공 정책이 비시 정부에 의해 기본적 토대가 마련되었기 때문에 현재 정책의 문제점을 개선하기 위해선 당시의 개혁안 내용을 검토해야만 한다.

셋째로, 제5공화국의 정교 분리법이 오늘날 이슬람을 믿는 이민 세대와 충돌하면서 유대인을 배제했던 비시 정부의 세속 교육론과 맞물리는 형국이기에 이에 대한 관심과 분석이 필요한 실정이다.

따라서 비시 정부를 연속선상에서 바라보는 역사적 틀은 현재 프랑스 사회를 반추할 수 있는 기회를 준다.

프랑스 지적 풍토와 유럽 통합

1장과 2장을 통해 협력 지식인의 사상적 토대가 독일의 나치즘보다 프랑스의 지적 풍토에 있음을 주목했다.

대표적인 문예 잡지인 『신프랑스 잡지』는 대작가와 반역 작가가 함께 공존하는 지적 공간이다. 이 잡지가 비시 정부에 의해 강제 폐간되었다가 파시스트 협력 문인에 의해 다시 간행되었지만, 대부분의 프랑스인이 『신프랑스 잡지』를 오직 대작가의 요람으로 기억한다. 이 때문에 대작가인 앙드레 지드가 비시 정부 초기에 이 잡지의 재발행에 참여했다는 사실도 받아들이기가 쉽지 않다. 오히려 이 시기의 잡지를 파시스트 협력 문인인 드리외의 잡지로만 설명할 뿐이다. 그만큼 대작가의 잡지와 단절된 것으로 비시 정부 시기의 『신프랑스 잡지』를 바라보고 있는 것이다.

그렇다면 파시스트 협력 문인은 독일의 나치즘에 경도되어 기존의 프랑스 지적 전통과 단절된 자인가? 로베르 브라지약의 지적 여정만을 살펴보더라도, 그는 나치즘보다 프랑스 지적 풍토, 즉 발레리의 유럽 문명 위기론과 비순응주의의 유럽 공동체론에 속해 있던 자이다. 오늘날 유럽 통합론의 연속선상에서 본다면, 이 협력 지식인의 지적 풍토가 히틀러의 유럽을 옹호하는 전형적인 나치주의였다고 단정할 수는 없다. 유럽 문명 위기론에 토대를 둔 프랑스 파시스트 협력 지식인의 유럽 통합론은 2차 세계대전 직후 서유럽 국가의 유럽 통합 논의와 연관성이 있기 때문이다.

오늘날 유럽 연합은 인권·민주주의·법질서가 유럽 문화 정체성의 가치임을 내세웠기 때문에 프랑스 파시스트의 유럽 통합론과는 분명히 다르다. 그럼에도 불구하고, 프랑스 파시스트의 유럽 통합론은 히틀러의 유럽만을 구축하기 위한 것이 아니라 미래의 유럽 통합을 염두에 두고 그 과정에서 프랑스의 위상을 탈환하기 위한 준비를 하는 데 궁극적 목적이 있었다. 마치 프랑스가 2차 세계대전 직후 냉전 체제에서 살아남을 수 있는 전략으로 한때 적이었던 독일과 손잡고 유럽 통합론에 참여했던 것처럼 말이다. 이러한 유럽 문명 위기론의 연장선상에서, 볼셰비키 혁명으로 무장한 소련과 연합군의 주축인 미국의 힘으로부터 유럽 문명을 지키고자 독일과 협력했던 상황과 프랑스 파시스트 협력 지식인이 봉착한 상황과 선택 사이에는 보이지 않는 끈이 존재한다.

유럽 문명 위기론에서 비롯된 유럽 통합론의 특징은 오늘날 유럽 연합이 회원국을 확장하는 과정에서도 나타나고 있다. 1980년대부터 일어난 동유럽 공산주의 몰락, 독일 통일, 그리고 소련의 몰락으로 새롭게 가입된 회원국을 통합시킬 새로운 정책이 필요하지만, '하나의 유럽'을 움직이는 주축은 서유럽 국가들에 의해 진행되고 있으며, 프랑스도 그 위상을 차지하고 있다. 그것은 프랑스 파시스트가 유럽 통합론에서 주장하고 원했던 프랑스의 위상이기도 하다. 이 연속선상에서 비시 정부의 협력 지식인을 다루는 일은 현재 유럽 통합 과정에서 차지하는 프랑스의 현재와 미래를 이해할 수 있는 열쇠가 된다.

사회 공공 정책의 연속성과 이민자 문제

3장에서는 오늘날 프랑스 사회의 사회 공공 정책이 비시 정부가 실시한 틀에서 유지되고 있다는 사실에 주목했다.

비시 정부는 제3공화국이 노동 사회 문제를 해결하고자 시도했던 법안들을 확대시켜 프랑스의 주요 사회 공공 정책으로 전환시켰다. 1936년 인민전선의 승리로 노동 협약권이 부활되면서 노동 조합은 고용주와 대등한 교섭 자격을 주었다. 이때부터 사회 보장 제도가 본격적으로 궤도에 진입하는 일련의 법안(대표적으로 유급 휴가제도)이 마련되었다. 그와 동시에 노동자에 의한 공장 점거가 빈번해지고, 노조를 견제하는 프랑스 기업가 연합의 활동이 커지면서 두 계급 간의 갈등이 심화되었다. 프랑스 물가 상승률이 점점 높아지면서 정부는 공공사업 비용의 충당이 어려워졌고, 임금 상승이 노동자의 생활수준을 실제로 개선시키지 못했다. 전쟁 직전까지 노조의 파업과 기업가의 공장 폐쇄가 빈번하게 일어났고, 양측의 이해관계가 국가의 사회 경제적 위기를 가져올 수 있다는 사회적 불안감이 조성되었다.

비시 정부는 무엇보다도 자본가와 노동자를 구분하는 사회 체제에서 벗어나 국가에 의한 사회, 경제 체제를 이루고자 했고, 이에 <노동 헌장>을 제정했다. 이것은 중세 이래 전통적으로 존재해왔던 동종의 조합 체제를 부활시킨 법이다. 하지만 노조 조직을 해체시키는 대신 이를 토대로 새로운 동종의 조합-노조 조직이 만들어졌다. 특히 노동자와 자본가, 양측이 계급 대신 직업의 이익을 우선시할 수 있도록 기업을 함께 운영하는 기업 위원회를 만들었다. 이로서 국가의 중재 기관 대신 각 기업의 노조와 자본가 사이의 이해관계를 조정하는 법적 기관이 마련되었다.

사실 <노동 헌장>의 실시는 국가가 전반적인 사회, 경제 체제를 통제하겠다는 의도이기 때문에 산업 현장과 가족생활을 관리, 통제할 수 있는 사회 보장 제도의 정책에도 영향력을 미쳤다. 특히 비시 정부는 <프랑스 인간 문제 연구재단>를 설립하여 각 기업의 공장 현장에 노동 전문의를 파견하여 노동자와 가족의 신체적, 심리적 상태를 검진하고 노동 상태와 작업 업무의 적합성까지 관리하는 노동 의학을 체계화시켜, 이를 실제 법으로 마련했다.

이러한 정책은 노동자와 노동자의 가족까지 확대되는 사회 보험 제도의 발판이 되었다. 노동자만이 아니라 노동자의 가족, 더 나아가 비노동자와 그 가족들, 결국에는 모든 시민을 혜택 대상으로 삼는 확대 법안이 마련된 것이다. 이것은 오늘날 프랑스 의료 체계인 사회 보장 제도의 토대가 되었으며, 프랑스 병원이 사회 공중 보건의 의무를 수행하는 국가 공공 기관으로 전환되는 법적 장치까지 갖추었다.

그러나 그 적용과 혜택 대상이 실제로 당시 모든 프랑스 시민에게 해당되지는 않았다. 이주 이민자나 외국인 등이 제외되는 법일 뿐만 아니라 유대인계 프랑스 시민은 철저히 배제되었다. 독일 점령과 협력 정부라는 시대적 상황이 고스란히 반영되는 비시 정부의 반유대주의 법안이었다. 비록 수혜 대상과 적용 대상은 달라졌지만, 2차 세계대전 이후에도 법안이 유지되었다는 점은 유의해야 할 것이다.

그렇다면 사회 공공 정책과 관련된 법들이 제3공화국의 연속선상에서 확대, 개편되었으며, 2차 세계대전 이후 프랑스 사회에서 유지되었다는 사실은 어떻게 받아들여야 하는가? 단절적인 역사적 시각에서 본다면, 비시 정부 자체가 단죄되었기 때문에 비시 정부의 법과 정책은 불법이며 무효이다. 정책 자체도 독일과의 협력에 목적이 있었기 때문에 실상은 강제 노동법이며 실효성이 없는 정책일 뿐이다.

하지만 비시 정부에 대한 숙청의 역사를 겪었던 현재 프랑스인은 비시 정부의 과오는 과오대로, 비시 정부의 연속성은 연속성대로 구분해서 그 역사를 수용해 나간다. 오늘날 기업 위원회, 노동 의학, 공공 병원 등은 프랑스 사회의 주요 정책이기에 이 틀을 개선하기 위해서라도 비시 정부의 법안들을 지속하거나 연구할 필요가 있기 때문이다.

2차 세계대전 이후부터 프랑스는 탈식민주의로 인한 크고 작은 전쟁들을 겪어야 했다. 인도차이나 전쟁에서 알제리 독립 전쟁까지, 심지어 오늘날 코르시카와의 갈등에 이르는 과정에서 수많은 이주민과 이민자가 프랑스 사회에 유입되었다. 1958년 해외 영토(Département d'outre-mer: D.O.M)였던 알제리에 독립전쟁이 일어나면서, 유럽 통합을 통한 아프리카 식민지의 지배에 대한 프랑스의 기대가 물거품이 되었다. 1962년 알제리의 독립은 프랑스 연합(Union française)[383]이 와해되는 결정적인 역할을 하여 더 이상 유럽 통합 경제에 식민지 경제권을 편입시킬 수 없었다. 프랑스 연합의 시민권을 가졌던 알제리인은 프랑스에서 시민권조차 없는 일종의 외국인, 이민자로 분류되기 시작했다. 그뿐만 아니라 해외 영토에서 살던 프랑스인들이 대대적으로 되돌아왔는데, 1954년을 기준으로 마그렙 지역에서 돌아온 프랑스인은 1,565,000명(알제리에서 990,000명, 모로코에서 325,000명, 튀니지에서 250,000명), 북부 아프리카에서 80,000명, 마다가스카르(Madagascar)에서 47,000명, 인도차이나에서 30,000명, 뉴벨 칼레도니(Nouvelle-Calédonie)에서 23,000명 등이다.[384] 그들 역시 프랑스 사회가 통제해야 하는 대상이 되면서, 프랑스는 외국인과 이민자가 아닌 구프랑스연합의 시민, 그리고 재외 자국민으로 채워지게 되었다.

프랑스 정부는 1970년대부터 전격적으로 이민자 통제 정책을 실시했다. 먼저 노동 이민에 대한 통제가 시작되어, 1972년 마르셸랭-퐁타

---

[383] 프랑스 연합은 기존 프랑스 제국주의의 식민지들을 흡수하여 1946년 프랑스 공화국을 중심으로 구성된 새로운 정치 연합 체제를 의미한다. 1958년 프랑스 공동체로 변경되어 오늘날까지 존재하지만, 실제 효력은 알제리 독립을 계기로 사라졌다고 볼 수 있다.
[384] Charles-Robert Ageron, *La Décolonisation française* (Paris: Armand Colin, 1991), p.160.

네 공문(Circulaires Marcellin-Fontanet)은 노동자로 하여금 프랑스 입국 시 노동 계약서를 소지하도록 했으며, 이때부터 '불법 체류자'(sans-papiers) 와의 투쟁이 시작되었다. 1974년 석유 파동의 원인으로 실업률은 높아지고 정착하는 이민 노동자의 수가 커지면서 프랑스는 국가적 차원에서 노동 이민을 전면적으로 중단시켰다. 1976년에는 실업률의 증가와 안보의 이유를 들어서 노동 이민의 금지만이 아니라 이미 프랑스에 살고 있는 이민자에 대한 통제가 이루어졌다.

프랑스 이민사의 전문가인 파트릭 베이(Patrick Weil)[385]가 말하길, 프랑스에는 프랑스 연합의 붕괴와 유럽 통합의 탄생이라는 새로운 전환점에서 발생된 합법적인 외국인과 이민자, 그리고 그들의 자녀들에 대한 차별이 존재한다. 특히 알제리 독립으로 1962년 알제리인이 되었지만 프랑스에서 태어난 그들의 자녀는 1889년 국적법에 따라서 프랑스 국적을 취득할 권리가 있었음에도 불구하고, 외국인 혹은 이민자로 분류되었다는 것이다.

1970년대부터 오늘날까지 프랑스 정부에게는 사회 공공 정책의 혜택 대상을 이민자 또는 거주 외국인까지 확대시켜야 하는지, 아니면 이를 제한해야 하는지가 큰 고민거리였다. 이를 둘러싼 정치적 공방이 이어지면서 생산력이 낮은 이주민, 이민자에게까지 사회 보장 제도가 확장될수록, 프랑스 시민의 불만은 커져갔고 공공연한 이민자 차별이 이루어졌다.

프랑스 정부는 자유·평등·우애라는 기치가 무색한 일련의 이민법을 제정하기 시작했고,[386] 이에 좌파와 우파 정당들은 각기 인권 보편

---

[385] Patrick Weil, *La République et sa diversité: immigration, intégration, discriminations* (Paris, Seuil, 2005), pp.56-76.
[386] 1974년 10월과 1975년 7월 사이에 노동 이민과 가족들까지 통제했고, 이때부터 북부

성과 프랑스 경제 위기를 내세워 정치적 공방과 갈등을 일삼았다. 그리고 양 진영의 정치적 갈등을 틈타 민족 전선(Front National)과 같은 극우파 정당이 등장했다. 이 정당은 장 마리 르펜(Jean-Marie Le Pen)에 의해 1972년에 창당되었고, 르펜은 1974년부터 2007년까지 대선에 참여했다. 그는 선거에서 점차로 높은 지지율을 보이더니 급기야 2002년 대통령 선거에서는 사회당의 리오넬 조스팽(Lionel Jospin)을 누르고 자크 시라크와 함께 2차 선거전까지 치렀다. 르펜은 프랑스 정부가 본격적인 이민법을 제정했던 1970년대부터 지속적으로 불법 이민자를 추방하려는 극우 인종 차별주의자였다. 당시 프랑스 사회는 비시 정부의 후계자라 자처하는 르펜에게 정치적 권력이 이양되는 것을 원하지 않았기 때문에 여야 정당이 반르펜주의를 내세워 프랑스 시민을 설득했고, 결과적으로 시라크가 대통령으로 선출되었다.[387]

또한 2012년 마린 르펜(Marine Le Pen, 장 마리 르펜의 딸)이 그녀의

아프리카와 구프랑스 연합 지역의 재외 자국민의 자유 왕래를 금지시켰다. 1977년 6월 공문(Circulaire de juin 1977)을 통해, 노동부 정무차관인 리오넬 스토레뤼(Lionel Stoléru)가 프랑스에 거주하는 외국인 인구를 감소시키기 위해 자발적으로 되돌아가게 하는 방안을 모색했다. 이것은 노동 허가의 갱신이 자동적으로 이루어졌던 외국인에게 체류할 수 있는 권리를 빼앗는 1980년 6월 10일 공문의 근거가 되었다. 1980년 1월 10일, 일명 보네법(Loi Bonnet)이라 하는데 법적 차원에서만 엄격했던 1945년 이민법을 수정해서 실제로 적용할 수 있는 강도 높은 이민법을 제정했다. 그 주요 내용은 입국 조건을 보다 까다롭게 제시하고, 공공질서를 무너뜨리는 행동의 위협에 대한 추방이 이루어지며, 불법 이민을 전면적으로 봉쇄하는 동시에 체류 허가증을 갱신하기 위한 조건을 강화시켰다. 이처럼 프랑스 연합의 몰락 이후, 프랑스는 국경선 폐쇄 노선 아래, 억압적인 이민 정책을 지속했고, 1970년대부터 이민법은 고용을 위한 노동 이민 정책에서 벗어나 정착 이민을 추방하고 입국 자체를 원천봉쇄하는 경찰의 통제 정책으로 전환되었다. Danièle Lochak, "La politique d'immigration en France et l'évolution de la législation," Emmanuelle Bribosia et Andrea Rea (dirs.), *Les nouvelles migrations: un enjeu européen* (Bruxelles: Complexe, 2002), pp.208-210.

387 Mathias Bernard, "Le Pen, un provocateur en politique (1984-2002)," *Vingtième Siècle, revue d'histoire*, No.93 (janvier-mars, 2007), pp.37-45.

아버지를 뒤이어서 대선에 나갔다. 프랑스 대선 1차 투표에서 18%의 득표율을 얻어, 대선 후보들 가운데 순위 3위를 기록하였다. 그해 6월 총선에서도 민족 전선 정당이 3석을 차지해 1980년대 창당 이후 처음으로 원내 교두보를 확보하였다. 마린 르펜은 국경과 시장의 개방으로 이민자의 유입이 늘어 경제적 위기가 왔기 때문에 유럽 연합에서 탈퇴하고 보호 무역주의로 되돌아가야 한다고 주장하였다. 현재 민족 전선 정당은 기존의 강경한 인종적 민족주의에서 벗어나 온건한 경제적 민족주의를 내세우고 있다. 장기 불황의 여파로 프랑스의 복지 정책이 필요하며, 그 혜택의 대상은 이민자가 아닌 하층 프랑스인이어야 한다는 주장 때문에 지지율이 상승하였고, 동시에 반이민 및 반무슬림 정서를 확대시켰다. 그래선지 반(反) 유럽 연합의 입장임에도 불구하고, 유럽 연합이 주도하는 유럽 이민법의 강화 정책에는 당 차원에서 적극적인 지지를 표명하고 있다.[388]

이와 같은 민족 전선 정당에 대한 높은 지지율은 현재 프랑스가 사회 공공 정책을 되짚어 보아야 하는 시점에 이르렀다는 사실을 보여준다. 비시 정부의 사회 공공 정책에서 배제된 대상이 유대인 출신 프랑스 시민이었다면, 르펜 부녀와 같은 프랑스인에게는 그 대상이 프랑스 식민지 출신의 이민자인 것이다.

따라서 현재 이민자 문제를 통해 프랑스는 사회 공공 정책의 기준점을 새롭게 마련해야 할 시기이기에 그 기원이 되는 비시 정부의 정책까지 거슬러 올라가 분석할 필요가 있다. 그것이 곧 연속선상에서 비시 정부의 사회 공공 정책을 다루어야 하는 이유이기도 하다.

---

388 Michel Marian, "Présidentielle: une élection sans surprise?," *Esprit* (mars-avril, 2012), pp.214-216.

교육 정책의 연속성과 민족 교육

4장에서는 비시 정부의 교육 정책 방향이 종교 교육을 토대로 민족 교육을 육성했다는 데 주목했다.

사실 제3공화국의 연속선상에서 비시 정부의 교육 정책을 다루기는 쉽지 않다. 비시 정부가 프랑스 공화국의 핵심 사상에 반대해서 프랑스 공화국의 이념인 자유 · 평등 · 우애 대신 노동 · 가정 · 조국이라는 민족 혁명을 내세웠고, 더구나 정교 분리의 원칙을 깨고 종교 교육을 실시했기 때문이다.

하지만 1940년 비시 정부가 제정한 종교 교육 법령은 폐지되지 않고 현재까지 존속되고 있다. 제5공화국의 공교육에서조차 가톨릭교회의 특권을 인정하는 법령이 유지되고 있다. 1989년 '히잡 사건'(hijab affaire)[389] 이후 프랑스 정부는 공교육의 원칙, 즉 정교 분리법을 강화시켰기 때문에 1940년 법의 존속은 놀라운 일이다.

당시 프랑스 대통령 자크 시라크는 2003년 12월 17일 대국민 연설을 통해 "종교와 정치의 분리는 프랑스 공화국이 이룩한 가장 큰 성과 중의 하나이며 이 원칙을 약화시키는 어떤 행동도 용납할 수 없다"고 밝혔다.[390] 그리고 프랑스 정부에 의해 각계의 전문가로 구성된 스타지 위원회(commission Stasi)의 보고서[391]에서 명백한 종교적 상징물을 학교나 병원 등 공공장소에서 착용하지 못하게 금지하는 법안 제정이 권고

---

389 2004년 프랑스 정부는 '히잡 사건'을 계기로 엄격한 정교 분리의 원칙을 적용한 3월 15일 법령을 제정했다. Loi No.2004-228 du 15 mars 2004 encadrant, en application du principe de laïcité, le port de signes ou de tenues manifestant une appartenance religieuse dans les écoles, collèges et lycées publics.

390 *Le Monde* (19 décembre, 2003).

391 스타지 위원회 및 보고서 관련 내용은 다음 국내 논문을 참조하길 바란다. 박단, 「'히잡금지'와 '부르카금지'를 통해 본 프랑스 사회의 이슬람인식」, 『프랑스사연구』, 24호 (2011. 02), 85~111쪽.

되었다. 시라크 대통령은 이 법안의 제정을 지지했고, 마침내 상하원에서 법안이 통과되고 2004년 법이 제정되어 지금까지 실행되고 있다. 이로서 타종교에 대해서는 엄격한 정교 분리의 원칙이 재확인되었으나, 동시에 1940년의 종교 교육법도 유지되고 있다.

이와 같은 프랑스의 이중적 태도가 1905년 정교 분리법(비시 정부의 시기를 제외하고)에서부터 2004년 공교육에서 종교적 상징물 착용 금지법의 제정 전까지 문제가 되지 않았다. 정교 분리법은 가톨릭교회가 프랑스 국가의 공식 종교였던 정치 문화에서 벗어나기 위해 만들어졌기 때문에 타종교보다 가톨릭교회에 해당되는 내용이었다. 이 법의 주요 목적은 가톨릭교회 자체를 부정하기보다 국가의 권위 아래 가톨릭교회를 통합시키는 데 있었다. 그것은 프랑스 국가의 존립과 관련된 사항이다. 정교 분리법에 대해 문제를 삼는다면, 그것은 공화국의 존재 자체를 부정하는 반국가적, 반시민적 태도로 간주되었기 때문이다. 비시 정부의 시기를 제외하고 정교 분리법의 문제는 오랜 침묵의 심연 속에 있다가 1989년 히잡 사건을 계기로 프랑스 사회의 주요 사안이 되었다.[392]

하지만 2004년 법령의 대상은 대체로 이슬람 종교를 가진 무슬림 이민자 공동체였기에 이 법의 실행 과정에서 이들에 대한 차별 행위가 자행되었다. 출신, 종교, 인종의 차별 없이 법 앞에서 평등한 삶을 누리도록 보장해 준다는 공화국의 이념까지도 흔들리는 법이 집행되었다.[393] 그래서 정교 분리의 원칙에 따라서 히잡 착용 금지를 시켜 종교의 자유를 개인적 차원으로 여전히 국한시켜야 할지, 아니면 '차이의

---

392 R. Rémond, *L'Invention de la laïcité*, pp. 16-20.

393 최근 프랑스 사회의 종교 문제는 다음 논문을 참조하길 바란다. Denis Pelletier, "L'École, l'Europe, les corps: la laïcité et le voile," *Vingtième Siècle, revue d'histoire*, No.87 Numéo spécial Laïcité séparation, sécularisation 1905-2005 (juillet-septembre, 2005), pp. 159-176.

권리'(droit à la différence) 원칙에 따라서 이를 사회적 차원으로 확대시켜야 할지에 대한 기준 논란이 끊임없이 대두되고 있다.[394] 정교 분리의 원칙과 공화국의 이념 중 어떤 가치 기준 아래서 무슬림 이민자 문제가 해결되어야 할지가 고민이었다. 그럼에도 불구하고, 프랑스 정부는 이중적 잣대로 2004년 법을 실행했던 것이다. 가톨릭 종교 이외의 타종교에 대해서는 국가의 정교 분리의 원칙을, 그리고 타 이민·인종에 대해서는 프랑스 시민의 원칙을 적용시켰다.

이러한 해결 방식은 이미 비시 정부에 의해서 이루어진 바 있다. 비시 정부는 종교 교육을 실시했지만 오히려 가톨릭교회의 교권을 회복시키지 않았다. 정교 분리의 원칙을 깨면서 가톨릭교회의 특권을 인정하는 법령이 제정되었지만 궁극적인 교육 정책 방향은 민족 교육의 확립을 위해 가톨릭교회의 교육 기능을 통합시키는 데 있었다. 이처럼 가톨릭교회에 대한 비시 정부의 이중적 태도는 가톨릭을 보편적 종교 개념이 아닌 프랑스 민족 종교로서, 혹은 프랑스 문화의 정신적 토대로서 수용했기 때문에 가능한 것이다. 이것은 오늘날 프랑스 정부가 1940년 법령을 유지하면서도 타종교에 대해서는 정교 분리의 원칙을 적용하는 역설적인 이유를 설명해 준다.

따라서 비시 정부나 프랑스 정부의 이중적 태도를 보이는 본질적 이유는 민족 정체성과 관련이 있는 것이다. 현재 프랑스의 공교육도 민족 교육에 대한 주안점을 두고 있기 때문에 다른 민족의 종교 정체성을 인정할 수 없는 것이다. 가톨릭교회의 특권을 법령으로 제정했던 비시 정부의 교육 정책을 검토해 보면, 현재 프랑스 정부가 겪는 정책의 모순점을 찾아볼 수 있다.

---

394 G. Haarscher, *La Laïcité*, pp. 38-43.

현대 국가에서 정치 체제의 변화가 있어도 교육 제도는 곧 국가의 힘이다. 상반된 정치 체제일지언정, 제3공화국과 비시 정부 사이의 연결 고리는 공교육이었다. 국가 주도형의 공교육 틀은 제3공화국에서부터 비시 정부를 거쳐, 오늘날 제5공화국까지 유지되고 있으며, 청소년 정책의 발전도 이러한 맥락에서 이해될 수 있는 것이다. 국가 주도형 교육 정책을 통해 공통의 문화를 창출하려는 프랑스 현대 국가의 비전이 점령이라는 특수한 상황에서 훨씬 잘 드러날 수 있었고, 비시 정부가 청소년 담당의 국가 행정 기관을 정식으로 발족시키면서, 국가 차원의 대중 교육을 본격적으로 시도할 수 있었던 것이다. 그렇기 때문에 비시 정부의 민족 교육 정책과 청소년 정책은 프랑스 현대 국가가 교육 주도형에서 문화 주도형으로 전환하는 시점에서 중요한 매개 역할을 담당했다고 볼 수 있다.

*

프랑스인에게 비시 프랑스는 잊고 싶은 역사일 수 있지만 잃어버릴 수는 없는 역사이다. 역사의 수레바퀴들이 모두 굴러가기에 오늘이 존재한다. 미래를 생각하고 오늘의 문제를 해결하려고 한다면, 역사를 움직인 승리와 패배, 영광과 오류의 역사라는 맞물린 바퀴가 모두 필요하다. 그것이 프랑스 현대사에서, 레지스탕스의 역사만이 아니라 비시 프랑스의 역사를 함께 다루어야 하는 이유이기도 하다. 부끄럽고 어두운 과거도 늘 현재와 함께 있는 역사이며 잃어버릴 수 없는 역사이다.

비시 정부의 역사를 연구하는 것은 인간의 오류와 아픔을 기억하는 일이다. 당시 사람들은 과거 속으로 사라졌지만 그 역사는 남았고, 독일 점령 아래 펼쳐진 일상의 수레바퀴는 오늘의 프랑스 사회를 향해

굴러왔다. 또 그로 인해 생긴 상처는 다시 오늘의 일상을 불편하게 만든다.

역사는 결코 승자의 역사가 아니라 당시를 살아갔던 사람들을 기억하는 지금 우리의 역사이다. 프랑스인은 이를 깨닫고 부끄러운 비시 프랑스의 역사를 프랑스 현대사의 연속선상에서 수용하기 시작한 것이다. 그것이 우리에게 과거, 현재, 미래의 프랑스를 이해하는 데 보다 통합적인 역사적 시각을 열어 주고 있다.

비시 프랑스 (1940~1944)[395] 연표

1939년

날짜	주요 사건
08.23.	독소불가침 조약 체결
09.01.	독일, 폴란드 침공
09.03.	프랑스 · 영국, 독일에 전쟁 선포

1940년

날짜	주요 사건
03.20~22.	달라디에 사임, 레노 내각 출범
05.18.	레노 내각, 부수상으로 페탱 임명
05.28~06.04.	영국 · 프랑스군, 됭케르크(Dunkerque) 전투 패퇴
06.05.	레노 내각, 국방부 정무 차관으로 드골 임명
06.10.	레노 내각, 파리를 떠나 투렌느(Touraine) 지역으로 이동
06.13.	투르(Tours)에서 레노 · 처칠 회담
06.14.	독일군, 파리 입성 / 레노 내각, 보르도(Bordeaux)로 이동
06.16.	레노 수상 사임, 페탱 내각 성립
06.17.	페탱, 국영 라디오를 통해 독일에 휴전 요청 / 드골, 영국행

---

395 비시 정부의 수립과 몰락 전후 시기인 1939년과 1945년도를 포함시켜 만든 연표이다. Pierre Lefranc, *La France dans la guerre 1940-1945* (Paris: Plon, 1990) ; Jean-Pierre Azéma et François Bédarida (éds.), *La France des années noires*, t.2. de l'Occupation à la Libération (Paris: Seuil, 1993) ; Michèle Conintet, *Nouvelle histoire de Vichy* (Paris: Fayard, 2011).

06.18.	드골, BBC 라디오를 통해 휴전 반대 연설
06.22.	페탱, 르통드(Rethondes)에서 독일과 휴전 서명 / 프랑스 영토, 독일군의 점령 지역과 프랑스의 자유 지역으로 크게 분할
06.23.	라발, 페탱 정부에 입각 -06.27. 부수상으로 임명
07.01.	페탱 정부, 비시(Vichy)에 정착
07.03.	영국군, 프랑스 기지항 메르 엘 케비르(Mers-el-Kébir) 공격
07.04.	프랑스 군법정, 드골에게 4년형 구형 선고, 연이어 08.02. 사형 선고
07.09.	프랑스 의회(제3공화국의 상원과 하원 의원 소집), 1875년 제정된 헌법 개정 투표 -569명 중 찬성 472 반대 80명, 기권 17명으로 통과
07.10.	프랑스 의회, 페탱에게 신헌법 책임 부여
07.11.	페탱에게 전권을 주는 '프랑스국'(État français) 성립 -비시 정부 수립
07.30.	청소년법 제정(청소년 작업소 창설)
08.05.	아베츠, 파리 주재 독일 대사로 부임
08.07.	처칠·드골 협정 체결 -영국 정부와 자유 프랑스(France libre) 협력
09.04.	비시 정부, 가톨릭교회의 종교 교육 허용 -현재까지 존속
09.24.	교육·청소년 담당부 설치, 리페르 정무 담당 장관 임명
10.03.	비시 정부, 유대인 제재법 제정
10.10.	페탱, 비시 정부의 '민족 혁명' 노선 발표
10.22.	라발·히틀러, 몽투아르(Montoire)에서 대담
10.24.	페탱·히틀러, 몽투아르에서 회담
10.30.	페탱, 비시 정부에 대한 담화문 발표
11.19.	리옹 대주교, 페탱에 대한 환영 인사
12.02.	비시 정부, <농민 헌장> 제정 -이후 1944.07.27. 법령으로 폐지
12.13.	페탱, 라발 해임 / 플랑댕 내각 성립

1941년

날짜	주요 사건
01.05.	주불 미국 대사, 레이히(William Daniel Leahy) 장군 부임
01.18.	청년 작업소의 실습 의무화
01.31.	파리에 파시스트당 창설
02.10.	다를랑 내각 성립
03.10.	세속 교육 법령 개정 −공교육에 대한 성직자 개입 금지, 1941.08.15 추가 법령 제정
03.23.	<전국 유대인 문제 위원회> 창설
05.11.	다를랑 · 히틀러, 베르히테스가덴(Berchtesgaden)에서 회담
05.14.	독일, 파리에서 외국인 출신 유대인 검거
06.02	비시 정부, 자유 지역의 유대인 조사법 발효
06.22.	독일, 소련 침공
06.30.	비시 정부, 소련과 외교 관계 단절
07.11.	비시 정부, 고등 사범 학교에 유대인 입학 금지
08.12.	영국 · 미국, <대서양 헌장> 발표
09.24.	드골, 프랑스 민족 위원회(Comité nationale française) 창설
10.04.	비시 정부, <노동 헌장> 제정
10.31.	비시 정부, 노동 의학 보호법 제정
11.17.	비시 정부, <프랑스 인간 문제 연구재단> 창설 −이후 1942.01.04 추가 관련 법령 제정
12.07.	일본, 진주만 공습
12.12.	독일, 파리에서 프랑스 유대인 검거 시작
12.21.	비시 정부, 사회 보험 제도 확대(공공 병원의 혜택 포함) -이후 1943.04.17. 추가 법령 제정

1942년

날짜	주요 사건
01.06.	비시 정부, 사회 보험 혜택 대상 확대
02.19.	비시 정부, 1939년 전쟁 패배에 대한 제3공화국 각료 책임 재판 시작(리옹 재판 procès de Riom) -04.14. 재판 중지

03.03~04.	영국군, 프랑스 르노 공장과 블로뉴 빌랑쿠르(Boulogne-Billancourt) 지역에 폭격
03.26.	페탱 · 라발, 랑당(Randan)에서 회동
04.05.	독일, 점령 지역에 게슈타포 배치
04.18.	라발 내각 성립
05.01.	주불 미국 대사, 레이히 귀국
05.18.	독일, 프랑스 노동자 징발 요구
05.29.	독일, 점령 지역에서 유대인 대검거
06.22.	라발, 국영 방송에서 독일의 승리를 기원하는 연설문 발표
07.16~17.	벨 디브 사건 -독일과 프랑스 경찰, 파리에서 유대인 대검거
08.25.	독일, 알사스 전역에 징병의 의무화 실시
08.26~28.	비시 정부, 자유 지역의 유대인 대검거
08.28.	비시 정부, 노동 의학 사회 기관 조직법 제정 -노동 전문의를 기업에 배치 의무화
09.04.	비시 정부, 독일에 프랑스 노동자 징발 의무화 법 제정, 1943.02.16. 의무 노동국(강제 노동국) 설치 추가 법령 제정
10.30.	미국 · 영국 · 소련, <모스크바 선언>
11.08.~11.	미국 · 영국 연합군, 북아프리카 모로코 · 알제리 점령
11.09.	독일, 튀니지에 군사 개입
11.11.	독일, 프랑스 자유 지역 점령 (비시 정부의 영역 점령)
12.24.	다를랑 장군, 알제리에서 피살 -지로(Giraud) 장군으로 대체

1943년

날짜	주요 사건
01.26.	프랑스 자유 지역에서 레지스탕스 통합 운동(Mouvements Unis de Résistance: MUR) 탄생
01.30.	비시 정부, 프랑스 민병대(Milice française) 창설
04.24.	레지스탕스 조직과 민병대 사이에서 인명 피해 발생
04.29.	라발 · 히틀러, 베르히테스가덴에서 회담
05.13.	독일군, 튀니지에서 철수
05.15.	드골, 프랑스 레지스탕스 통합 운동 대표 장 물랭(Jean Moulin)과 연락
05.30.	드골, 알제리 도착

06.03.	프랑스 민족 해방 위원회(Comité Française de Libération Nationale: CFLN) 창설
07.22	라발 내각, 독일 군대 징병 관련 법안 제정
08.13.	드골 임시 정부, 모로코로 도피한 비시 정부 각료인 퓌슈 체포
08.27.	브라지약, 『쥐쉬 파르투』에서 떠나 드리외와 함께 『민족 혁명』에 참여
11.13.	독일, 페탱의 라디오 방송 금지
11.18.	페탱, 권력의 무력화

1944년

날짜	주요 사건
01.01.	다르낭 내각 성립
01.04.	청소년 작업소 폐지
01.06.	독일, 프랑스 북쪽 지역까지 프랑스 민병대 활동 승인
03.16.	파시스트 데아, 노동부 장관 취임
03.20.	드골, 알제리에서 친비시주의자 퓌슈 처단
04.26.	페탱, 파리로 이동
06.02~03.	드골, 알제리에서 프랑스 민족 해방 위원회(CFLN)를 프랑스 공화국 임시 정부(Gouvernement Provisoire de la République Française: GPRF)로 명칭 변경
06.06.	연합군, 노르망디 상륙
07.12.	미국, 드골 임시 정부를 프랑스의 합법 정부로서 승인 / 비시 정부, 비시에서 마지막 내각 회의
08.17.	라발, 파리를 떠나 독일로 도피
08.20.	독일군, 페탱을 독일로 강제 이송
08.25.	드골, 파리에 입성
09.08~09.	페탱과 라발, 독일의 시그마링겐(Sigmaringen) 정착
09.09.	드골, 프랑스 공화국 임시 정부 내각 수립

1945년

날짜	주요 사건
02.06.	브라지약 사형 집행
02.11~12.	미국·영국·소련, 얄타 회담
02.22.	기업 위원회 존속 -1946년 5월 16일 법령으로 전체 기업에 적용
03.13.	드골 임시 정부 고등 법원, 부역 재판 시작
03.15.	드리외 자살
04.26.	페탱, 프랑스로 귀환
04.28.	무솔리니 처형
04.30.	히틀러 자살
07.13.	라발, 연합군에 의해 프랑스로 압송
07.23~08.15	재판부, 페탱에 사형 선고
08.17.	드골, 페탱 사형 사면 / 페탱, 종신형 선고 이후 감옥에서 사망(1951.07.23.)
10.03~09.	재판부, 라발에게 사형 선고
10.04.	드골 임시 정부, 비시 정부의 사회 보장 제도 유지
10.15.	라발 사형 집행

1. 제1 · 2장

1) 1차 사료

파리 국립 고문서 (Archives Nationales à Paris: AN)

AN: F41 Information

- 89 Le Dossier G, presse et revues 1941-1944.
- 119 La Presses, les documents divers sur la presse parisienne, l'attitude de la presse, l'organisation de l'industrie du livre 1941-1942, la propagande par le presse 1941-1943.
- 270 Le Centre de propagande de la Révolution nationale 1941-1944.
- 308-309 Les Brochures diverses sur les anciens combattants et sur l'Institut d'Études corporatives et sociales

국제 현대 사료 도서관

(Bibliothèque de documentation internationale contemporaine: BDIC)

BDIC: F° Rés 741 Recueil de propagandes sous le gouvernement de Vichy 1940-1944

- 1 Les Propagandes en faveurs de Philippe Pétain.
- 2 Les Propagandes collaborationnistes.
- 3 La Correspondance publique et privée sur la presse.
- 4 Les Propagandes divers.
- 5 Les Documents divers.

잡지

Esprit, 1932~1939, 1940~1941.

France: Revue de l'État nouveau, 1941~1944.

France-Europe, 1942~1944.

France européenne, 1941~1943.

Gerbe, 1940~1944.

Je suis partout, 1941~1944.

Journal Officiel, 1940~1944.

La Nouvelle revue française, 1901~1940, 1940~1943.

La Revue universelle, 1920~1944.

L'Œuvre, 1904~1939, 1940~1944.

Révolution nationale, 1941~1944.

Revue des deux mondes, 1931~1944.

Revue française, 1930~1933.

Ordre nouveau, 1933~1938.

저서, 일기, 회고록

ABETZ Otto, *Pétain et les Allemandes*, Paris: Gaucher, 1948.

ABETZ Otto, *Histoire d'une politique Franco-Allemande 1930-1950*, Paris: Stock, 1953.

ARON Robert et DANDIEU Arnaud, *Décadence de la nation française*, Paris: Rieder, 1931.

ARON Robert et DANDIEU Arnaud, *Le Cancer américain*, Paris: Rieder, 1931.

ARON Robert et DANDIEU Arnaud, *La Révolution nécessaire*, Paris: Grasset, 1933.

AUGIER Marc, *Les Jeunes devant l'aventure européenne*, Paris: Éditions de France, 1941.

BEAULIEU Jean de, *L'Europe de demain*, Paris: Mercure de France, 1943.

BENDA Julien, *Le Discours à la nation européenne*, Paris: Gallimard, 1933.

BRASILLACH Robert, *Les Sept couleurs*, Paris: Plon, 1939.

BRASILLACH Robert, *Notre avant-guerre*, Paris: Plon, 1941.

DAWSON Christopher, *Les Origines de l'Europe et de la civilisation européenne*, Paris: Rieder, 1934.

DE BRINON Fernand, *France-Allemagne 1918-1934*, Paris: Grasset, 1934.

DRIEU LA ROCHELLE Pierre, *Le Jeune européen*, Paris: Gallimard, 1927.

DRIEU LA ROCHELLE Pierre, *L'Europe contre les patries*, Paris: Gallimard, 1931.

DRIEU LA ROCHELLE Pierre, *Socialisme fasciste*, Paris: Gallimard, 1934.

DRIEU LA ROCHELLE Pierre, *Le Français d'Europe*, Paris: Balzac, 1944.

DRIEU LA ROCHELLE Pierre, *Fragment de mémoires 1940-1941*, préface par Robert O. Paxton, Paris: Gallimard, 1982.

DRIEU LA ROCHELLE Pierre, *Récit secret: suivi de Journal (1944-1945) et d'exorde*, Paris: Gallimard, 1961, 1989.

DRIEU LA ROCHELLE Pierre, *Journal 1939-1945*, éd. établie, présentée et annotée par Julien Hervier, Paris: Gallimard, 1992.

DUMOULIN Georges, *La France ouvrière devant l'Europe*, Paris: Atelier, 1942.

DUPUIS René et MARC Alexandre, *Jeune Europe*, Paris: Plon, 1933.

ISORNI Jacques, *Le Procès de Robert Brasillach 19 Janvier 1945*, Paris: Flammarion.

JACOBY Jean, *1940 La France dans l'Europe nouvelle*, Paris: Libertés françaises, 1941.

LESDAIN Jacques, *Notre rôle européen*, Paris: Éditions de France, 1941.

MALRAUX André, *D'une Jeunesse européenne*, Paris: Grasset, 1927, 1946.

MAULNIER Thierry, *La Crise est dans l'homme*, Paris: Revue française, 1932.

MAURIAC François, *Le Jeune Homme*, Paris: Hachette, 1926.

MAURIAC François, *Lettres d'une vie*, Paris: B. Grasset, 1981.

MAURRAS Charles, *La Seule France*, Lyon: Lardanchet, 1941.

PAULHAN Jean, *La Nouvelle revue française*, Paris: Gallimard, 1969.

PIRONNE Joseph, *La Nouvelle Europe*, Paris: Peyronnet, 1935.

VALÉRY Paul, *Œuvres*, tomes. I et II, Paris: Gallimard, Encyclopédie de la Pléiade, 1957.

2) 문학교과서 (1953~2001)

CATEX Pierre-George et SURER Paul, *Manuel des études littéraires françaises: XXe siècle*, Paris: Hachette, 1953.

CATEX Pierre-George et SURER Paul, *Manuel des études littéraires françaises: XXe siècle*, Paris: Hachette, 1967.

CATEX Pierre-George et SURER Paul, *Manuel des études littéraires françaises: XXe siècle*, Paris: Hachette, 1986.

LAGARDE André et MICHARD Laurent, *XXe siècle: les grands auteurs français*, Paris: Bordas, 1962.

LAGARDE André et MICHARD Laurent, *La littérature française, 4. les Métamorphoses du XXe Siècle*, Paris: Bordas, 1971.

LAGARDE André et MICHARD Laurent, *XXe siècle*, Paris: Bordas, 1982.

LECHERBONNIER Bernard, RINCÉ Dominique, BRUNEL Pierre, MOATTI Christiane, *Littérature, XXe siècle: textes et documents*, Paris: Nathan, 1989.

MITTERAND Henri (dir.), *Littérature: textes et documents*, Paris: Nathan, 1989.

SABBAH Hélène (dir.), *Littérature: des textes aux séquences 1ère manuel*, Paris: Hatier, 2001.

SABBAH Hélène et WEIL Catherine, *Littérature 2de: des textes aux séquences*, Paris: Hatier, 2001.

3) 국내외 논문 및 연구서

박선아, 「유럽 통합 전후 유럽 문학의 의미」, 『프랑스학연구』 50권, 2009. 11.

반교어문학편, 『근현대문학의 사적 전개와 미적 양상 I: 해방 전편』, 보고사,

2000.

이복남, 「EU 확대와 시민권의 문화 정책적 실현」, 한국 유럽학회 유럽 시민권 연구단, 『통합 유럽과 유럽 시민권 I』, 높이깊이, 2004.

이용재, 「피에르 노라와 기억의 터전 - 프랑스 국민 정체성의 역사 다시 쓰기」, 『역사비평』 통권 66호, 2004. 봄.

조홍식, 「유럽 통합과 유럽 시민권의 형성」, 『국제지역연구』 제9권 제3호, 2005, 가을.

ANDRIEU Pierre et GROVER Frédéric, *Drieu La Rochelle*, Paris: Hachette, 1979.

ANGLÈS Auguste, *André Gide et le premier groupe de La Nouvelle revue française*, Vols.1-3, Paris: Gallimard, 1978, 1986.

ASSOULINE Pierre, *L'Épuration des Intellectuels*, Bruxelles: Complexe, 1996, 이기언 옮김, 『지식인의 죄와 벌』, 두레, 2005.

AZÉMA Jean-Pierre et BÉDARIDA François, dirs., *1938-1948 Les Années de tourmente: de Munich à Prague*, Paris: Flammarion, 1995.

AZÉMA Jean-Pierre et BÉDARIDA François, éds., *Le Régime de Vichy et les Français*, Paris: Fayard, 1992.

AZÉMA Jean-Pierre et WIEVIORKA Olivier, *Vichy 1940-1944*, Paris: Perrin, 1997.

BEEVOR Antony, *The Spanish Civil War*, London: Orbis, 1982, 김원중 옮김, 『스페인 내전 -20세기 모든 이념들의 격전장』, 교양인, 2009.

BERGÈS Michel, *Vichy contre Mounier: les non-conformistes face aux années 40*, Paris: Economica, 1997.

BERSTEIN Serge et MILZA Pierre, dirs., *Dictionnaire historique des fascismes et du nazisme*, Bruxelles: Complexe, 1992.

BERTIN-MAGHIT Jean-Pierre, *Le Cinéma sous l'Occupation*, Paris: Perrin, 2002.

BETZ Albrecht et MARTENS Stefan, *Les Intellectuels et l'Occupation 1940-1944*, Paris: Autrement, 2004.

BRUNETEAU Bernard, <L'Europe nouvelle> de Hitler: une illusion des intellectuels de la France de Vichy, Monaco: Éditions du Rocher, 2003.

BURRIN Philippe, *La Dérive fasciste: Doriot, Déat, Bergery 1933-1945*, Paris: Seuil, 1986.

BURRIN Philippe, *La France à l'heure allemande 1940-1944*, Paris: Seuil, 1995.

CABANIS José, *Dieu et la NRF 1909-1949*, Paris: Gallimard, 1994.

CHIMÈNES Myriam, dir., *La Vie musicale sous Vichy*, Bruxelles: Complexe, 2001.

COINTET Michère et COINTET Jean-Paul, dirs., *Dictionnaire historique de la France sous l'Occupation*, Paris: Tallandier, 2000.

COINTET Michèle, *Nouvelle histoire de Vichy 1940-1945*, Paris: Fayard, 2011.

DIOUDONNAT Pierre-Marie, *<Je suis partout> 1930-1944: les maurassiens devant la tentation fasciste*, Paris: La Table ronde, 1973.

DUROSELLE Jean-Baptiste, *L'Abîme 1939-1945*, Paris: Impr. nationale, 1982.

FOUCHÉ Pascal, *L'Édition française sous l'Occupation 1940-1944*, Vol.1, Paris: Édition Contemporain, 1987.

GALSTER Ingrid, *Sartre, Vichy et les intellectuels*, Paris: Harmattan, 2001.

GORDON Bertram M., *Collaborationism in France during the Second World War*, Ithaca, London: Cornell University Press, 1980.

HEBEY Pierre, *La Nouvelle revue française des années sombres 1940-1941*, Paris: Gallimard, 1992.

JÄCKEL Eberhard, *La France dans l'Europe de Hitler*, traduit de l'allemand par Denise Meunier, Paris: Fayard, 1968.

JOSEPH Gilbert, *Fernand de Brinon: l'aristocrate de la collaboration*, Paris: Albin Michel, 2002.

JULLIARD Jacques et WINOCK Michel, éds., *Dictionnaire des Intellectuelles français: les personnes, les lieux, les moments*, Paris: Seuil, 1996.

KAPLAN Alice, *Intelligence avec l'ennemi: le procès Brasillach*, traduit de l'anglais par Bruno Poncharal, Paris: Gallimard, 2001.

KUPFERMAN Fred, *Le Procès de Vichy: Pucheu, Pétain, Laval*, Bruxelles: Complexe, 1980.

LABORIE Pierre, *L'Opinion française sous Vichy*, Paris: Seuil, 1990.

LABORIE Pierre, *Le Chagrin et le venin: la France sous l'Occupation, mémoire et idées reçues*, Paris: Bayard, 2011.

LACOUTURE Jean, *Une Adolescence du siècle: Jacques Rivière et la NRF*, Paris: Seuil, 1994.

LAMBAUER Barbara, *Otto Abetz et les Française sous Vichy*, Paris: Seuil, 1990.

LA MESLÉE Valérie Marin, "Écrivains sous l'Occupation, voir et comprendre," *Le Point*, 2011. 6.13.

LEROY Géraldi et ROCHE Anne, *Les écriviains et le Front Populaire*, Paris: FNSP, 1986.

"Les écrivains et l'Occupation," *Le Magazine Littéraire*, 2012. 9. 4.

LOISEAU Gérard, *La Littérature de la défaite et de la collaboration*, Paris: Fayard, 1995.

LOUBET DEL BAYLE Jean-Louis, *Les Non-conformistes des années 30: une tentative de renouvellement de la pensée politique française*, Paris: Seuil, 1969.

LOUVRIER Pascal, *Brasillach: l'illusion fasciste*, Paris: Perrin, 1989.

MARRUS Michaël R. et PAXTON Robert O., *Vichy et les juifs*, Paris: Calmann Lévy, 1981.

NORA Pierre, dir., *Les Lieux de mémoire,* Vols. I et II, Paris: Gallimard, 1997.

NOVICK Peter, *L'Épuration française 1944-1949*, Paris: Balland, 1985.

O'BRIEN Justin, *From the N.R.F.: an Image of the Twentieth Century From the Pages of the Nouvelle Revue Française*, New York: Farrar, Straus and Cudahy, 1958.

PAXTON Robert O., *La France de Vichy*, Paris: Seuil, 1972.

PAXTON Robert O., éd., *Archives de la vie littéraire sous l'Occupation à travers le désastre*, Paris: Tallandier, 2011.

PELMONT Raoul, "Paul Valéry, critique de notre civilisation," *The French Review*, Vol.24 No.4, February, 1951.

PROCHASSON Christophe. *Les Intellectuels, le socialisme et la guerre 1900-1939*, Paris: Seuil, 1993.

PROUST Robert, *Robert Proust et la Nouvelle revue française: les années perdues de la Recherche 1922-1931*, Paris: Gallimard, 1999.

RÉGNIER Gérard, *Jazz et société sous l'Occupation*, Paris: Harmattan, 2009.

ROUQUET François, *Une Épuration ordinaire 1944-1949: Petits et grands collaborateurs de l'administration française*, Paris: CNRS, 2011.

ROUSSO Henry, *La Collaboration*, Paris: MA, 1987.

SAPIRO Gisèle, *La Guerre des écrivains 1940-1953*, Paris: Fayard, 1999.

SERAY Jacques, *La Presse et le sport sous l'Occupation*, Toulouse: le Pas d'oiseau, 2011.

SIRINELLI Jean-François et ORY Pascal, *Les Intellectuels en France: De l'Affaire Dreyfus à nos jours*, Paris: Armand Colin, 1992.

TAGUIEFF Pierre-André, éd., *L'Antisémitisme de Plume 1940-1944*, Paris: Berg International Éditeurs, 1999.

TALIANO-DES GARETS Françoise, dir., *Villes et culture sous l'Occupation: expériences françaises et perspectives comparées*, Paris: Armand Colin, 2012.

TOUCHARD Jean, *Histoire des idées politiques*, Paris: PUF, 1981.

VARAUT Jean-Marc, "La Mort en face: le procès et l'exécution de Robert Brasillach," Pierre Sipriot, dir., *Les Cahiers du rocher*, No.2 Robert Brasillach et la Génération perdue, Monaco: Édition de Rocher, 1987.

VENNER Dominique, *Histoire de la Collaboration*, Paris: Pygmalion, 2000.

VINK Maarten, *Limits of European Citizenship: European Integration and Domestic Immigration Policies*, New York: Palgrave Macmillan, 2005.

VOIGT Wolfgang, *Planifier et construire dans les territoires annexés: architectes allemands en Alsace de 1940 à 1944*, traduit par Marie-José Nohlen, Strasbourg: Publications de la Société savante d'Alsace, 2008.

WINOCK Michel, *Histoire politique de la revue 'Esprit' 1930-1950*, Paris: Seuil, 1975.

4) 온라인 자료

European Commission, 2012, http://ec.europa.eu/culture/our-policy-development/intercultural-dialogue/intercultural-dialogue-in-eu-policies_en.htm.

European Commission, 2012, http://ec.europa.eu/culture/our-programmes-and-actions/culture-programme-(2007-2013)_en.htm.

Treaty of Lisbon Article 9B: 1-6 EU, 2007, http://www.consilium.europa.eu/uedocs/cmsUpload/cg00014.en07.pdf.

5) 필자의 기존 문헌 출처

박지현, 「'정치 공동체'를 향한 비시 정부의 민족 혁명」, 『서양사론』 77호, 2003. 6.

박지현, 「Drieu La Rochelle dans la *Nouvelle Revue Française* et la *Révolution Nationale* sous la politique de presse de l'Occupation」, 『프랑스학연구』 27권, 2003 가을.

박지현, 「한 협력 문인의 환상: 로베르 브라질라크」, 『역사와 문화』 8집, 2004. 2.

박지현, 「유럽 중심주의에 투영된 오리엔탈리즘 -독일 점령과 프랑스 비시 정부와의 관계를 중심으로」, 『담론201』 Vol.6 No.2 통권 15호, 2004. 2.

박지현, 「프랑스 '협력문인'의 지적 여정에 관한 단상」, 『역사학보』 181집, 2004. 3.

박지현, 「서구의 오리엔탈리즘과 한국의 옥시덴탈리즘 간의 간극 - 프랑스 협력 문인과 조선 협력 문인의 지적 여정을 중심으로」, 『프랑스학연구』 31권, 2005 봄.

박지현, 「기억의 터에서 <신프랑스 잡지> (NRF: *La Nouvelle revue française*, 1940~1943) 다시 읽기」, 『프랑스사연구』 18호, 2008. 2.

박지현, 「프랑스 이민법을 통한 EU의 유럽 시민권에 대한 역사적 진단」, 『서양사학연구』 19집, 2008. 12.

박지현, 「폴 발레리(Paul Valéry)의 '유럽 정신'과 유럽 통합의 배타성」, 『서양사론』 99호, 2008. 12.

박지현, 「통합과 배타의 이중주 연주가: 폴발레리」, 통합유럽연구회편, 『인물로 보는 유럽 통합사』, 책과함께, 2010.

2. 제3 · 4장

1) 1차 사료

파리 국립 고문서 (Archives Nationales à Paris: AN)

AN: F22 Travail et Sécurité sociale

- 1774 La Loi n°4260 du 4 octobre 1941 relative à l'organisation sociale des professions, la Charte du Travail, le text et préparation (premier projet d'octobre 1940 et projet du 10 décembre 1940, projet du 17 décembre 1940), le texte chronologique des textes d'application et des textes accessoires de la Charte du Travail, 1940-1943.
- 1776 La Propagande 1941-1942, les opinions sur la Charte du Travail 1941-1943, les articles sur les syndicats 1942-1943, les articles sur les corporations 1942-1944.
- 1777 La Presse, l'élaboration de la Charte du Travail, les publications de la Charte du Travail 1941.
- 1778 Les Ouvrages, les articles et les publications concernant la Charte du Travail, le syndicalisme, la corporation.
- 1788 Les Définitions des termes employés par la Charte du Travail 1941.
- 1826~1827 Le Syndicats uniques et unions, la constitution des syndicats uniques d'après le texte de la Charte du Travail.
- 1834 Les Comité sociaux d'entreprise 1943-1944. Les Définitions des termes employés par la Charte du Travail 1941.
- 1835 La Critique des travaux du Comité d'organisation professionnelle par Jules Verger.
- 1841 L'Office des Comité sociaux 1942-1944.
- 1842 La Correspondance du Ministère sur les Comité sociaux d'établissement 1941-1944.
- 1846 Le Projets corporatistes 1940-1941, la documentation et les coupures

de presse sur la corporation 1942-1943.

AN: 2AG État français

- 75 SP2 Les Archives de Ménétrel, Lettres de Bonnard (1941, à Vichy), Borotra (1942, à Vichy), Carcopinon (1941, à Vichy), Chevalier, Cérilly (1943, à Vichy), Delage (1943, à Vichy), Gueery, Cambrai (1942, à Vichy)
- 78 SP5 La Lettre adressée à Alexis Carrel, régent de la Fondation française pour l'Études des problèmes humains, Vichy 12 octobre 1942, la copie du rapport adressé au chef de l'État sur l'activité de la Fondation en 1942, par Alexis Carrel (20 mai 1943 à Paris).
- 440 CC3 Les Dossieur Jeunesse.
- 570 CC175 L'Enseignement et jeunesse.
- 650 Le Message du chef de l'État en date du 5 mars 1942.
- 654 Le Rapports entre le Secrétariat général à la Jeunesse et les mouvements de jeunesse.

AN: 72AJ Seconde Guerre Mondiale

- 12 Le Secrétariat d'État au Travail, les documents divers.
- 13 Le Rapport d'ensembles sur l'action entreprise par l'Inspection du Travail.
- 14~16 Le Travail, les questions sociales, questions économiques.
- 39 L'État d'esprit et moral des Chantiers, novembre 1940-octobre 1943, les Chantiers de jeunesse et le STO.

AN: AP Archives personnelles et familiales

- 520 La Fondation Alexis Carrel, le Centre d'Études et de recherche sur les problèmes humains(CEPH)

파리 역사 박물관 (Bibliothèque Historique de la ville de Paris: BHVP)

BHVP: Boîte 7 Les Discours de Philippe Pétain 1940-1944

　Boîte 8 Les Brochures et les ouvrages sur la position de la France 1941-1943

　Boîte 9 Les Brochures sur la Charte du Travail 1941

　Boîte 11 La Propagande du gouvernement de Vichy sur la jeunesse 1941, la propagande sociale de famile, hygiène, la presse 1941~1942.

잡지

Bulletin bibliographique de la Fondation Française pour l'Étude des problèmes humains, 1942~1944.

Bulletin de la charte du travail, 1943~1944.

Bulletin de l'ordre des médecins, 1941~1944.

Bulletin des services médicaux et sociaux du travail, 1943~1944.

Cahiers de la Fondation Française pour l'Étude des problèmes humains, 1943~1945.

Compagnons, 1942.

Idées, 1941~1944.

Informations générales, 1940~1944.

Journal Office, 1940~1944.

Le Chef Compagnon, 1940~1941.

L'Écho des Compagnons, 1941.

Métier de chef, 1941~1944.

정부 간행물, 저서 및 회고록

Administration générale de l'Assistance publique: notice sur l'hôpital Lariboisière ouvert à Paris en 1854, Paris: Dupont, 1863.

BAGARRY Adrien et JEANTET Gabriel, "Parallèle de Départ," *France* No.1, juin 1942.

BAUDOUIN Paul, *Neuf mois au gouvernement: avril-décembre 1940*, Paris: La Table Ronde, 1948.

BELIN René, *Du Secrétariat de la C.G.T. au gouvernement de Vichy mémoire, 1933-1942*, Paris: Albatros, 1978.

BERL Emmanuel, *La Fin de la IIIe République*, Paris: Gallimard, 1968.

BERNARD Aymé, *Comités sociaux d'entreprise*, Paris: Spid, 1942.

BERNARD Raymond, *Corporation médicale*, Paris: Institut d'Études corporatives, 1942.

BEUVE-MÉRY Hubert, "Révolutions nationales, révolution humaine," *Esprit* No.98, mars 1941.

BEUVE-MÉRY Hubert, *Réflexions politiques 1932-1952*, Paris: Seuil, 1951.

BOUTILLIER Yves, *Le Drame de Vichy*, 2. finances sous la contrainte, Paris: Plon, 1951.

CARCOPINO, Jerôme, *Souvenirs de sept ans 1937-1944*, Paris: Flammarion, 1953.

CARREL Alexis, *L'Homme, cet inconnu*, Paris: Plon, 1935, 이희구 옮김, 『인간, 이 미지의 존재』, 한마음사, 2000.

CARREL Alexis, *La Construction des hommes civilisés, discours à Dartmouth College, Hanover, New Hampshire en 1937*, Paris: Collège technique Estienne, 1943.

CHANSON Paul, *La Corporation et l'entreprise selon La Tour du Pin*, Paris: J. Lesfauries, Institut d'Études corporatives et sociales, 1942.

CHOCQUET Marc, *Éducation morale et civique: les devoirs du jeune Français*, Paris, Limoges, Nancy: Charles-Lavauzelle, 1942.

DÉAT Marcel, *Mémoires politiques*, Paris: Denoël, 1989.

DE LA TOUR-DU-PIN-CHAMBLY DE LA CHARCE René, *Aphorismes de politique sociale*, Paris: Nouvelle librairie nationale, 1909.

France 1941: la Révolution nationale constructive, un bilan et un programme, Paris: Alsatia, 1941.

FOULQUIÉ Paul, *Cours de morale pour les élèves de l'enseignement primaire supérieurs, 1er année*, Paris: Éditions École et collège, 1941.

GERVAIS André, *Jeunesse: Essai de synthèse du mouvement des jeunes de l'Union Fédérale*, Paris: Union Fédérale, 1936.

GROS André et MÉNÉTRIEL Jacques, *La Médecine du travail*, Paris: Bernard Frères, 1941.

GUERDAN René, *La Charte du Travail*, Paris: J. Lesfauries, 1943.

JEANNERET Sege, *L'École et l'esprit civique*, Paris: Flammarion, 1943.

La Charte du Travail, Paris: Impr. Nouvelle, 1941.

La Morale au certificat d'études primaires, Paris: Éditions École et collège, 1942.

LAPIE Paul, *Pédagogie française*, Paris: Alcan, 1920.

MAXENCE Jean-Pierre, "Révolution révolutionnaire," *Idées* No.10-11, septembre 1942.

MORANE Lucien, *Les Comité sociaux d'entreprise, leur constitution, leur rôle, leur fonctionnement*, Paris: PUF, 1942.

MOUNIER Emmanuel, "Prise de position," *Esprit* No.13, janvier 1934.

MOUTON Roger, "Introduction à la doctrine communautaire," *Positions communautaire*, Paris: Centre communautaire, 1943.

PERROUX François, *Conférences: science de l'homme et science économique*, Paris: Librairie de Médicis, 1943.

PERROUX François, *Syndicalisme et communautés de travail*, Lyon: Impr. Nouvelle Lyonnaise, 1943.

PÉTAIN Philippe, *La France nouvelle: principes de la communauté suivis des appels et messages 17 juin 1940-17 juin 1941*, Paris: Fasquelle, 1941.

PÉTAIN Philippe, *Discours aux Français: 17 juin 1940-20 août 1944*, Édition établie par Jean-Claude Barbas, Paris: Albin Michel, 1989.

Qu'est-ce que la Révolution naitonale?, Paris: Secrétariat Général à la Jeunesse, direction de la Propagande, 1942.

RENAN Ernest, *Qu'est-ce qu'une Nation?*, Paris: C. Lévy, 1882.

SALLERON Louis, *Naissance de l'État corporatif: dix ans de syndicalisme paysan*, Paris: B. Grasset, 1942.

SAUVAGE Pierre, *Dix entretiens de morale civique*, Paris: Action populaire, Édition Spes, 1942.

SOUCHÉ Aimé, *La Leçon de morale au cours moyen*, Paris: Ancienne maison F. Nathan, 1942.

VERGER Jules, *Organisation professionnelle corporative: le travail, richesse de la France*, Paris: Établissements A.R.A.C., 1940.

VINCENT René, "Construire la Révolution nationale," *Idées* No.10-11, septembre 1942.

2) 국내외 논문 및 연구서

박단, 「'히잡금지'와 '부르카금지'를 통해 본 프랑스 사회의 이슬람 인식」, 『프랑스사연구』 24호, 2011. 2.

신행선, 「공화국 학교와 라이시테 -여성교육의 필요성과 여성의 역할」, 이용재 · 박단 외 지음, 『프랑스의 열정: 공화국과 공화주의』, 아카넷, 2011.

오영주, 「신의 왕국에서 인간의 사회로」, 서울대학교 불어문화권연구소, 『프랑스 하나 그리고 여럿』, 강, 2004.

한희진, 「프랑스 의료제도는 진화하고 있는가」, 파트릭 펠루, 『환자를 위한 나라는 없다』, 프로네시스, 2008.

AGERON Charles-Robert, *La Décolonisation française*, Paris: Armand Colin, 1991.

AZÉMA Jean-Pierre et BÉDARIDA François, éds., *La France des années noires*, tome.2 de l'Occupation à la Libération, Paris: Seuil, 1993.

BARILLÉ Claire, "Lariboisière: un hôpital pour les travailleurs parisiens, étude sur les publics et les fonctions d'un hôpital moderne en 1887," *Mouvement social* No.221, Octobre-Décembre, 2007.

BARREAU Jean-Michel, *Vichy contre l'école de la République*, Paris: Flammarion, 2000.

BARUCH Marc Olivier, *Servir l'État français: L'administration en France de 1940 à 1944*, Paris: Fayard, 1997.

BAUDOUÏ Rémi, "Du rôle social de la jeunesse dans la Révolution nationale: Georges Lamirand, secrétaire général à la Jeunesse, 7 septembre 1940-23 mars 1943," Jean-William Dereymez, dir., *Être jeune en France 1939-1945*, Paris: Harmattan, 2001.

BERNARD Mathias, "Le Pen, un provocateur en politique (1984-2002)," *Vingtième Siècle, revue d'histoire* No.93, janvier-mars, 2007.

BLET Pierre, *Pie XII et la Seconde Guerre mondiale d'après les archives du Vatican*, Paris: Perrin, Tempus, 2005.

BOUSSARD Isabel, *Vichy et la corporation paysanne*, Paris: Presses de la Fondation nationale des sciences politiques, 1980.

CACÉRÈS Benigno, *Histoire de l'Éducation populaire*, Paris: Seuil, 1964.

CAPUANO Christophe, *Vichy et la Famille*, Rennes: Presses universitaires de Rennes, 2009.

CHABROL Véronique, "L'Ambition de Jeune France," Jean-Pierre Rioux, dir., *La Vie culturelle sous Vichy*, Bruxelles: Complexe, 1987.

CHEVASSUS-AU-LOUIS Nicolas, *Savants sous l'Occupation: enquête sur la vie scientifique française entre 1940 et 1944*, Paris: Seuil, 2004.

CLÉMENT Jean-Louis, *Les Évêques au temps de Vichy, loyalisme sans inféodation: les relations entre l'Église et l'État de 1940 à 1944*, Paris: Beauchesne, 1999.

COINTET Michèle, *L'Église sous Vichy 1940-1945*, Paris: Perrin, 1998.

COINTET Michèle, *Le Conseil nationale de Vichy: vie politiaue et réforme de l'État en régime autoritaire 1940-1944*, Paris: Aux Amateurs des livres, 1989.

CORCY-DEBRAY Stéphanie, *Jérôme Carcopino, un historien à Vichy*, Paris: Harmattan, 2001.

COUTROT Aline et DREYFUS François-Georges, *Les Forces religieuses dans la France contemporaine*, Paris: Aarmand Colin, 1966.

DÉLOYE Yves, *École et citoyenneté l'individualisme républicain de Jules Perry à Vichy controverses*, Paris: Presses de la Fondation Nationale des Sciences Politiques, 1994.

DEREMEZ Jean-William, éd., *Être jeune en France 1939-1945*, Paris: Harmattan, 2001.

DODIER Nicolas et CAMUS Agnès, "L'Admission des malades: histoire et pragmatique de l'accueil à l'hôpital," *Annales: histoire, sciences sociales* 52e année No.4, 1997.

DROUARD Alain, *Une inconnue des sciences sociales: la Fondation Alexis Carrel 1941-1945*, Paris: Maison des Sciences de l'homme, 1992.

DUQUESNE Jacques, *Les Catholiques français sous l'Occupation*, Paris: B. Grasset, 1966.

DUPEYROUX Jean-Jacques, *Sécurité sociale*, Paris: Dalloz, 1965.

DUPEYROUX Jean-Jacques, *Droit de la sécurité sociale*, 17e édition, édité par Michel Borgetto et Robert Lafore, Paris: Dalloz, 2011.

FAURE Christian, *Le Projet culturel de Vichy*, Lyon: Presses universitaires de Lyon, Paris: CNRS, 1989.

FUMAROLI Marc, *L'État culturel: essai sur une religion moderne*, Paris: Fallois, 1992, 박형섭 옮김, 『문화국가: 문화라는 현대의 종교에 관하여』, 경성대학교출판부, 2004.

GALANT Henry C., *Histoire politique de la sécurité sociale français 1945-1952*, Paris: Armand Colin, 1955.

GAY-LESCOT Jean-Louis, *Sport et éducation sous Vichy 1940-1944*, Lyon: Presses universitaires de Lyon, 1991.

GILOTTO Pierre, *Histoire de la Jeunesse sous Vichy*, Paris: Perrin, 1991.

HAARSCHER Guy, *La laïcité*, Paris: Presses universitaires de France, 2005.

HALLS Wilfred Douglas, *Les Jeunes et la politique de Vichy*, Paris: Syros alternatives, 1988.

HANDOURTZEL Rémy, *Vichy et l'école 1940-1944*, Paris: Édition de Noêsis, 1997.

HESSE Philippe-Jean et LE CROM Jean-Pierre, éds., *La Protection sociale sous le régime de Vichy*, Renne: Presses Universitaires de Renne, 2001.

HUAN Antoine, CHANTEPIE France, OHEIX Jean-René, *Les Chantiers de la Jeunesse 1940-1944*, Nante: Opéra, 1998.

IMBERT Jean, *Le Droit hospitalier de l'Ancien Régime*, Paris: Presses Universitaires de France, 1993.

KAHN Claude et LANDAIS Jean, *Les Nantais et le Front populaire*, Nante: Université permanente de Nantes, 1997.

KIM Jung-In, *Le 'Bon maître' du XIXe siècle: cinq générations d'instituteurs et d'institutrices d'après les dossiers de récompenses honorifiques 1818-1902*, Paris: Thèse de doctorat, Université Paris IV, 2013.

LE CROM Jean-Pierre, *Syndicats, nous voilà: Vichy et le corporatisme*, Paris: Atlelier, 1995.

LEFRANC Pierre, *La France dans la guerre 1940-1945*, Paris: Plon, 1990.

LOCHAK Danièle, "La politique d'immigration en France et l'évolution de la législation," Emmanuelle Bribosia et Andrea Rea, dirs., *Les nouvelles migrations: un enjeu européen*, Bruxelles: Complexe, 2002.

LOUBES Olivier, *Jean Zay: l'inconnu de la République*, Paris: Armand Colin, 2012.

MARGAIRAZ Michel et TARTAKOWSKY Danielle, dirs., *Le Syndicalisme dans la France occupée*, Rennes: Presses Universitaires de Rennes, 2008.

MARIAN Michel, "Présidentielle: une élection sans surprise?," *Esprit*, mars-avril, 2012.

MASSON-GADENNE Catherine, *Le Cardinal Liénart, évêque de Lille 1928-1968, un grand pasteur,* Lille: Thèse de doctorat Université Charles-de-Gaulle Lille III, 1997.

MERRIEN François-Xavier, *L'État-providence*, Paris: Presses universitaires de France, 1997, 심창학 · 강봉화 옮김, 『복지국가』, 한길사, 2000.

MICHEL Alain-René, *La JEC 1938-1944 face au nazisme et à Vichy*, Villeneuve-d'Ascq: Presses Universitaires de Lille, 1988.

MOLINIÉ Eric, *L'Hôpital public en France: bilan et perspectives*, Paris: Journaux officiels, 21 juin, 2005.

MONNET François, *Refaire la République: André Tardieu, une dérive réactionnaire 1876-1945*, Paris: Fayard, 1993.

MUEL-DREYFUS Francine, *Vichy et l'éternel féminin*, Paris: Seuil, 1996.

NOIRIEL Gérard, *Les Origines républicaines de Vichy*, Paris: Hachette, 1997.

OLIVIER Wieviorka, *Les Orphelins de la République: Destinées des députés et sénateurs français 1940-1945*, Paris: Seuil, 2001.

ORY Pascal, *La Belle illusion: culture et politique sous le signe du Front populaire 1935-1938*, Paris: Plon, 1994.

PÉCOUT Christophe, "Les jeunes et la politique de Vichy. Le cas des Chantiers de la Jeunesse," *Histoire@Politique, Politique, culture, société* No.4, janvier-avril, 2008.

PELLETIER Denis, "L'Éole, l'Europe, les corps: la laïcité et le voile," *Vingtième Siècle, revue d'histoire* No.87, Numéo spécial Laïcité séparation, sécularisation 1905-2005, juillet-septembre, 2005.

PFEFFERKORN Roland, "Aleixs Carrel: vulgarisateur de l'eugénisme et promoteur de l'aristocratie biologique," *Information psychiatrique* Vol.73 No.2, février, 1997.

PROST Antoine, "Jeunesse et société dans la France de l'entre-deux-guerres," *Vingtième Siècle, revue d'histoire* No.13, janvier-mars, 1987.

PROST Antoine, *Éducation, Société et Politiques: une histoire de l'enseignement en France de 1945 à nos jours*, Paris: Seuil, 1997.

PROST Antoine, *Histoire de l'enseignement et de l'éducation*, IV. depuis 1930,

Paris: Perrin, 2004.

RAJSFUS Maurice, *La Rafle du Vél' d'Hiv*, Paris: Presses universitaires de France, 2002.

RÉMOND René, *L'Invention de la laïcite: de 1789 à demain*, Paris: Bayard, 2005.

RIOUX Jean-Pierre, dir., *La Vie culturelle sous Vichy*, Bruxelles: Complexe, 1990.

SIROT Stéphane, *Le Syndicalisme, la politique et la grève: France et Europe 19e~21e siècles*, Nancy: Arbre bleu, 2011.

TENZER Nicolas, dir., *Un Projet éducatif pour la France*, Paris: PUF, 1989.

VERGEZ-CHAIGNON Bénédicte, *Le Docteur Ménétrel: éminence grise et confident du maréchal Pétain*, Paris: Perrin, 2001.

VICHARD Philippe, "La Loi hospitalière du 21 décembre 1941 origines, conséquences," *Histoire des sciences médicales* Tome.41 No.1, 2007.

WEIL Patrick, *La République et sa diversité: immigration, intégration, discriminations*, Paris: Seuil, 2005.

WORMSER Olivier, *Les Origines doctrinales de la Révolution nationale: Vichy 10 juillet 1940-31 mars 1941*, Paris: Plon, 1971.

YAGIL Limore, *L'Homme nouveau et la Révolution nationale de Vichy 1940-1944*, Villeneuve-d'Ascq: Presses universitaires du Septentrion, 1997.

YAGIL Limore, *Chrétiens et Juifs sous Vichy(1940-1944): sauvetage et désobéissance civile*, Paris: Cerf, 2005.

3) 온라인 자료 및 신문 기사

http://travail-emploi.gouv.fr/IMG/pdf/2008.10-40.3.pdf

http://www.ac-creteil.fr/sms/idf

Le Monde du 19 décembre 2003.

Le Monde du 2 novembre 2009.

4) 필자의 기존 문헌 출처

박지현, 『누구를 위한 협력인가 – 비시 프랑스와 민족 혁명』, 책세상, 2004.

박지현, 「알렉시 카렐(Alexis Carrel)의 인간학, 그 우생학적 의미」, 『프랑스사연구』 16호, 2008. 2.

박지현, 「비시 프랑스, 프랑스 공화정의 두 얼굴?」, 이용재·박단 외 지음, 『프랑스의 열정: 공화국과 공화주의』, 아카넷, 2011.

박지현, 「프랑스 공화국의 공공 병원에 대한 역사적 고찰」, 『서양사론』 112호, 2012. 3.

박지현, 「비시 정부와 가톨릭교회의 라이시테(1940-1941)」, 김응종·민유기 외 지음, 『프랑스의 종교와 세속화의 역사』, 충남대학교출판문화원, 2013.

박지현, 「비시 정부와 청소년 교육 문화 정책」, 『프랑스사연구』 29호, 2013. 8.